中国特色社会主义法治理论系列教材
编审委员会

（按姓氏笔画排序）

· 中国特色社会主义法治理论系列教材 ·

黄　进／总主编

环境法学

于文轩／著

中国政法大学出版社

2025·北京

图书在版编目（CIP）数据

环境法学 / 于文轩著. -- 北京：中国政法大学出
版社, 2025. 9. -- ISBN 978-7-5764-2219-1

Ⅰ. D912.604

中国国家版本馆 CIP 数据核字第 2025UN1429 号

书　　名	环境法学 HUAN JING FA XUE	
出 版 者	中国政法大学出版社	
地　　址	北京市海淀区西土城路 25 号	
邮　　箱	fadapress@163.com	
网　　址	http://www.cuplpress.com (网络实名：中国政法大学出版社)	
电　　话	010-58908435(第一编辑部) 58908334(邮购部)	
承　　印	保定市中画美凯印刷有限公司	
开　　本	787mm×1092mm　1/16	
印　　张	17	
字　　数	342 千字	
版　　次	2025 年 9 月第 1 版	
印　　次	2025 年 9 月第 1 次印刷	
印　　数	1~4000 册	
定　　价	56.00 元	

作者简介

于文轩，男，满族，法学博士、教授、博士生导师。现任中国政法大学民商经济法学院副院长，生态与资源法治研究中心主任。兼任中国环境科学学会环境法学分会主任委员，北京市生态法治研究会副会长，农业农村部法律顾问。

于文轩教授长期从事环境资源法和能源法的教学科研工作。截至2025年9月，在《中国法学》等国内外学术期刊和重要报纸发表学术论文170余篇，独著论著5部，翻译论著1部，主持国家社科基金重大项目等课题研究60余项。博士学位论文《生物安全立法研究》被评为"2009年全国优秀博士学位论文"，2012年入选教育部"新世纪优秀人才支持计划"。独著论著《生物多样性政策与立法研究》获中国法学会首届"董必武青年法学成果奖"，合著论著《生物安全国际法导论》获"北京市第十届哲学社科优秀奖"。此外，还获中国环境科学学会"青年科技奖""优秀环境科技工作者奖""励青环境法学奖"，获评"中达环境法学者"。

总 序

　　经过六十多年的建设发展，中国政法大学作为国家"211工程""985工程优势学科创新平台""2011计划"重点建设大学和"双一流"建设高校，已从一所普通大学成长为如今具有国际影响力的国内一流大学，被誉为"中国法学教育的最高学府"和"中国人文社会科学领域的学术重镇"。法大一直秉承"厚德、明法、格物、致公"的校训精神，坚持"学术立校、人才强校、质量兴校、特色办校、依法治校"的办学理念，以"经国纬政、法治天下""经世济民、福泽万邦"为办学使命，形成了独特的法学教育教学理念，积累了丰富的法学理论研究成果和法治人才培养经验，汇集了一大批自强不息、追求卓越的学术名师。在建设富强民主文明和谐美丽的社会主义现代化强国、实现中华民族伟大复兴中国梦的新征程中，法大正致力于建设开放式、国际化、多科性、创新型的世界一流法科强校，并积极推进国家法治建设和高等教育事业的发展，以卓越的人才培养、科学研究、社会服务推动国家法治昌明、政治民主、经济发展、文化繁荣、社会和谐及生态文明，书写着充满光荣与梦想、开拓与奋进的时代华章。

　　党的十八大以来，党中央高度重视依法治国，对全面推进依法治国作出决定和部署，民主法治建设迈出重大步伐。十八届四中全会专门研究全面推进依法治国并作出决定，提出全面推进依法治国的总目标是建设中国特色社会主义法治体系，建设社会主义法治国家；提出要在中国共产党领导下，坚持中国特色社会主义制度，贯彻中国特色社会主义法治理论，形成完备的法律规范体系、高效的法治实施体系、严密的法治监督体系、有力的法治保障体系，形成完善的党内法规体系，坚持依法治国、依法执政、依法行政共同推进，坚持法治国家、法治政府、法治社会一体建设，实现科学立法、严格执法、公正司法、全民守法，促进国家治理体系和治理能力现代化；还特别提出要加强法治工作队伍建设，创新法治人才培养机制。党的十九大庄严宣布，经过长期努力，中国特色社会主义进入新时代，这是我国发展新的历史方位。

在新时代，我国社会主要矛盾已经转化为人民日益增长的美好生活需要和不平衡不充分的发展之间的矛盾。人民美好生活需要日益广泛，不仅对物质文化生活提出了更高要求，而且在民主、法治、公平、正义、安全、环境等方面的要求日益增长。因此，坚持全面依法治国是新时代坚持和发展中国特色社会主义的基本方略，要坚定不移走中国特色社会主义法治道路，完善以宪法为核心的中国特色社会主义法律体系，建设中国特色社会主义法治体系，建设社会主义法治国家，发展中国特色社会主义法治理论。党的十九届四中全会专门研究了坚持和完善中国特色社会主义制度，推进国家治理体系和治理能力现代化若干重大问题，进一步强调坚持全面依法治国，建设社会主义法治国家，切实保障社会公平正义和人民权利的显著优势，还要继续坚持和完善中国特色社会主义法治体系，提高党依法治国、依法执政能力，推进法治中国建设。党中央关于全面依法治国的一系列战略部署，为我国新时代法学教育和法治人才培养提供了根本遵循，指明了前进方向。

坚持全面依法治国离不开法学教育和法治人才培养，新时代中国特色社会主义法治建设对法学教育和法治人才培养提出了新使命、新任务、新要求。习近平总书记2017年5月3日考察中国政法大学时就法学教育和法治人才培养强调指出：全面推进依法治国是一项长期而重大的历史任务，全面依法治国是一个系统工程，法治人才培养是其重要组成部分；办好法学教育，必须坚持中国特色社会主义法治道路，坚持以马克思主义法学思想和中国特色社会主义法治理论为指导，立德树人，德法兼修，培养大批高素质法治人才。他特别强调指出：高校是法治人才培养的第一阵地，要为完善中国特色社会主义法治体系、建设社会主义法治国家提供理论支撑，努力以中国智慧、中国实践为世界法治文明建设作出贡献；对世界上的优秀法治文明成果，要积极吸收借鉴，但也要加以甄别，有条件地吸收和转化，不能囫囵吞枣、照搬照抄；要坚持从我国国情和实际出发，正确解读中国现实、回答中国问题，提出标识性学术概念，打造具有中国特色和国际视野的学术话语体系，尽快把我国法学学科体系和教材体系建立起来。为了认真贯彻落实党的十八大、十八届三中和四中全会精神，十九大和十九届四中全会精神，特别是习近平总书记考察中国政法大学重要讲话精神，中国政法大学秉承先进的法学教育教学理念，充分利用学校教师资源、出版资源和数字网络平台优势，深谋远虑、善作善为，积极组织编写和大力推动出版摆在读者面前的这套全新的立体化、数字化法学系列教材。

据我所知，本系列教材的编写人员均为法大在一线从事教学工作多年、拥有丰富法学教学经验和丰硕科研成果、教学特点鲜明的中青年教师，他们在法大深受学生喜爱和好评，有的还连续数年当选"中国政法大学最受本科生欢迎的老师"。本系列教材就是他们立足于法学教育改革和人才培养模式创新的需要，结合互联网资源信息化、数字化的特点，以自己多年授课形成的讲义为基础，根据学生课堂学习和课外拓展的需求与信息反馈，经过细致的加工与打磨，用心编写而成的。本系列教材可以说是各位编写人员一二十年来教学实践与探索的结晶，更是他们精雕细琢的课堂教学的载体和建模。

在我看来，本系列教材在以下几个方面颇具特色：

第一，坚持以中国特色社会主义法治理论为指导。本系列教材定位为马克思主义理论研究和建设工程重点教材的补充教材，教材的编写认真贯彻落实党的十八大、十八届三中和四中全会精神，十九大和十九届四中全会精神，特别是习近平总书记考察中国政法大学重要讲话精神，坚持中国特色社会主义法治道路，坚持以马克思主义法学思想和中国特色社会主义法治理论为指导，坚持"立德树人、德法兼修"的法治人才培养观；坚持从我国国情和实际出发，正确解读中国现实、回答中国问题，提出标识性学术概念，用"中国智慧、中国实践"培养高素质法治人才；坚持全面准确反映中国特色社会主义法治建设丰富实践和法治理论最新理论成果，努力打造具有中国特色和国际视野的法学学术话语体系、学科体系和教材体系，为完善中国特色社会主义法治体系、建设社会主义法治国家提供理论支撑。

第二，知识呈现从整体到细节，巧构法科学习思维导图。法学教育不仅要传授学生法学基础知识，更要帮助学生在脑海中形成脉络清晰的树状知识结构图，对于如何解构法律事实、梳理法律关系、分清主次矛盾、找到解决方法，有一个科学完整的法学方法论，为学生以后从事理论研究或法律实务工作奠定坚实的基础。

第三，重点难点内容突出，主干精炼、枝叶繁茂。得益于数字网络平台的拓展功能和数字设备扫描二维码的方便快捷，本系列教材得以从过去繁缛复杂、全而不精的闭合循环中解脱出来，着力对每个知识点的通说进行深度解读并介绍主要的学术观点，力求提纲挈领、简明扼要。同时，对于每个学科的重点难点内容予以大篇幅的详细对比和研讨，力求重点难点无巨细，使学生通过学习教材能够充分掌握该学科的主要内容，并培养足以应对常见问题的能力。相关知识点的学术前沿动态和学界小众学术观点，则通过二维码栏目向学生打开课外拓展学习的窗口，使学有余力者能够有矿可挖、有据可查、有章可循、有的放矢。

第四，注重理论教学与实务教学相结合，应试教学与实务教学相结合。法学学科是实践性很强的学科，法学教育必须妥善处理理论教学和实践教学的关系。本系列教材充分结合案例教学、情景教学、模拟法庭、法律诊所、社会调查、实习实践、团队研讨和专题研究等教学和学习方法，引导学生探究式学习，从理论走向实践、从课堂走向社会。同时，考虑到学生未来工作或继续深造的发展方向，满足学生准备国家统一法律职业资格考试和研究生入学考试的需要，本系列教材设置了专门的题库和法律法规库并定期更新，通过二维码栏目向学生开放各类考试常考的知识点及其对应的真题、模拟题，并结合法律实务的需求，提供法律法规及案例等司法实务中常用的信息，或跳转到相关资源丰富的实务网站，引领学生从单纯理论知识学习走向理论知识学习与法律实务训练同步、从应对法学考试走向应对法律实务、从全面学习走向深度研究。

第五，加强课堂教学与课下研讨相结合，文字与图表、音视频相结合。本系列教材立意除了强化课堂教学互动外，还在课下为学生提供了丰富、立体的学习资源，既有相关知识点的分析对比图表，也有包含全书的课程讲义PPT。此外，针对重点难点知识，授课教师在PPT的基础上录制讲解视频，并在网络学习平台上开辟师生交流渠道，由教师布置课后作业并通过网络学习平台打分、统计答题信息等方式，有针对性地进行二次讲解和课后答疑，在充分缩短时间和空间距离的前提下，加强师生沟通互动，不断提高教师教学效果和学生学习成效。

本系列教材是中国政法大学中青年教师多年立德树人、教书育人、潜心教学、耕耘讲台的直接成果，也是我国法学法律界同仁长期以来对中国政法大学事业发展关心、支持和帮助的结果。作为系列教材总主编，借此机会，我对法学法律界同仁，对本系列教材编辑委员会的顾问和委员，对所有编写人员和组编工作人员，表示衷心的感谢并致以崇高的敬意！我们相信，本系列教材的出版必将有力地推进中国政法大学法学教学改革创新和法治人才培养质量的提升，也将对我国法学教育起到示范和引领作用。我们也真诚希望海内外广大从事法学教育工作的专家学者能够同我们进行坦诚交流，对本系列教材提出宝贵意见，予以批评指正。

中国政法大学自建校以来，以人为本、尊师重教，薪火相传、筚路蓝缕，淡泊明志、求真务实，崇尚学术、追求真理，开拓创新、放飞梦想，始终奋战在我国法学教育和法治建设的第一线，已经成为我国法学教育和法治人才培养的主力军。法大之所以有今天，是因为有一代又一代法大人自强不息、追求卓越、坚持不懈、努力奋斗。本系列教材的编写、出版，就是今日法大人对法大的贡献，就是今日法大人对法大历史的书写，就是今日法大人承前启后、继往开来的印记。法大的事业乃千秋伟业，胸怀"经国纬政、法治天下"壮志，坚守"经世济民、福泽万邦"情怀的法大人，唯有肩负起时代的使命和人民的重托，同心毕力，奋楫争先，在新的征程上继续砥砺前行！

是为序。

黄　进

2019 年 12 月 1 日修订于蓟门

序 言

　　本教材的内容最初源于我讲授本科生"环境法学"课程的教案。自2004年为本科生讲授环境法学课程以来每年更新的教案，是本书的蓝本。由于环境法学内容更新很快，几乎每年备课都会有大量内容更新，所以这一蓝本也随之不断调整和更新。直至形成这一交付中国政法大学出版社的版本之前，一些内容还在进行更新。在篇章结构方面，本书也几易其稿。之所以进行这种不间断地打磨，主要是为了使学生能够更清晰、更便捷地掌握环境法学的基础知识、基本理论和基本方法。

　　本书在编写过程中特别注意全面、及时地呈现生态文明法治建设的最新成果。特别是自党的十八大以来，生态环境立法在目的、原则、制度体系等方面全面完善，生态环境法律体系进一步健全，相关法律领域立法更加重视生态环境保护，区域、流域和领域性环境保护立法进展较快，立法协同性增强，这些内容和特点在本书中均有体现。

　　本书由三编二十三章组成。第一编"总论"部分主要阐释了环境法学的基本范畴和基本问题，这些内容是环境法学作为一门课程的核心内容的基础。第二编和第三编分别是"污染防治法"和"生态保护法"。这两编构成了环境法学的"分论"部分。在使用过程中，教师可以根据课程安排和其他需要，选择性地讲解其中的内容。需要说明的是，本书未包含自然资源法和国际环境法的内容，主要原因是这两部分内容无论在总论还是分论部分都与环境法学差异甚大，且在教学实践中这两部分内容一般会分别开设课程讲授。

　　如蒙读者赐教，对本书提出完善意见和建议，不胜感激。

于文轩

2025 年 6 月 16 日

于中国政法大学海淀校区

目 录

第一编 总论

第二编　污染防治法

第三编　生态保护法

第一编

总 论

第一章

绪　论

　　人类生存和发展离不开生态环境。由于人类在处理与环境之间的关系过程中未能充分关注并尊重生态环境的特性和发展规律，致使自工业革命以来生态环境问题日益严峻，由此导致了深刻的环境危机。[1] 各种形式的环境污染和生态破坏，正在根本性地影响着人类的生存与发展。在此背景下，加强生态环境保护已成为全球共识。

第一节　环境

一、环境的概念

　　环境总是相对于一定的中心事物而言的。一般意义上的"环境"，是指周围的地方、情况和条件。[2] 从环境科学角度看，环境是指围绕人群的空间及其中可以直接或者间接影响人类生活和发展的因素的总和，包括自然因素和人工因素。[3] 据此，可将环境分为自然环境和人工环境。[4] 在现代社会，完全不受人类影响的自然因素越来越少。

　　《中华人民共和国环境保护法》（简称《环境保护法》）第 2 条以概括与列举相结合的方式，对环境的概念作出了规定，即"影响人类生存和发展的各种天然的和经过人工改造的自然因素的总体，包括大气、水、海洋、土地、矿藏、森林、草原、湿地、野生生物、自然遗迹、人文遗迹、自然保护区、风景名胜区、城市和乡村等。"[5] 这一概念的前半部分对环境的一般特征进行了界定，后半部分以非完全列举的方式明确了法律意义上的具体环境类型。

　　了解环境要素、环境条件、环境容量、污染物、污染源等与环境密切相

---

　　[1]　也有著述称为"生态危机"。

　　[2]　参见中国社会科学院语言研究所词典编辑室编：《现代汉语词典（汉英双语）》，外语教学与研究出版社 2002 年版，第 844 页。

　　[3]　参见《中国大百科全书·环境科学》编委会、《中国大百科全书》编辑部编：《中国大百科全书·环境科学》，中国大百科全书出版社 2002 年版，第 134 页。

　　[4]　参见金瑞林主编：《环境法学》，北京大学出版社 2016 年版，第 4 页。

　　[5]　《环境保护法》第 2 条。

关的概念，对于理解"环境"的内涵至关重要。

环境要素，是指构成环境整体的基本物质，包括自然环境要素和人工因素。其中，自然环境要素是指构成环境整体的各个独立的、性质不同而又服从环境整体演化规律的基本物质组分，[1] 主要包括大气、水、土壤、生物、岩石等。环境要素组成环境结构单元，环境结构单元又组成环境整体。环境法主要关注自然环境要素。

环境条件，是指构成环境整体并影响环境要素和环境整体状态的条件，如安静的环境（无噪声污染）、清洁的空气（无大气污染）、正常的辐射水平（无辐射污染）、自然的地形地貌（无人为原因造成的地面沉降）、正常的气候状况（无人为原因造成的气温升高）、生态平衡（生态系统不受人为因素的破坏）等。[2]

环境容量，是指某一环境所能容纳污染物的最大负荷量，[3] 或者环境在不损害自身质量的前提下容纳污染物的限度。超过环境容量的限度向环境排放污染物，就会造成环境污染或者生态破坏。例如，由于人类向海洋中排放的污染物逐渐增加，超过了海洋生态系统的环境容量，致使海洋环境污染问题愈发严重。

污染物，是指进入环境之后，以高于天然浓度和一定滞留时间存在于环境中，导致环境的正常组成和性质发生直接或者间接有害于人、生物及社会物质财富的物质或者能量。[4] 环境法上的污染物主要包括废水、废气、噪声、固体废物、恶臭、振动、放射性物质等。

污染源，是指污染物的发生源。[5] 根据污染源形态的不同，可将污染源分为点源污染和面源污染。点源污染，是指集中于一点的小范围的环境污染，主要包括工业污染和生活污染。面源污染，是指在一个较大的范围内形成的污染，一般指农业灌溉、农业废水等形成的污染。数量很大、分布很广的点源污染，亦可视为面源污染。[6]

二、环境的分类

按照不同的标准，可以对环境进行不同的分类：按照环境要素形成的原因划分，可分为自然环境和社会环境；按照与人类生活的密切程度划分，可分为生活环境和生态环境；按照环境要素的类型划分，可分为大气环境、水

---

〔1〕 参见吕忠梅主编：《环境法学概要》，法律出版社 2016 年版，第 2 页。

〔2〕 参见王灿发：《论我国现有惩治环境犯罪立法的缺失及其完善》，载王曦主编：《国际环境法与比较环境法评论》，法律出版社 2002 年版，第 401 页。

〔3〕 参见曲格平等编：《环境科学基础知识》，中国环境科学出版社 1984 年版，第 41 页。

〔4〕 《中国大百科全书·环境科学》编委会、《中国大百科全书》编辑部编：《中国大百科全书·环境科学》，中国大百科全书出版社 2002 年版，第 63、427、460 页。

〔5〕 参见中国社会科学院语言研究所词典编辑室编：《现代汉语词典（第 6 版）工具书》，商务印书馆 2012 年版，第 1371 页。

〔6〕 方如康主编：《环境学词典》，科学出版社 2003 年版，第 321 页。

环境、声环境、海洋环境、土壤环境等。

（一）按照环境要素形成的原因分类

按照这一分类标准，环境可分为自然环境和社会环境。自然环境，是指环绕于人类周围并对人类的生存和发展产生直接或者间接影响的各种天然形成的物质和能量的总和。自然环境是人类赖以生存和发展的物质基础，包括大气、水、土地、森林、草原、野生生物等。社会环境，是指人类创造并作用于人类自身的经济基础和上层建筑的总和。

（二）按照与人类生活的密切程度分类

按照这一分类标准，环境可分为生活环境和生态环境。《中华人民共和国宪法》（简称《宪法》）第 26 条第 1 款规定："国家保护和改善生活环境和生态环境，防治污染和其他公害。"生活环境，是指与人类生活密切相关的各种外在条件的总和，包括自然条件和社会条件。生态环境，是指影响人类生产生活的各种自然要素或条件的总和，相较于生活环境具有更显著的生态学意义。[1]

（三）按照环境要素的类型分类

按照这一分类标准，环境可分为大气环境、水环境、土壤环境、生物环境等。我国的环境保护单行法即依此标准制定。

三、人类与环境的关系

人类与环境的关系，是指人类在认识、开发、利用、保护和改善环境的过程中形成的人与环境之间的客观联系。自人类诞生以来，人类就一直在探索人与环境的关系。这一关系可以归纳为三个方面，即从属关系、利用关系和改造关系。

（一）从属关系

马克思恩格斯认为，"人直接地是自然存在物。人作为自然存在物，而且作为有生命的自然存在物，一方面具有自然力、生命力，是能动的自然存在物；这些力量作为天赋和才能、作为欲望存在于人身上；另一方面，人作为自然的、肉体的、感性的、对象性的存在物，同动植物一样，是受动的、受制约的和受限制的存在物，也就是说，他的欲望的对象是作为不依赖于他的对象而存在于他之外的。"[2]人是自然界发展到一定历史阶段的产物。自然性是人的基本属性。人类作为自然界中的一员，其生存和发展须臾离不开自然界。如恩格斯所说，"人本身是自然界的产物，是在他们的环境中并且和这个环境一起发展起来的。"[3]也正是基于人与自然之间的同构性，马克思主

---

〔1〕 邓海峰：《环境法总论》，法律出版社 2019 年版，第 4 页。

〔2〕 中共中央马克思恩格斯列宁斯大林著作编译局编译：《马克思恩格斯全集》（第 3 卷），人民出版社 2002 年版，第 324 页。

〔3〕 中共中央马克思恩格斯列宁斯大林著作编译局编译：《反杜林论》，人民出版社 1970 年版，第 32 页。

义认为，"社会是人同自然界的完成了的本质的统一，是自然界的真正复活，是人的实现了的自然主义和自然界的实现了的人道主义"。[1]

（二）利用关系

自然环境为人类的生存和发展提供了必备的生活资料和生产资料。人类为了获得这些资料而开发、利用环境资源，主要包括对自然资源和环境容量的利用。自然资源，是由人类发现的在自然状态中有用途和有价值的物质。[2] 自然资源可分为耗竭性资源和非耗竭性资源两大类。耗竭性资源是指在相对于人类有意义的时间内，随着人类的利用，数量会逐渐减少以致枯竭的资源，主要包括煤炭、石油、天然气等化石能源和金属等矿产资源。耗竭性资源又可分为可回收的耗竭性资源和不可回收的耗竭性资源。非耗竭性资源是指在相对于人类有意义的时间内，其数量不会随着人类的利用而减少的自然资源，如森林、水、生物资源、太阳能、风能等。需要注意的是，由于大部分非耗竭性资源的可持续性与人类利用方式密切相关，在对此类资源进行开发利用的过程中需要以可持续的方式进行，以确保非耗竭性资源能够恢复、更新和再生。除此之外，如果排放到环境中的污染物在数量、浓度、强度等方面超过了环境容量的限制，就会导致环境污染或者生态破坏，这是对环境容量不当利用的结果。

（三）改造关系

人与自然的关系是人类社会永恒存在、不断发展而对立统一的辩证关系。在这一关系中，一方面，人类社会发展受到生态环境的制约，自然条件是影响人类社会发展的重要因素；另一方面，人类的活动又对生态环境产生影响，其后果又反作用于人类。正如恩格斯所说："我们不要过分陶醉于我们人类对自然界的胜利。对于每一次这样的胜利，自然界都对我们进行报复。"[3] 环境法主要关注人类活动对生态环境的影响。人类的活动不应突破资源的承载力和环境容量，否则就会造成资源枯竭、环境质量恶化等生态环境问题。

第二节　环境问题和环境保护

一、环境问题概述

环境问题，是指由于自然或者人为原因使环境质量下降或生态受到破坏，

---

〔1〕　中共中央马克思恩格斯列宁斯大林著作编译局编译：《马克思恩格斯全集》（第3卷），人民出版社2002年版，第301页。

〔2〕　[美] 阿兰·兰德尔：《资源经济学：从经济角度对自然资源和环境政策的探讨》，施以正译，商务印书馆1989年版，第12页。

〔3〕　中共中央马克思恩格斯列宁斯大林著作编译局编译：《马克思恩格斯文集》（第9卷），人民出版社2009年版，第559-560页。

对人类的社会经济发展、生命健康和其他生物产生有害影响的现象。[1]

环境问题产生的原因有两类。一是自然原因，如火山爆发、地震、海啸、洪水泛滥等；二是人为原因，如森林乱砍滥伐造成水土流失、排放污水造成水污染、排放废气造成大气污染等。前者亦称"原生环境问题"，后者亦称"次生环境问题"。[2] 次生环境问题又可分为环境污染和生态破坏两类。[3] 原生环境问题与次生环境问题之间并非截然分割，为数不少的生态灾害由人类活动引起。

环境污染，是指人类直接或者间接地向环境排放超过环境容量的物质或者能量，从而使环境质量降低，对人类的生存与发展和生态系统造成不利影响的现象。从法律上讲，环境污染的实质是人类向自然界排放的物质和能量超过了环境质量标准，使环境发生了不利于人类生存和发展的变化。20 世纪发生的"八大公害事件"和"六大污染事故"均属这类环境问题。[4]

生态破坏，是指由人类活动引起的生态退化以及由此而衍生的环境要素数量减少、质量降低，从而降低乃至破坏了环境效能和生态平衡的负面环境效应。[5] 生态破坏的实质是生态退化，主要表现为森林破坏、草原退化、土地沙漠化和盐渍化等。

二、全球环境问题

日益严重的全球环境问题极大地威胁着人类的生存和发展，并成为国际社会长期关注的重大问题之一。

（一）全球气候变化

"气候变化"指除在类似时期内所观测的气候的自然变异之外，由于直接或间接的人类活动改变了地球大气的组成而造成的气候变化。[6] 工业革命以来的人类活动是造成目前以全球变暖为主要特征的气候变化问题的主要原因。[7] 人类在生产生活中利用化石能源不断强化温室效应，导致全球气候变

〔1〕 韩德培主编：《环境保护法教程》，法律出版社 2018 年版，第 3 页。

〔2〕 金瑞林主编：《环境法学》，北京大学出版社 2016 年版，第 10 页。

〔3〕 也有著述将"环境干扰"作为单独的类别的次生环境问题，认为环境干扰包括噪声、振动等。参见杨京平主编：《生态安全的系统分析》，化学工业出版社 2002 年版，第 6 页。本书将这类环境问题作为环境污染的一类。

〔4〕 "二十世纪八大公害事件"分别是比利时马斯河谷事件、美国多诺拉烟雾事件、英国伦敦烟雾事件、美国洛杉矶光化学烟雾事件、日本水俣事件、日本富山事件、日本四日事件、日本米糠油事件；"二十世纪六大污染事故"分别是意大利塞维索化学污染事故、美国三里岛核电站泄漏事故、墨西哥液化气爆炸事故、印度博帕尔毒气泄漏事故、苏联切尔诺贝利核电站事故、瑞士莱茵河污染事故。这些事件和事故对人体健康、社会物质财富和生态环境造成了巨大的损失，其中一些对全球范围内环境法的发展也产生了重要影响。

〔5〕 也有著述称之为"环境破坏"。

〔6〕 《联合国气候变化框架公约》第 1 条。

〔7〕 参见中国气象局：《什么是气候变化？气候变化的原因是什么？》，载 https://www.cma.gov.cn/2011xzt/2012zhuant/20120302/2012030205/201203020501/201103/t20110314_3096060.html，最后访问日期：2024 年 10 月 25 日。

暖加剧。温室效应,是指太阳短波辐射的能量穿过大气层到达地面,而地球增暖后放出的长波辐射被大气层中的气体部分地阻挡或吸收的现象。[1] 温室效应以温室气体为载体。温室气体,是指大气中能吸收地面反射的长波辐射,并重新发射辐射的气体,主要包括二氧化碳、甲烷、氧化亚氮、氢氟碳化物、全氟碳化物、六氟化硫、三氟化氮七种。其中,二氧化碳是目前最主要的温室气体之一。自第一次工业革命以来,[2] 由于人类生产生活方式的变化,石油、煤炭等矿物燃料和农用化肥被大量使用,大气中的温室气体浓度急剧增加。温室效应使极地冰川融化,导致一些海岸地区被淹没,同时也会影响到降雨和大气环流,引发洪涝灾害,造成严重的社会经济问题。

(二)臭氧层空洞

臭氧在离地球表面 10~50 公里的大气平流层中形成"臭氧层",厚度平均为 3 毫米,[3] 保护着地球上的生命免受过量紫外线的辐射,使约 90% 的来自太阳的紫外线辐射能被臭氧层吸收。如果没有臭氧层的保护,到达地面的紫外线辐射强度会对人类健康造成极大影响。1985 年,英国科学考察队在南极的南纬 60°观察站发现上空出现巨大的臭氧"空洞"(臭氧浓度极低区),引起了对臭氧耗竭问题的全球性关注。"臭氧层空洞"的三大特征是:臭氧低值区的数值低,在 220DU 以下;[4] 臭氧低值区的范围大,超过数百万平方公里;臭氧低值区持续的时间长,经常为 2~4 个月左右。[5] 通常所称"臭氧层空洞",一般指南极每年秋季形成的面积约为 2200 万~2500 万平方公里的空洞。2020 年,北极上空也出现了面积约 100 万平方公里的臭氧层空洞,这是 25 年来北极面积最大的臭氧层空洞。[6]

尽管臭氧层空洞的出现与极地涡旋和平流层低温等自然因素有关,但人类活动排放至大气中的含氯和含溴污染物质仍是臭氧层空洞形成的重要因素。[7] 为此,国际社会制定了《关于消耗臭氧层物质的蒙特利尔议定书》,以减少大气中的消耗臭氧层物质,取得了一定成效。2019 年,南极上空的臭

[1] 参见中国气象局:《领略全世界最前沿科学问题研究进展——温室效应会使地球温度升多高?》,载 http://www.cma.gov.cn/kppd/kppdmsgd/202101/t20210114_ 570130.html,最后访问日期:2024 年 10 月 25 日。

[2] 四次工业革命按照工业发展的不同阶段作出的划分:第一次工业革命是蒸汽机时代,第二次工业革命是电气化时代,第三次工业革命是信息化时代,第四次工业革命是利用信息化技术促进产业变革的时代。

[3] 参见中国气象局:《拯救臭氧层刻不容缓》,载 http://www.cma.gov.cn/kppd/kppdqxyr/kppdjsqx/201212/t20121211_ 195328.html,最后访问日期:2024 年 10 月 25 日。

[4] DU,是指多布森单位(Dobson Unit),用以描述大气中臭氧的密度。在压强为 760 Torr、温度为 273K 的条件下,千分之一厘米(10 微米)厚度的臭氧层为一个多布森单位。

[5] 参见中国气象局:《春季平流层极涡的持续低温是北极臭氧洞形成的关键因素》,载 http://www.cma.gov.cn/kppd/kppdsytj/202005/t20200529_ 554670.html,最后访问日期:2024 年 10 月 25 日。

[6] 参见中国气象局:《北极现 25 年来最大臭氧洞》,载 http://www.cma.gov.cn/kppd/kppdqxsj/kppdqxgc/202004/t20200417_ 551520.html,最后访问日期:2024 年 10 月 25 日。

[7] 参见中国气象局:《低温和极地涡旋破坏北极臭氧层》,载 http://www.cma.gov.cn/kppd/kppdmsgd/202005/t20200515_ 553572.html,最后访问日期:2024 年 10 月 25 日。

氧层空洞创下 1982 年以来的年度最小值。美国国家海洋与大气管理局预计，南极上空的臭氧层空洞有望于 2070 年恢复到 1980 年的面积。[1]

（三）酸雨

酸雨，是指 pH 值小于 5.6 的大气降水。[2] 酸雨的产生与人类活动密切相关。由于人类大量使用化石燃料，燃烧后产生的硫氧化物或氮氧化物在大气中经过化学反应后，形成硫酸（H_2SO_4）或硝酸（HNO_3）等物质，这些酸性物质以雨、雪、雾等形式落回地面或直接从空气中沉积到植物或建筑物上，产生酸蚀作用。[3] 酸雨对环境的危害表现为多种形式：受酸雨污染的淡水、江河和湖泊 pH 值降低，严重危害水生生物的正常生长；酸雨造成土壤酸化，危害植物的生长，导致树木、农作物死亡；酸雨腐蚀建筑材料，导致建筑物受侵蚀；酸雨使作为饮用水源的水中金属溶出，造成饮用水质量下降，直接影响人类健康。同时，一地排放的有害气体往往在其他地区形成酸雨，这种传输性特征也扩大了其危害。西欧、北美和东亚是世界上酸雨最集中的地区。近年来，我国酸雨状况有所改善，2019 年全国平均降水 pH 值为 5.96，为 1992 年有观测记录以来酸雨状况最好的一年。[4]

（四）**有毒有害物质污染和越境转移**

有毒有害物质污染和越境转移问题在危险废物领域体现得尤为突出。危险废物具有腐蚀性、毒性、易燃性、反应性和感染性等特征，随意倾倒或利用处置不当会严重危害人体健康，甚至对生态环境造成难以恢复的损害。处置废物的通常方法是掩埋、焚烧或者向海洋倾倒。20 世纪以来，世界各国特别是发达国家的环境保护意识增强，有毒有害物质处置受到越来越严格的控制，处理成本日益提高，将废物进行越境转移（特别是从发达国家向发展中国家转移）越来越多地发生，对发展中国家的生态环境和公众健康造成了越来越大的负面影响。

（五）**大规模生态破坏**

大规模生态破坏，主要体现为水资源状况恶化、土壤退化、森林危机和生物多样性减少等方面。

水资源状况恶化。20 世纪 80 年代以来，由于人口增长、社会经济发展和消费模式变化等原因，全球用水量每年增长 1%。随着工业和社会用水不断增加，到 2050 年，全球需水量预计还将保持同样的增速，用水量将比目前增加 20%~30%。[5] 与此同时，目前全球有超过 10 亿人生活在缺水地区，17 个国

---

[1] 参见中国气象局：《南极臭氧层空洞缩至 37 年来最小》，载 http：//www. cma. gov. cn/2011xwzx/2011xqhbh/2011xdtxx/201910/t20191030_ 538697. html，最后访问日期：2024 年 10 月 25 日。

[2] 参见中国气象局：《酸雨和酸雨区等级》（QX/T 372-2017）。

[3] 参见中国气象局：《国家"防灾减灾日"科普专栏之酸雨》，载 http：//www. cma. gov. cn/kppd/kppdqxwq/kppdjckp/201211/t20121129_ 193163. html，最后访问日期：2024 年 10 月 25 日。

[4] 参见中国气象局：《大气环境气象公报（2019 年）》。

[5] 参见联合国：《2019 年世界水资源发展报告》。

家和地区每年消耗的水量超过其可用水资源总量的 80%，处于"极度缺水"的状态。[1] 同时，人类还在大规模污染水体，导致水质恶化。目前，全世界每年排放污水总量约为 4260 亿吨，造成 55 000 亿立方米的水体受到污染，约占全球径流量的 14% 以上，全球河流的稳定流量的 40% 左右已被污染。[2] 水污染不仅发生在淡水领域，海洋污染状况同样不容乐观。[3]常见的海洋污染物包括石油及其产品、重金属和酸碱、农药、有机物质和营养盐类、放射性核素、固体废物以及废热等。[4] 目前，海洋垃圾和塑料污染问题备受关注。人类每年产生约 3 亿吨塑料垃圾，其中约 800 万吨最终被投入海洋。[5] 自 2012 年以来，全球受到海洋垃圾影响的海洋生物种群数量已经从 663 种增加到 817 种，这些威胁海洋生物生存的垃圾大多是塑料垃圾。[6]

土壤退化。土壤是人类生存的基础条件之一。近几十年来，全球土壤资源退化日益严重。目前，全球有超过 30% 的土地正在或者已经发生退化，其中干旱地区的退化问题严重，土壤退化面积达 3600 万平方公里，约占全球土壤退化面积的 60%。人为因素是土壤退化的首要原因，特别是过度施用化肥以及过度放牧等活动造成土壤中养分流失，破坏土壤及其生态系统，并诱发次生自然灾害，同时也对全球经济和粮食安全带来不利影响。[7] 土壤退化的最主要表现有土壤侵蚀和荒漠化。目前，土壤侵蚀每年导致 250~400 亿吨表土流失，导致作物产量、土壤的碳储存和碳循环能力、养分和水分明显下降。土壤侵蚀造成作物年产量损失约 760 万吨。如果不采取行动减少土壤侵蚀，预计到 2050 年，作物总损失量将超过 2.53 亿吨，相当于减少了 150 万平方公里的作物生产面积。[8] 荒漠化是土壤退化中最严重的形式之一，主要指因气

---

〔1〕 参见吴乐珺：《全球水资源紧缺形势日趋严峻》，载 http：//world. people. com. cn/n1/2019/0823/c1002-31312087. html，最后访问日期：2024 年 11 月 1 日。

〔2〕 参见北京水源保护基金会：《全球水资源现状》，载 http：//www. waterfoundation. cn/news/information/212. html，最后访问日期：2024 年 11 月 4 日。

〔3〕 《联合国海洋法公约》第 1 条规定，"海洋环境的污染"是指：人类直接或间接把物质或能量引入海洋环境，其中包括河口湾，以致造成或可能造成损害生物资源和海洋生物、危害人类健康、妨碍包括捕鱼和海洋的其他正当用途在内的各种海洋活动、损坏海水使用质量和减损环境优美等有害影响。

〔4〕 参见中国科学院南海海洋研究所：《海洋污染物的种类》，载 http：//www. scsio. cas. cn/kx-cb/kpwz/201008/t20100809_ 2918452. html，最后访问日期：2024 年 11 月 4 日。

〔5〕 参见联合国环境规划署：《Marine litter and the challenge of sustainable consumption and production》，载 https：//www. unep. org/news-and-stories/speech/marine-litter-and-challenge-sustainable-consumption-and-production，最后访问日期：2024 年 11 月 4 日。

〔6〕 参见周超：《联合国发布研究报告称全球海洋垃圾防治形势日趋严峻》，载 https：//www. cafs. ac. cn/info/1053/1258. htm，最后访问日期：2021 年 2 月 16 日。

〔7〕 参见黄慧琼：《遏止全球土壤退化刻不容缓》，载《生态经济》2021 年第 2 期。

〔8〕 参见中国科学院南京土壤研究所：《2019 年世界土壤日南京土壤研究所组织开展主题宣传活动》，载 http：//www. issas. cas. cn/xwzx/zhxw/201912/t20191210_ 5451262. html，最后访问日期：2024 年 11 月 4 日。

候变化和人类活动等因素造成的干旱、半干旱和亚湿润干旱地区的土地退化，[1] 包括土地沙化、水土流失、植被退化等形式。据统计，全球有超过 20 亿人生活在沙漠和旱地，有 160 余个国家正在受到土地荒漠化的不良影响，仅荒漠化和干旱每年就造成 1200 万公顷的土地流失，粮食作物损失总量超过 2000 万吨。[2] 土地荒漠化虽与气候变化、自然灾害等自然因素有关，但盲目开垦、过度放牧、滥采滥伐等人为活动也是导致土地荒漠化的重要原因。

森林危机。森林被称为"地球之肺"，具有净化大气、调节气候、蓄水保土、防风固沙、美化环境等作用。作为地球上最大的陆地生态系统和全球生物圈的重要组成部分，森林还承担着地球基因库、碳库、蓄水库和能源库的功能。然而，长期以来，森林危机日益严重，面临着被大火摧毁、被人类砍伐以及林地退化等挑战。联合国发布的报告《2020 年世界森林状况：森林、生物多样性与人类》显示，自 1990 年以来，森林转为其他用地类型的面积约 4.2 亿公顷，世界范围内的原始森林已经减少了超过 8000 万公顷，超过 1 亿公顷的森林受到火灾、病虫害、入侵物种、干旱和灾害性天气事件的不利影响。尽管毁林速度在过去的 30 年间已有所减缓，但在 2010~2020 年间，全球森林面积净损失仍达到每年 470 万公顷；而在 2015~2020 年间，全球森林面积净损失仍以约每年 1000 万公顷的速度被破坏。[3] 森林面积锐减对人类环境有多方面的影响，包括土壤流失、气候干燥、生物多样性灭失等。[4]

生物多样性减少。生物多样性，是指"所有来源的形形色色生物体，这些来源除其他外包括陆地、海洋和其他水生生态系统及其所构成的生态综合体；这包括物种内部、物种之间和生态系统的多样性"。[5] 生物多样性包括遗传多样性、物种多样性和生态系统多样性三个层次。生物多样性是一国社会经济存续和发展的不可或缺的物质基础，在生态、遗传、社会、经济、科学、教育、文化、美学和娱乐等方面具有重要的价值。[6] 目前，生物多样性正在全球范围内以前所未有的速度丧失，其原因包括全球气候变化、乱砍滥伐、滥捕乱猎、外来物种入侵、过度利用土地和水资源等。[7] 2000 年以来，

〔1〕 GEF/UNDP 中国国家履约能力自评估项目办公室编著：《中国履行国际环境公约国家能力自评估报告》，中国环境科学出版社 2006 年版，第 113 页。

〔2〕 参见《2010-2020：联合国荒漠与防治荒漠化十年》，载 https：//static. un. org/zh/events/desertification_decade/background. shtml，最后访问日期：2025 年 1 月 3 日。

〔3〕 联合国粮农组织和环境规划署：《2020 年世界森林状况：森林、生物多样性与人类》，载 https：//www. unep. org/resources/state-worlds-forests-forests-biodiversity-and-people，最后访问日期：2024 年 11 月 4 日。

〔4〕 联合国粮农组织和环境规划署：《2020 年世界森林状况：森林、生物多样性与人类》，载 https：//www. unep. org/resources/state-worlds-forests-forests-biodiversity-and-people，最后访问日期：2024 年 11 月 4 日。

〔5〕《联合国生物多样性公约》第 2 条。

〔6〕 于文轩：《生物多样性政策与立法研究》，知识产权出版社 2013 年版，第 1 页。

〔7〕 生态环境部：《生物多样性破坏的原因》，http：//www. fecomee. org. cn/zthd/sdn/sdzs/201003/t20100311_568142. html，最后访问日期：2025 年 1 月 3 日。

衡量物种丰富度变化的地球生命力指数总体下降了 32%，淡水物种种群下降最多（44%），其次是陆地物种种群（39%）和海洋物种种群（8%）。在自然保护联盟红色名录评估的 120 372 种物种中，共有 32 441 种（27%）被列为濒临灭绝的物种。遗传多样性的状况同样不容乐观，栽培植物、养殖和驯养动物以及野生亲缘物种的遗传多样性依然受到破坏，濒临危险或灭绝的牲畜品种的比例正在增加，养殖鸟类和哺乳动物的野生亲缘物种也接近灭绝。尽管全球范围的生态系统恢复工作取得一定进展，但生态系统服务能力仍在继续下降。[1]

三、我国的环境问题

我国高度重视生态环境保护工作，持续加大生态环境保护力度，生态环境质量不断改善。同时也应注意到，在"十三五"期间，经济社会发展不平衡、不协调、不可持续的问题仍然突出，多阶段、多领域、多类型生态环境问题交织，生态环境与人民群众需求和期待差距较大。我国目前面临的生态环境问题主要包括如下三个方面：

第一，污染物排放量大面广，环境污染重。我国化学需氧量、二氧化硫等主要污染物排放量仍然处于 2000 万吨左右的高位，环境承载能力超过或接近上限。78.4% 的城市空气质量未达标，公众反映强烈的重度及以上污染天数比例占 3.2%，部分地区冬季空气重污染频发和高发。饮用水水源安全保障水平亟须提升，排污布局与水环境承载能力不匹配，城市建成区黑臭水体大量存在，湖泊富营养化问题依然突出，部分流域水体污染依然较重。全国土壤点位超标率 16.1%，耕地土壤点位超标率 19.4%，工矿废弃地土壤污染问题突出。城乡环境公共服务差距大，治理和改善任务艰巨。

第二，山水林田湖缺乏统筹保护，生态损害大。中度以上生态脆弱区域占全国陆地国土面积的 55%，荒漠化和石漠化土地占全国国土面积的近 20%。森林系统低质化、森林结构纯林化、生态功能低效化、自然景观人工化趋势加剧，每年违法违规侵占林地约 200 万亩，全国森林单位面积蓄积量只有全球平均水平的 78%。全国草原生态总体恶化局面尚未根本扭转，中度和重度退化草原面积仍占 1/3 以上，已恢复的草原生态系统较为脆弱。全国湿地面积近年来每年减少约 510 万亩，900 多种脊椎动物、3700 多种高等植物生存受到威胁。资源过度开发利用导致生态破坏问题突出，生态空间不断被蚕食侵占，一些地区生态资源破坏严重，系统保护难度加大。

第三，产业结构和布局不合理，生态环境风险高。我国是化学品生产和消费大国，有毒有害污染物种类不断增加，区域性、结构性、布局性环境风险日益凸显。环境风险企业数量庞大、近水靠城，危险化学品安全事故导致

---

[1] 生物多样性公约秘书处：《全球生物多样性展望》，载 https://www.cbd.int/gbo/gbo5/publication/gbo-5-zh.pdf，最后访问日期：2021 年 2 月 16 日。

的环境污染事件频发。突发环境事件呈现原因复杂、污染物质多样、影响地域敏感、影响范围扩大的趋势。过去十年年均发生森林火灾 7600 多起，森林病虫害发生面积 1.75 亿亩以上。近年来，年均截获有害生物达 100 万批次，动植物传染及检疫性有害生物从国境口岸传入风险高。[1]

四、环境保护

《联合国人类环境宣言》明确，"保护和改善人类环境是关系到全世界各国人民的幸福和经济发展的重要问题，也是全世界各国人民的迫切希望和各国政府的责任。"[2] 环境保护，是指为防治环境污染和生态破坏、协调社会经济发展与生态环境的关系、保障人类生存和发展而采取的措施的总称。环境保护的主要内容包括预防和治理环境污染，防止生态破坏，保护具有特殊价值的生态环境。

环境问题是典型的负外部性问题，与市场失灵密切相关。同时，政府失灵也是造成环境问题的原因之一。为了解决环境问题，环境保护需要克服市场失灵和政府失灵的现象，采取多种手段和措施。[3] 环境保护的主体包括国家、单位、个人等，环境保护的主要手段包括技术措施、[4] 管理措施、[5] 法律措施、经济措施、[6] 宣传教育措施等。[7]

---

〔1〕 《"十三五"生态环境保护规划》第一章第二节。

〔2〕 《联合国人类环境宣言》中的第二个共同观点。《联合国人类环境宣言》又称《斯德哥尔摩人类环境宣言》，通称《斯德哥尔摩宣言》，是 1972 年 6 月 16 日在瑞典斯德哥尔摩召开的联合国人类环境会议通过的主要文件之一。该宣言旨在"鼓舞和指导世界各国人民保护和改善人类环境"，宣布了七个共同观点和二十六项共同原则。该宣言首次为国际环境保护提供了原则性规范，为国际环境法基本原则的形成提供了初步框架，对国际环境法的发展和实施以及各国环境法律的制定具有指导作用。该宣言还初步阐述了可持续发展思想。

〔3〕 杨华：《中国环境保护政策研究》，中国财政经济出版社 2007 年版，第 20 页。

〔4〕 环境保护的技术措施以环境科学为基础。例如，包括数学生态学模型、水质模型、气质模型、环境规划模型等在内的环境数学模型，可为环境决策提供重要的依据。参见汪礼礽编著：《环境数学模型》，华东师范大学出版社 1997 年版，第 1-2 页。

〔5〕 管理措施，包括政策措施、行政措施等。

〔6〕 环境保护的经济措施，包括收费、补贴、押金制度、市场创建、执行鼓励金五类。参见沈满洪：《环境经济手段研究》，中国环境科学出版社 2001 年版，第 82 页。

〔7〕 李康：《环境政策学》，清华大学出版社 2000 年版，第 60 页。

第二章

环境法概述

　　环境法是调整环境社会关系的法律规范的总称。环境法既具有一般法的特征，同时也具有自身独有的特点。公益性、科技性、广泛性和综合性等特征，是其区别于其他法律领域的重要特征。环境法的目的是保护和改善环境，防治环境污染和生态破坏，保障公众健康，推进生态文明建设，促进经济社会可持续发展。环境法律关系是环境法的重要的基本范畴。

☞ 第一节　环境法的内涵

一、环境法的定义

　　环境法，是指由国家制定或认可并由国家强制力保证实施的，调整人类在开发、利用、保护和改善环境的活动中所产生的社会关系的法律规范的总称。[1] 环境法有狭义和广义之分。狭义上的环境法，一般指污染防治法；广义上的环境法，除污染防治法之外，还包括生态保护法、自然资源法、与生态环境保护相关的能源法、应对气候变化法等方面的内容。本书所称的环境法，主要是指污染防治法和生态保护法。[2]

　　环境法的内涵主要包括如下三方面内容：

　　第一，环境法由国家制定或认可并由国家强制力保证实施。这是构成环境法法律属性的基本特征之一，也是法律区别于政策、技术规范等其他规范的重要特征。例如，生态环境标准属于技术规范，只有与生态环境标准专门立法[3]相配合，才可成为环境法律体系的组成部分。

　　第二，环境法调整的社会关系是在开发、利用、保护和改善环境的活动中所产生的。其中，开发和利用生态环境，是人类与生态环境之间的基本关系，也是人类生存和发展的基本活动。保护和改善生态环境，一方面是人类

---

〔1〕　王灿发：《环境法学教程》，中国政法大学出版社 1997 年版，第 13-14 页。
〔2〕　作为法学二级学科的环境法被表述为"环境与资源保护法学"。这一意义上的环境法的内容相当于广义上的环境法。
〔3〕　如我国的《生态环境标准管理办法》。

为了适应自身生存和发展的需要而开展的自发活动，另一方面也是近现代社会以来在环境问题日益严峻情况下的国家行动。

第三，环境法是调整环境法律关系的法律规范（即环境法律规范）的总称。环境法律规范主要包括宪法性规范、综合性环境保护法规范、环境保护单行法规范、其他领域的法律中有关生态环境保护的法律规范等。因此，环境法既包括专门的环境法律规范，也包括其他法律中包含的有关生态环境保护的规范。

二、环境法的特点

环境法的特点主要包括公益性、科技性、广泛性和综合性四个方面。这些特点使其显著地区别于其他领域的法律。

（一）公益性

环境法的保护对象是人类赖以生存的生态环境，其目的是保护和改善环境，防治污染和其他公害，保障公众健康，促进经济社会可持续发展。由于环境保护是一项具有显著的社会公益性的事业，环境法也体现出公益性特征，其有效实施为全社会带来普遍的惠益，对于各地区、各群体的社会成员以及当代人和后代人都有重要意义。

（二）科技性

环境法在产生和发展方面具有科技性。产生环境问题的一个重要原因，就是科学技术发展推动人类生产力、特别是改造自然的能力的发展，以及在此过程中对其生态环境负面影响的忽视，环境法对此需要给予回应。随着科学技术的发展，新型生态环境问题也需要环境法予以及时的回应。[1]

环境法在规范构成方面具有科技性。环境法既要体现和回应社会发展规律，也要尊重自然生态规律。因此，环境法从目标定位、基本原则、法律制度到与其密切相关的技术规范等，均体现了显著的科技性特征。此外，环境法常常在不具备充分确实的科学证据的情况下采取防止环境恶化的措施，因为环境风险一旦转化为现实的损害，往往难以弥补或者弥补的成本远超可接受的程度。也正是由于这一特点，环境法在某些领域实行风险预防原则。

环境法在实施方面具有科技性。现代意义上的环境问题大多起因于科学技术的发展及其不当利用，因此环境问题的解决、环境法的实施也依赖于科学技术。例如，环境法中生态保护措施的落实，需要依靠技术手段；生态环境违法行为的发现，需要通过技术手段进行监测和鉴定；在环境纠纷的解决过程中，因果关系的确定，也往往需要技术手段支持。

（三）广泛性

环境法的广泛性特征主要体现在法律主体、保护对象、地域范围等方面。

---

[1] 例如，由现代生物技术的发展而引发的生物安全问题等。参见于文轩：《生物安全立法研究》，清华大学出版社 2009 年版，第 17-18 页。

环境法的法律主体既包括国家、企事业单位、社会团体和个人，也包括国际组织，在一定情况下还包括外国主体。环境法的保护对象既包括环境要素，也包括环境条件，还包括作为整体的生态环境。《环境保护法》明确规定了十余种保护对象。[1] 同时，由于生态环境问题具有显著的全球性特征，[2] 环境保护也成为全球范围内共同面对的问题，相应地，各国在环境法的理论探索、法律目的、法律原则、主要制度甚至具体措施等方面均具有很强的相似性，从而形成了环境法的"世界共同性"的特点。[3]

（四）综合性

环境法内容方面的综合性。广义上的环境法涉及污染防治、生态保护、自然资源保护与可持续利用、能源环保、应对气候变化等领域，具有领域上的综合性特征。同时，环境法在内容上不仅涉及法学领域的内容，而且涉及环境科学、经济学、社会学、伦理学等方面的内容，具有学科上的综合性特征。

环境法律规范方面的综合性。环境法不仅包含宪法、行政法、民法、刑法、国际法、诉讼法等领域的规范，而且还包含大量专门的环境法规范，在法律规范上具有综合性特征。

环境法调整手段方面的综合性。环境问题本身的复杂性决定了环境法调整手段的综合性。应对环境问题，不仅需要综合运用法律、科技、经济、行政、政治等方面的手段，甚至需要辅以伦理、道德等方面的手段，以使环境法律规范的内容更为科学，法律规范的实施更为有效。

第二节 环境法的目的和作用

环境法的目的，是环境法所追求的目标和期望达到的结果。环境法的目的体现了国家在制定环境法时的意图。环境法的作用，是指环境法基于其目的和内容而产生的社会影响。环境法的目的和作用体现了环境法的独有特质。

一、环境法的目的

《环境保护法》第1条规定："为保护和改善环境，防治污染和其他公害，保障公众健康，推进生态文明建设，促进经济社会可持续发展，制定本法。"[4] 这一规定明确了我国环境法的目的包括如下几个方面：

第一，保护和改善环境。保护生态环境，是指采取预防措施，使生态环境在现有状态的基础上不恶化；改善生态环境，是指采取治理措施，使生态

---

〔1〕 参见《环境保护法》第2条。
〔2〕 参见本书第一章第二节的相关内容。
〔3〕 王灿发：《环境法学教程》，中国政法大学出版社1997年版，第23-24页。
〔4〕 《环境保护法》第1条。

环境从此前受到污染或者破坏的状态恢复到良好的状态。这一目的体现了环境法在保护手段上防治结合的特点。

第二，防治环境污染和生态破坏。环境污染和生态破坏是环境法应对的两类环境问题。《环境保护法》尽管在立法目的条款中没有明确规定防治生态破坏，但在其他条款中就此作出了规定。《环境保护法》中规定的"公害"，是一类特殊的环境污染，一般指由工业生产造成的相当范围的环境污染。[1]

第三，保障公众健康。良好的环境，是人类生存和发展的必需条件，也是最普惠的民生福祉。正如习近平总书记所说："环境就是民生，青山就是美丽，蓝天也是幸福"[2]。防止环境污染和生态破坏对公众健康造成的负面影响，为公众提供安全、健康、舒适、优美的环境，是环境法的重要目标。2014年修订的《环境保护法》将"保障人体健康"修改为"保障公众健康"，体现了环境法在目的层面由个体环境权益保障到公共环境权益保障的转变。[3]

第四，推进生态文明建设，促进经济社会可持续发展。生态文明是人类文明发展的新阶段，是继工业文明后出现的文明形态，以人与自然、人与人以及人与社会之间的和谐共生、良性循环、全面发展、持续繁荣为宗旨。在文化价值观方面，在生态文明语境下，人类对于自然的价值具有更为明确的认识，承认并肯定自然的独特价值；在生产方式方面，生态文明要求扭转高生产、高消费和高污染的生产方式，同时实现社会物质生产的生态化；在生活方式方面，生态文明力求实现由"黑色消费"向"绿色消费"的转变，培育公民的绿色意识与绿色责任；在社会结构方面，生态文明将生态化要素渗透到社会结构的各个方面，融入经济建设、国家治理的全过程。推进生态文明建设，不仅有利于实现代际公平和代内公平，而且有利于实现资源环境的可持续利用、环境保护与经济社会发展的一体化，从而促进可持续发展。

这四个方面与环境法的目的具有密切的关联性。保护和改善环境、防治环境污染和生态破坏，是环境法的直接目的；保障公众健康，是环境法的根本目的，也是环境法的出发点和归宿；推进生态文明建设，促进经济社会可持续发展，是新时期环境法的最终目的。

二、环境法的作用

环境法的作用表现在保障经济社会的可持续发展、支持环境监督管理、惩治环境违法和犯罪、维护国家环境权益四个方面。

第一，保障经济社会的可持续发展。生态环境是人类生存和发展的重要

---

〔1〕 20世纪发生在日本的"四大公害事件"即属此类环境污染。参见王灿发：《环境法学教程》，中国政法大学出版社1997年版，第27页。

〔2〕 习近平：《推动我国生态文明建设迈上新台阶》，载《奋斗》2019年第3期。

〔3〕 李卓谦：《将环境与健康的理念融入法治——专访中国法学会副会长、中国法学会环境资源法学研究会负责人吕忠梅》，载《民主与法制时报》2020年4月9日，第1版。

条件，对经济社会的可持续发展具有重要意义。环境法通过保护劳动者的环境健康权益，[1] 从而保护生产力中的人的因素。环境法通过提高环境保护要求，促进劳动工具及其运用过程的环境友好性，从而在客观上促进了劳动资料的改进。环境法的一些保护对象同时也是劳动对象（如土地），从质和量两个方面对劳动对象发挥保护作用。

第二，支持环境监督管理。环境法规定了生态环境主管部门的职责和行使职责的法定程序，明确了生态环境监督管理的制度和措施，为国家生态环境监督管理提供了法律依据和制度保障，为生态环境保护工作依法有序开展提供了法律依据。

第三，惩治环境违法和犯罪。环境法明确了法律主体违反环境保护法律规定应承担的民事责任、行政责任和刑事责任。这些规定不仅体现在《环境保护法》和生态环境保护单行立法中，还体现在相关立法中。例如，《中华人民共和国民法典》（简称《民法典》）包含了数十项与生态环境保护有关的条款，违反这些规定即应承担相应的法律责任。再如，《中华人民共和国行政许可法》（简称《行政许可法》）、《中华人民共和国行政处罚法》（简称《行政处罚法》）、《中华人民共和国治安管理处罚法》（简称《治安管理处罚法》）等行政法规中也规定了违反生态环境保护义务的行政责任。《中华人民共和国刑法》（简称《刑法》）第六章"妨害社会管理秩序罪"的第六节规定了"破坏环境资源保护罪"，其中包含了十余项与破坏环境资源有关的罪名。这些规定为惩治环境污染和生态破坏的违法和犯罪行为提供了法律依据。

第四，维护国家环境权益。环境法宣示国家的基本环境政策，明确环境法的适用范围，规定环境法的重要制度和措施，并根据国际环境法义务吸收其中重要的内容。这些内容不仅有助于我国依法维护自身的环境权益，而且为我国参加国际环境保护合作提供了重要的法律依据。

第三节　环境法律关系

法律关系，是法律规范在调整人的行为过程中形成的权利义务关系。[2] 环境法律关系是法律关系理论在环境法领域中的具体运用，是环境法的重要的基本范畴之一。

一、环境法律关系的内涵

环境法律关系，是指由环境法律规范确认和调整的、具有环境权利和环境义务内容的社会关系。环境法律关系既具备一般法律关系的基本要素和性

---

〔1〕　环境健康，是指人的生命和健康不受环境污染危害的状态。参见朱炳成：《环境健康风险预防原则的理论建构与制度展开》，载《暨南学报（哲学社会科学版）》2019 年第 11 期。

〔2〕　《法学词典》编辑委员会编：《法学词典》，上海辞书出版社 1989 年版，第 668 页。

质，同时也具有不同于其他法律关系的独有特征。

首先，环境法律关系应由环境法律规范确认和调整。在现实社会中，社会关系呈现不同的类别和样态。只有经环境法律规范确认和调整的社会关系，才属于环境法律关系。环境法律规范是产生环境法律关系的前提和基础，其内容决定了环境法律关系的种类和内容。

其次，环境法律关系调整社会关系。与其他法律关系一样，环境法律关系直接地表现为人与人之间的关系，即社会关系。与其他社会关系不同的是，环境法律关系以生态环境为媒介，通过调整人与人之间的关系来实现人与自然之间关系的协调。[1]

最后，环境法律关系具有复杂性。从环境法律关系的主体看，既包括国家，也包括单位和个人。从环境法律关系的内容看，既包括污染防治法律关系，又包括生态保护法律关系，还包括自然资源保护与合理利用、能源环保、应对气候变化等方面的法律关系。从环境法律关系与其他社会关系的关联性看，也呈现出纵横交叉的复杂联系。

二、环境法律关系的构成

环境法律关系由三方面的要素构成：环境法律关系的主体、环境法律关系的内容和环境法律关系的客体。

（一）环境法律关系的主体

法律关系的主体，是法律关系的参加者，即在法律关系中一定权利的享有者和一定义务的承担者。[2] 环境法律关系的主体（简称环境法律主体），是环境法律关系的参加者，是环境权利的享有者和环境义务的承担者。环境法律主体包括个人、单位、国家等。

个人是环境法律关系中最广泛的参与者。个人依法拥有享受良好生态环境的权利。《环境保护法》第6条第1款规定："一切单位和个人都有保护环境的义务"。[3] 因此，个人也需要承担环境保护的义务。

环境法上的"单位"，包括国家机关、事业单位、企业单位、社会团体等。国家机关包括立法机关、行政机关和司法机关。企业单位一般作为行政相对人参加环境法律关系。社会团体的参与，是实现环境法上的公众参与原则的重要途径。

在环境法律关系中，国家具有双重身份。在国际环境法律关系中，国家是重要的法律关系主体，享有环境保护的国际法权利，并承担环境保护的国际法义务。在国内环境法律关系中，国家享有生态环境监督管理权，同时履行相应的环境保护职责。国家通过国家机关或其授权的组织履行环境保护的

---

〔1〕 王灿发：《环境法学教程》，中国政法大学出版社1997年版，第62页。

〔2〕 刘金国、舒国滢主编：《法理学教科书》，中国政法大学出版社1999年版，第117页。

〔3〕 《环境保护法》第6条第1款。

监管职责、行使环境监督管理权。

(二) 环境法律关系的内容

环境法律关系的内容，是指环境法律主体所享有的权利和所承担的义务。环境权利和环境义务相辅相成。环境法律主体在享受环境权利的同时，也应当履行相应的义务。

环境权利，是指环境法律主体依法享受或利用环境的利益。环境权利可分为实体性环境权利和程序性环境权利。实体性环境权利是指环境法律主体依法享有的以环境的清洁、完整和资源的可持续利用为内容的利益；程序性环境权利是旨在保障实体性环境权利得以实现的利益。[1]

环境义务，是指环境法律主体依法或依约定所应承担的责任，通常表现为对义务主体利益的限制。环境义务既包括由环境法律规范直接规定的义务，也包括环境法律主体因不履行法定义务而应承担的责任。

(三) 环境法律关系的客体

法律关系的客体，是指主体的权利和义务所指向的对象。[2] 法律关系的客体一般包括物、行为、非物质财富和其他权益。相应地，环境法律关系的客体，是指环境法律主体的权利和义务指向的对象，具体包括物、非物质财富和功能、行为以及人的生命和健康。

作为环境法律关系客体的"物"，主要包括三类：①环境要素；②人造物，如有害于生态环境的物质、技术、设备和设施，以及防治环境污染和生态破坏的技术、设备和设施等；③人为划定的受特殊保护的区域，如自然保护地等。

作为环境法律关系客体的"非物质财富和功能"，主要是指生态环境具有环境效应、生态功能以及对于人类有意义的其他价值。环境法既关注经济价值，也关注生态环境的内在价值及其对人类和生产发展的功能。

作为环境法律关系客体的"行为"，是指环境法律主体实施的、对生态环境产生影响的行为。此处的"行为"，既包括人的行动，也包括组织的活动；既包括积极的作为，也包括消极的不作为；既包括行政主体的监督管理行为，也包括行政相对人实施的开发、利用、保护和改善生态环境的行为。

作为环境法律关系客体的"人的生命和健康"，实质上是环境法基于其目的和功能所保护的人的利益。环境法律主体开发利用生态环境的行为，以生态环境为媒介，会反作用于人的生命和健康，由此产生环境健康问题，这是环境法及其实施所关注的重要方面。

三、环境法律关系的运行

环境法律关系的运行，即环境法律关系产生、变更和消灭的过程。其中，

---

〔1〕 吕忠梅、高利红、余耀军编著：《环境资源法学》，科学出版社 2004 年版，第 24-27 页。

〔2〕 刘金国、舒国滢主编：《法理学教科书》，中国政法大学出版社 1999 年版，第 123 页。

环境法律关系的产生，是指环境法律主体之间形成权利义务联系；环境法律关系的变更，是指环境法律关系的主体、客体、内容等方面的改变；环境法律关系的消灭，是指环境法律关系主体之间权利义务关系的终止。

环境法律关系的运行需要具备两方面的条件，即法律规范和法律事实。一是，环境法律规范是环境法律关系产生、变更和消灭的法律依据，是环境法律关系运行的抽象条件；环境法律事实是环境法律规范所规定的，能够引起环境法律关系产生、变更和消灭的客观情况或者现象，是环境法律关系运行的具体条件。根据是否与当事人的意志有关，环境法律事实可以分为环境法律事件和环境法律行为。二是，环境法律事件是指环境法律规范规定的、不以当事人的意志为转移而引起环境法律关系的产生、变更或者消灭的客观事实，包括社会事件和自然事件；环境法律行为，是指与环境法律主体的意志有关、能够引起环境法律关系产生、变更和消灭的法律主体的行动，又可分为作为（如排放污染物）和不作为（如不依法开展环境影响评价）。

第三章

环境法的演进

人类社会在不同的发展阶段面临不同的环境问题。在现代社会中，各国面临的环境问题的成因、发展和法律规制等方面具有相似性，所以从全球范围看，环境法的演进体现出一定的规律性，可以划分为四个发展阶段。自中华人民共和国成立以来，我国的环境法也经历了四个发展阶段。

第一节　全球环境法的演进

在全球范围内，环境法的演进可以划分为萌芽时期、初步发展时期、纵深发展时期和可持续发展时期四个阶段。

一、萌芽时期

环境法发展的萌芽时期，即从人类社会早期到第一次工业革命（18 世纪60 年代）之前的阶段。在这一阶段，人类社会主要处于原始文明和农业文明形态下，人类的生产和生活活动对生态环境的影响不大，对环境和资源的开发利用规模和强度较小，主要的环境问题是水土流失、土地沙化和排放固体废物造成的污染等，尚未产生现代意义上的环境问题。

在这一漫长的时期，一些国家的法律中出现了一些与生态环境保护有关的规定，个别国家还制定了一些环境保护单行法。例如，在我国古代，春秋时期的《逸周书·大聚解》就有关于禁伐山林和禁捕鱼鳖的记载："春三月，山林不登斧，以成草木之长。夏三月，川泽不入网罟，以成鱼鳖之长。"秦时，《睡虎地秦墓竹简·田律》规定："春二月，毋敢伐材木山林及雍（壅）隄水。不夏月，毋敢夜草为灰，取生荔、卵鷇，毋毒鱼鳖，置罔（网），到七月而纵之。唯不幸死而伐绾（棺）享（椁）者，是不用时。邑之纩（近）皂及它禁苑者，麛时毋敢将犬以之田。百姓犬入禁苑中而不追兽及捕兽者，勿敢杀；其追兽及捕兽者，杀之。"唐时，《唐律疏议·杂律》规定："诸占固山野陂湖之利者，杖六十；诸不修堤防及修而失时者，主司杖七十；诸失火及非时烧田野者，笞五十；诸弃毁官私器物及毁伐树木、庄稼者，准盗论。"其他国家也有类似规定，例如，公元前 18 世纪的《汉谟拉比法典》中有关于森林、土地保护和开垦的规定，德国在 1448 年颁布了《森林条例》，法国在 1669 年颁布了森林和水方面的法令。[1]

在这一阶段，环境法的发展呈现出如下特点：①在立法目的上，这一时期的环境法律规范大多在相关立法中作出规定，但在客观上发挥了保护生态环境的作用。②在法律规范属性上，这一时期的环境法以禁止性规定为主要内容。③在体系化程度方面，这一时期的环境法律规范并未实现系统化，尚未形成专门的环境法律体系。

二、初步发展时期

从第一次工业革命到 20 世纪 60 年代，是环境法的初步发展时期。在这一时期，社会生产力得到极大的发展，人类活动对生态环境的影响越来越大。工业"三废"[2] 的排放和人口的快速增长，使得城市环境问题愈发严重，20 世纪八大公害事件和六大污染事故即在这一时期产生。为应对这些问题，一些国家开始针对突出的环境问题进行专门立法。例如，英国于 1863 年颁布《碱业法》，要求制碱者防治对大气的污染；美国于 1864 年颁布《煤烟法》，1948 年颁布《联邦水污染控制法》，控制煤烟污染和水污染；在日本还出现了环境保护地方立法，如 1888 年大阪府制定的《煤烟管理令》等。同时，一些国家也开始制定自然资源保护的专门立法，如法国、奥地利、比利时、苏联、美国等制定了有关森林保护的法律，还有一些国家颁布了关于国家公园和自然保护区的立法。[3]

在这一阶段，环境法的发展呈现出如下特点：①环境立法进程明显加快，环境保护单行法相继出现，环境法的调整范围也更加广泛。②生态保护法迅速发展，成为环境法的重要组成部分。③其他法律领域中的关于生态环境保护的规定逐渐增多，并在环境保护实践中发挥重要作用，环境程序法和环境司法也有所发展。④法律规范以事后补救性规定为主。[4]

三、纵深发展时期

20 世纪 60 年代至 20 世纪 90 年代，是全球环境法的纵深发展时期。在这一时期，现代工业发展迅猛，城市人口高度集中，经济发展速度提升。人类活动消耗了大量的自然资源，排放的污染物大大超过环境容量，致使环境问题日益严峻，甚至出现了大规模的区域性或全球性环境污染和生态破坏问题。

在这一阶段，环境法的发展呈现出如下特点：①环境政策和立法更多地

---

〔1〕 蔡守秋主编：《环境资源法学》，人民法院出版社 2003 年版，第 47 页；吕忠梅主编：《环境法学概要》，法律出版社 2016 年版，第 47-48 页；邓海峰：《环境法总论》，法律出版社 2019 年版，第 23 页。

〔2〕 工业"三废"，即废气、废水、废渣（即固体废物）。

〔3〕 金瑞林主编：《环境法学》，北京大学出版社 2016 年版，第 24-25 页。

〔4〕 王灿发：《环境法学教程》，中国政法大学出版社 1997 年版，第 34 页。

表现出整体主义和事先预防的特点。②环境保护已成为许多国家宪法的重要内容，有些国家将环境保护规定为国家的一项基本职能。③不少国家和地区制定了环境保护基本法。例如，1967 年，日本制定《公害对策基本法》，1972 年制定《自然环境保全法》；1969 年，美国制定《国家环境政策法》，瑞典制定《环境保护法》等。④制定了大量环境保护单行法和地方性环境立法。例如，在日本，1970 年通过了《废弃物处理和清扫相关法律》《海洋污染防治法》等六部环境保护相关法律，并对《公害对策基本法》《大气污染防治法》等八部法律进行修改，此后又陆续制定了《恶臭防止法》《控制特殊鸟类转让法》《公害损害健康补偿法》《公害纠纷处理法》等环境保护单行法。[1]

四、可持续发展时期

20 世纪 90 年代以来，是环境法的可持续发展时期。在这一时期，全球性生态环境问题进一步突出。1992 年联合国环境与发展大会之后，可持续发展理念在全球范围内得到认可，各国进一步加快环境法治建设。

在这一阶段，环境法的发展呈现出如下特点：①可持续发展理念被《里约环境与发展宣言》《21 世纪议程》《联合国气候变化框架公约》《生物多样性公约》等重要国际环境法文件所认可，并成为很多国家环境立法的指导思想。[2] ②全球环境治理机制的探索进程加快，应对气候变化、生物多样性保护等领域的国际合作愈发密切，并进一步推动各国在相关领域的立法和生态保护实践。③环境法对其他法律领域的影响越来越大，民法、刑法、行政法、诉讼法等相关领域的立法越来越多地体现生态环境保护的内容。

第二节 我国环境法的演进

中华人民共和国成立以来，环境法的发展可以分为四个阶段，即产生和初步发展时期、纵深发展时期、可持续发展时期以及生态文明建设新时期。

一、产生和初步发展时期

从 1949 年中华人民共和国成立到 1978 年，是我国环境保护事业的起步阶段，也是我国环境法的产生和初步发展时期。

中华人民共和国成立之初，我国在相关政策和立法中作出了一些有利于环境保护的规定，特别是在自然资源保护和合理利用方面颁布了一些立法，如《矿业暂行条例》（1950 年，已失效）、《国家建设征用土地办法》（1958年，已失效）、《中华人民共和国水土保持暂行纲要》（1957 年，已失效）、

---

[1] 参见梅泠、付黎旭：《日本环境法的新发展——〈环境法的新展开〉译评》，载韩德培主编：《环境资源法论丛》，法律出版社 2002 年版，第 213-215 页。

[2] 关于可持续发展理念的内涵，详见本书第六章第二节的相关内容。

《森林保护条例》（1963 年，已失效）等。同时，国家也开始注意到工业生产引起的环境污染，并颁布了一些与防治环境污染有关的规范，如《工厂安全卫生规程》（1956 年，已失效）、《生活饮用水卫生规程》（1959 年，已失效）等。

1972 年，我国出席联合国人类环境会议，环境议题此后成为我国开展外交活动的重要内容。[1] 1973 年，我国召开了第一次全国环境保护工作会议，制定了我国第一部环境保护综合性法规《关于保护和改善环境的若干规定（试行草案）》（已失效），确立了"全面规划、合理布局、综合利用、化害为利、依靠群众、大家动手、保护环境、造福人民"的方针[2]，明确了"统筹兼顾、全面安排"的原则，[3] 并就全面规划、工业布局、老城市环境改善、综合利用、土壤和植物保护、水系和海域管理、植树造林、环境监测、环境科学研究和宣传教育、环境保护投资和设备等方面作出了较为全面的规定。[4] 1974 年，国务院颁布《中华人民共和国防止沿海水域污染暂行规定》（已失效）。这是我国第一部防治沿海水域污染的法规，对我国沿海水域的污染防治特别是对油船和非油船的压舱水、洗舱水、生活废弃物等废物的排放，作出了较详细的规定。1978 年《宪法》（已失效）第 11 条第 3 款明确规定："国家保护环境和自然资源，防治污染和其他公害。"[5] 这也成为我国环境保护事业的宪法基础。

在这一时期，我国还制定了一系列的环境标准，为国家环境管理提供了定量指标，如《工业"三废"排放试行标准》（1973 年，已失效）、《生活饮用水卫生标准》（1976 年，已失效）、《食品卫生标准》（1978 年，已失效）等。

在这一阶段，我国环境法呈现出如下特点：①环境法治处于起步阶段，环境问题尚未引起足够的重视，环境法发展较为缓慢。②生态环境保护立法位阶较低，行政法规和部门规章在生态环境保护实践中发挥了重要作用。③环境保护相关的法律规范较为分散，尚未形成完整的环境法律体系。

二、纵深发展时期

1978 年到 1989 年，是我国环境法的纵深发展时期。在这一时期，环境保护的重要性被提升到新的高度，环境法治建设进入快速发展阶段。

1979 年，我国颁布了《中华人民共和国环境保护法（试行）》（已失效）（简称《环境保护法（试行）》）。该法规定了环境保护的对象、任务、方针、政策，明确了环境保护的基本原则，将环境影响评价、污染者的责任、

---

[1]　参见汪劲主编：《环保法治三十年：我们成功了吗？》，北京大学出版社 2011 年版，第 2 页。
[2]　《关于保护和改善环境的若干规定（试行草案）》引言部分。
[3]　《关于保护和改善环境的若干规定（试行草案）》第一部分，第一段。
[4]　《关于保护和改善环境的若干规定（试行草案）》第一至第十部分。
[5]　1978 年《宪法》（已失效）第 11 条第 3 款。

征收排污费、对基本建设项目实行"三同时"等作为强制性的法律制度确定下来，并规定了环境保护的机构和职责等内容。

1982 年《宪法》第 26 条第 1 款规定："国家保护和改善生活环境和生态环境，防治污染和其他公害。"[1] 这也为我国此后的生态环境保护提供了宪法依据。在此基础上，我国先后制定了《中华人民共和国海洋环境保护法》（简称《海洋环境保护法》）、《中华人民共和国水污染防治法》（简称《水污染防治法》）、《中华人民共和国大气污染防治法》（简称《大气污染防治法》）、《中华人民共和国森林法》（简称《森林法》）、《中华人民共和国渔业法》（简称《渔业法》）、《中华人民共和国矿产资源法》（简称《矿产资源法》）、《中华人民共和国土地管理法》（简称《土地管理法》）、《中华人民共和国水法》（简称《水法》）、《中华人民共和国野生动物保护法》（简称《野生动物保护法》）等污染防治法律，同时还制定了一些生态保护和自然资源保护与合理利用方面的立法。

1989 年，我国颁布了《环境保护法》。该法在篇章结构上分为总则、环境监督管理、保护和改善环境、防治环境污染和其他公害、法律责任及附则。该法的制定和实施，为我国的环境保护事业提供了重要的法律依据。

在这一阶段，我国环境法呈现出如下特点：①立法理念以经济建设为优先，环境保护在总体上为经济发展服务。②制定了综合性的环境保护法，为我国环境保护事业提供重要法律依据。③环境保护单行立法工作全面展开，重要环境要素的污染防治和生态保护方面的法律法规大量制定，环境法律体系初步形成。④环境保护行政法规和部门规章大量出台，地方性环境保护立法工作相继展开，环境标准体系不断完善。[2]

三、可持续发展时期

20 世纪 90 年代之后，特别是 1992 年联合国环境与发展大会之后，可持续发展理念在我国得到广泛认同，为我国环境法的发展注入了新的动力。

1990 年，国务院发布的《国务院关于进一步加强环境保护工作的决定》提出："保护和改善生产环境与生态环境、防治污染和其他公害，是我国的一项基本国策"。1993 年 3 月，第八届全国人民代表大会第一次会议决定设立全国人民代表大会环境保护委员会；1994 年 3 月，第八届全国人民代表大会第二次会议决定更名为全国人民代表大会环境与资源保护委员会。（简称全国人大环资委）。全国人大环资委自成立伊始就提出了构建"我国环境与资源保护法律体系框架"的目标。

自 1993 年起，我国不仅在生态环境保护领域制定了一系列立法，同时也对原有的法律法规开展清理、修改和完善工作。在这一时期，我国先后制定

---

〔1〕 1982 年《宪法》（已失效）第 26 条第 1 款。
〔2〕 参见吕忠梅主编：《环境法学概要》，法律出版社 2016 年版，第 57 页。

了《中华人民共和国固体废物污染环境防治法》（简称《固体废物污染环境防治法》）、《中华人民共和国自然保护区条例》（简称《自然保护区条例》）、《中华人民共和国水生野生动物保护实施条例》（简称《水生野生动物保护实施条例》）、《中华人民共和国噪声污染防治法》（简称《噪声污染防治法》）、《中华人民共和国野生植物保护条例》（简称《野生植物保护条例》）、《中华人民共和国城市规划法》（简称《城市规划法》）（已失效）、《中华人民共和国节约能源法》（简称《节约能源法》）、《中华人民共和国防沙治沙法》（简称《防沙治沙法》）、《中华人民共和国清洁生产促进法》（简称《清洁生产促进法》）、《中华人民共和国环境影响评价法》（简称《环境影响评价法》）、《中华人民共和国循环经济促进法》（简称《循环经济促进法》）、《中华人民共和国海岛保护法》（简称《海岛保护法》）等，并对《中华人民共和国大气污染防治法》（简称《大气污染防治法》）、《中华人民共和国水污染防治法》（简称《水污染防治法》）、《森林法》、《渔业法》、《海洋环境保护法》、《固体废物污染环境防治法》等进行了修订。同时，各地也制定或修改了一大批地方环境保护法规和规章。相关领域的一些重要法律在制定或修订过程中，也对生态环境问题给予积极回应。例如，《中华人民共和国物权法》（简称《物权法》）（已失效）、《中华人民共和国侵权责任法》（简称《侵权责任法》）（已失效）、《刑法》、《中华人民共和国民事诉讼法》（简称《民事诉讼法》）、《中华人民共和国乡镇企业法》（简称《乡镇企业法》）、《中华人民共和国电力法》（简称《电力法》）、《中华人民共和国公路法》（简称《公路法》）、《中华人民共和国建筑法》（简称《建筑法》）等均在不同程度上规定了与生态环境保护有关的内容。

在这一阶段，我国环境法呈现出三方面特点。一是可持续发展理念成为环境法的重要指导思想，并贯穿于环境法律体系之中。二是生态环境问题成为相关领域立法的重要关切。三是环境法律体系进一步完善，与国际环境法的衔接进一步加强。

四、生态文明建设新时期

党的十八大以来，我国将生态文明融入"五位一体"总体布局的建设之中。2014 年，我国在总结我国生态环境保护经验的基础上，对实施了 25 年《环境保护法》进行修订，被称为"史上最严"的环境保护法。2018 年通过的宪法修正案将"生态文明""美丽的社会主义现代化强国"写入序言，充实了环境保护的宪法规范。在这一时期，环境保护单行立法也进入了"快车道"，制定了《中华人民共和国环境保护税法》（简称《环境保护税法》）、《中华人民共和国土壤污染防治法》（简称《土壤污染防治法》）、《中华人民共和国生物安全法》（简称《生物安全法》）、《中华人民共和国长江保护法》（简称《长江保护法》）、《中华人民共和国黄河保护法》（简称《黄河保护法》）、《中华人民共和国青藏高原生态保护法》（简称《青藏高原生态保护法》)、《中华人民共和国湿地保护法》(简称《湿地保护法》)等重要法律，完成了《大气污染防治法》《水污染防治法》《固体废物污染环境防治法》《野生动物保护法》《海洋环境保护法》等法律的修订工作。

在这一阶段，我国环境法的发展呈现出如下特点：①适应生态文明建设的内在需求，环境立法在目的、原则、制度体系等方面全面完善。②环境法律体系进一步完善，以《环境保护法》为基础，由污染防治法、生态保护法、与生态环境保护相关的能源法、应对气候变化法等方面的立法构成的法律体系趋于成熟，生态环境法典编纂工作有序推进。③相关法律领域立法更加重视生态环境保护，《民法典》《民事诉讼法》《行政处罚法》《行政诉讼法》《刑法》等立法在制定、修订或者修正过程中更多地体现对生态环境保护的要求。④区域、流域和领域性环境保护立法进展较快，立法协同性增强。[1]⑤我国积极参与国际环境事务，在全球环境治理体系中的引领作用显著增强。

---

〔1〕于文轩、胡泽弘：《习近平法治思想的生态文明法治理论之理论溯源与实践路径》，载《法学论坛》2021年第2期。

第四章

环境法的渊源和体系

环境法的渊源和体系分别体现环境法的外部形式和内部结构，在很大程度上决定环境法的完备程度，同时也是理解和把握环境法全貌的一个重要方面。

👉 第一节 环境法的渊源

根据法的效力形式，环境法的渊源可以划分为正式渊源和非正式渊源。为解决不同环境法律规范可能存在的效力冲突问题，还需要明确环境法律规范的适用规则。

一、环境法的渊源的概念

环境法的渊源，是指环境法的外部表现形式。一方面，环境法的渊源与法的效力相联系，即只有产生环境法的效力的法律文本或其他规范，才有可能成为环境法的渊源；另一方面，环境法的渊源表现为一定的法的形式，即具有环境法律效力的法律文本或其他规范，须以一定的法的形式呈现出来。

法律渊源分为成文法（制定法）和不成文法两类。其中，成文法是现代国家主要的法的渊源，不成文法主要包括习惯法、判例法和惯例等形式。在我国，法的渊源以宪法为核心，以制定法为主要表现形式。[1] 我国环境法的渊源亦为如此。

二、我国环境法的渊源

我国地方政府环境法的正式渊源包括：宪法、法律、行政法规、行政规章、地方性法规和规章、民族自治地方的自治条例及单行条例、经济特区法规、国际条约等。我国环境法的非正式渊源包括政策、指导性案例等。现就正式渊源择要简述如下。

---

〔1〕 张文显主编：《法理学》，高等教育出版社 2018 年版，第 87-89 页。

（一）宪法

宪法中关于环境保护的规定，是其他环境立法的根本依据。我国《宪法》序言、第 9 条、第 10 条、第 22 条、第 26 条、第 51 条等内容对生态环境保护的规定，为我国环境立法和环境保护实践提供了宪法依据。

（二）法律

法律是指由全国人民代表大会或其常委会制定的法律文件。《环境保护法》以及各类生态环境保护单行法，如《大气污染防治法》、《水污染防治法》、《噪声污染防治法》、《固体废物污染环境防治法》、《土壤污染防治法》、《海洋环境保护法》、《森林法》、《中华人民共和国草原法》（简称《草原法》）、《湿地保护法》、《野生动物保护法》等，均属法律。

（三）行政法规

行政法规，是指国务院根据宪法或法律规定的权限、依照法定程序制定的规范性法律文件的总称，其法律定位仅次于宪法和法律。在生态环境保护的各个领域中，数量庞大的行政法规在生态环境法治中发挥着重要的作用。例如，《排污许可管理条例》《建设项目环境保护管理条例》《规划环境影响评价条例》《中华人民共和国环境保护税法实施条例》等，均属行政法规。

（四）行政规章

行政规章，是指国务院所属各部委和其他依法享有行政规章制定权的国家行政部门制定的规范性法律文件。我国有关部门制定了大量的关于生态环境保护的行政规章，如《放射环境管理办法》（已失效）、《电器电子产品有害物质限制使用管理办法》、《污染源自动监控设施现场监督检查办法》、《消耗臭氧层物质进出口管理办法》等。

（五）地方性法规和地方政府规章

地方性法规，是指有立法权的地方机关根据宪法、法律和行政法规的授权，依照法定程序制定的适用于本行政区域的规范性法律文件的总称，如《北京市大气污染防治条例》《山东省环境保护条例》等。地方政府规章，是指有立法权的地方政府依据法律、行政法规、地方性法规，按照法定程序制定的适用于本行政区域的规定、办法、细则、规则等规范性文件的总称，如《山西省应对气候变化办法》等。

（六）民族自治地方的自治条例及单行条例

民族区域自治地方有权在法定范围内行使自治权，根据《宪法》、《中华人民共和国立法法》（简称《立法法》）等的规定，依据当地特点制定自治条例与单行条例。我国的民族区域自治地方制定了大量的自治条例及单行条例，如《新疆维吾尔自治区环境保护条例》《内蒙古自治区环境保护条例》《昌吉回族自治州乡村治理促进条例（试行）》等。

（七）经济特区法规

我国目前共有七个经济特区，分别是：深圳、珠海、厦门、汕头、海南、霍尔果斯和喀什。经济特区法规可以根据授权对法律、行政法规、地方性法规作出变通规定，在经济特区内适用经济特区法规的规定。如《深圳经济特区全面禁止食用野生动物条例》等，均属经济特区法规。

（八）国际条约

此处所称"国际条约"，是指我国缔结或参加的国际环境公约或协定等。一直以来，我国积极参与全球生态环境保护事业，在一些领域发挥着重要的引领作用，如应对气候变化、生物多样性保护、海洋环境保护等。我国缔结或加入了众多国际环境条约，除宣布保留的条款外，这些条约的内容在我国具有法律效力，属于我国环境法的法律渊源。在立法技术上，这些内容需要转化为我国国内法规规定之后方可适用。

三、环境法律规范的适用规则

环境法律规范由不同的立法主体制定或认可，数量众多，且制定的时间和侧重点不同，有时会形成法律规范之间的冲突。法律规范的适用规则，即旨在解决这样的法律效力冲突问题。

明确环境法律规范的适用规则，首先应明确法的效力等级，即因制定法律规范的国家机关的地位高低不同而形成的法律规范在效力上的等级差别。一般而言，制定法律规范的国家机关地位高，其制定的法律规范的等级就高。因此，处理环境法律规范的效力冲突，一般遵循根本法优于普通法、上位法优于下位法的规则。[1] 同时，根据《立法法》的有关规定，针对同一机关制定的环境法律规范发生冲突时，应遵循特别法优于一般法、新法优于旧法的适用规则。此外，在法的时间效力方面应遵循"法不溯及既往"的适用规则，即环境法律规范只能适用于其生效之后发生的行为和事件。

第二节 环境法律体系

环境法律体系，是指一国关于开发、利用、保护和改善生态环境的全部法律规范，依据一定的标准、原则、功能和层次所组成的相互配合、相互补充、相互协调和相互制约的规则系统。[2] 我国的环境法律体系以宪法中关于环境保护的规定为基础，以综合性环境保护法为核心，以污染防治、生态保护、自然资源保护与合理利用等领域的单行法为主体，以其他法律领域中关于生态环境保护的规定为补充。

一、宪法性规定

宪法是国家的根本大法，在一国法律体系中处于最高位阶。宪法中有关环境保护的规定是环境法律体系展开的基础，是其他类别的环境立法的依据。

---

〔1〕 张文显主编：《法理学》，高等教育出版社 2018 年版，第 96 页。
〔2〕 蔡守秋：《中国环境资源法学的基本理论》，中国人民大学出版社 2019 年版，第 95 页。

宪法中涉及生态环境保护的规定主要包括国家的环境保护职责、环境保护的基本政策和原则、公民的环境权利义务等方面的内容。

第一，国家的环境保护职责。不少国家在宪法中将保护环境和维护生态平衡作为国家的一项基本职责进行规定。《宪法》第 26 条第 1 款规定："国家保护和改善生活环境和生态环境，防治污染和其他公害。"这一规定通常被称为我国宪法上的"环境保护条款"。

第二，环境保护的基本政策和原则。我国不仅在《宪法》序言中纳入了关于"生态文明"和"美丽的社会主义现代化强国"的规定，还在正文中作出了关于环境资源保护的规定。在土地保护和利用方面，《宪法》第 10 条第 5 款规定："一切使用土地的组织和个人必须合理地利用土地。"在自然资源保护与利用方面，《宪法》第 9 条第 2 款规定："国家保障自然资源的合理利用，保护珍贵的动物和植物。禁止任何组织或者个人用任何手段侵占或者破坏自然资源。"在文化遗产保护方面，《宪法》第 22 条第 2 款规定："国家保护名胜古迹、珍贵文物和其他重要历史文化遗产。"在生态保护方面，《宪法》第 26 条第 2 款规定："国家组织和鼓励植树造林、保护林木。"

第三，公民的环境权利义务。自 1972 年联合国人类环境会议以来，不少国家在宪法中就环境权益保护作出规定。《宪法》未明确规定"环境权"，但明确规定"中华人民共和国公民在行使自由和权利的时候，不得损害国家的、社会的、集体的利益和其他公民的合法的自由和权利"，[1] 这一规定事实上为公民环境权益的保护和环境义务的遵守提供了宪法依据。

二、综合性环境保护法

综合性环境保护法的主要内容一般包括立法目的、生态环境保护的基本政策和原则、管理体制、基本制度、基本要求等方面的内容。在我国，综合性环境保护法即《环境保护法》。该法的主要内容包括如下几个方面：

第一，立法目的。《环境保护法》明确了"为保护和改善环境，防治污染和其他公害，保障公众健康，推进生态文明建设，促进经济社会可持续发展，制定本法。"的立法目的。[2]

第二，生态环境保护的基本政策和原则。根据《环境保护法》的规定，保护环境是国家的基本国策，国家采取有利于节约和循环利用资源、保护和改善环境、促进人与自然和谐的经济、技术政策和措施，使经济社会发展与环境保护相协调，同时还规定环境保护遵循保护优先、预防为主、综合治理、公众参与、损害担责的原则。[3]

第三，生态环境保护的管理体制。根据《环境保护法》的规定，国务院

---

〔1〕 参见《宪法》第 51 条。
〔2〕 参见《环境保护法》第 1 条。
〔3〕 参见《环境保护法》第 4 条、第 5 条。

生态环境主管部门，对全国环境保护工作实施统一监督管理；县级以上地方人民政府生态环境主管部门，对本行政区域环境保护工作实施统一监督管理。县级以上人民政府有关部门和军队生态环境部门，依照有关法律的规定对资源保护和污染防治等环境保护工作实施监督管理。[1]

第四，生态环境保护的基本制度。《环境保护法》明确规定了环境影响评价制度、"三同时"制度、环境保护许可制度、环境保护税制度、环境应急处理制度、生态环境标准制度等基本制度，这些制度为生态环境管理提供重要的法律依据。[2]

第五，生态环境保护的基本要求。综合性环境保护法的重要内容之一，是环境保护的基本要求。《环境保护法》第6条第1、2款规定："一切单位和个人都有保护环境的义务。地方各级人民政府应当对本行政区域的环境质量负责。"《环境保护法》还就保护和改善环境、防治污染和其他公害、信息公开和公众参与等方面的内容作出了规定。

三、环境保护单行法

环境保护单行法，是指国家制定的旨在保护生态环境的单项立法。环境保护单行法以宪法和综合性环境保护法为依据，包括污染防治、生态保护、自然资源保护和可持续利用、能源环保、应对气候变化等方面的立法，以及环境保护特定事项立法。

（一）污染防治方面的立法

在我国，污染防治方面的立法主要包括《大气污染防治法》、《水污染防治法》、《噪声污染防治法》、《固体废物污染环境防治法》、《中华人民共和国放射性污染防治法》（简称《放射性污染防治法》）、《土壤污染防治法》、《海洋环境保护法》等。在此基础上，国务院和有关主管部门还制定了相应的行政法规和规章。以固体废物污染防治领域的立法为例，相关行政法规和规章包括《废弃电器电子产品回收处理管理条例》《城市市容和环境卫生管理条例》《城市生活垃圾管理办法》《危险废物经营许可证管理办法》等。

（二）生态保护方面的立法

在我国，生态保护方面的立法主要包括生态区域保护、物种保护、水土保持与荒漠化防治等方面的内容。我国目前制定和实施的这方面的法律主要包括《森林法》、《草原法》、《中华人民共和国水土保持法》（简称《水土保持法》）、《防沙治沙法》、《野生动物保护法》、《海岛保护法》等。国务院和有关主管部门还制定了相应的行政法规和规章，如《自然保护区条例》《风景名胜区条例》《陆生野生动物保护实施条例》《水生野生动物保护实施条例》《野生植物保护条例》《濒危野生动植物进出口管理条例》《湿地保护管理规

---

〔1〕　参见《环境保护法》第10条。
〔2〕　环境法的基本制度的相关内容，详见本书第七章。

定》《海洋自然保护区管理办法》《海洋特别保护区管理办法》《引进陆生野生动物外来物种种类及数量审批管理办法》等。

（三）自然资源保护和可持续利用方面的立法

自然资源，是指赋存于自然界中，在一定技术条件下人类可以直接获得并用于生产、生活的物质或能量。[1] 我国尚未制定综合性的自然资源法，但在宪法、法律、行政法规和规章等法律渊源中都有关于自然资源保护与合理利用的内容。《宪法》第 9 条为自然资源的保护和合理利用奠定了宪法基础。[2] 在法律层面，《土地管理法》《矿产资源法》《水法》《森林法》《草原法》《野生动物保护法》《渔业法》等法律成为我国自然资源法律体系的重要组成部分。在其他一些法律中，也有关于自然资源保护与合理利用的内容。此外，《中华人民共和国矿产资源法实施细则》、《中华人民共和国森林法实施条例》（简称《森林法实施条例》）、《中华人民共和国渔业法实施细则》、《野生植物保护条例》等下位阶立法也是自然资源法的组成部分。

（四）能源环保和应对气候变化相关立法

能源法，是指国家为调整人们在能源合理开发、加工、转换、储存、输送、供应、利用、贸易和管理等过程中产生的各种社会关系而制定的法律规范的总称。[3] 能源开发利用对生态环境有重大影响。[4] 我国制定了促进能源转型、有利于环境保护的法律，如《中华人民共和国可再生能源法》（简称可再生能源法）、《节约能源法》等。一些重要的能源立法也对生态环境保护作出了规定。例如，《矿产资源法》要求，开采矿产资源必须遵守有关环境保护的法律规定，防止污染环境。[5] 《中华人民共和国煤炭法》（简称《煤炭法》）要求，开发利用煤炭资源，应当遵守有关环境保护的法律、法规，防治污染和其他公害，保护生态环境。[6] 《中华人民共和国石油天然气管道保护法》（简称《石油天然气管道保护法》）要求，管道发展规划应当符合国家能源规划，与土地利用总体规划、环境保护等规划相协调。[7] 同时，我国还制定了《碳排放权交易管理办法（试行）》《应对气候变化南南合作物资援助项目管理暂行办法》等，应对气候变化的地方立法也积极推进。[8]

---

〔1〕 方如康主编：《环境学词典》，科学出版社 2003 年版，第 13 页。

〔2〕 《宪法》第 9 条规定："矿藏、水流、森林、山岭、草原、荒地、滩涂等自然资源，都属于国家所有，即全民所有；由法律规定属于集体所有的森林和山岭、草原、荒地、滩涂除外。国家保障自然资源的合理利用，保护珍贵的动物和植物。禁止任何组织或者个人用任何手段侵占或者破坏自然资源。"

〔3〕 于文轩：《面向低碳经济的能源法制研究》，中国社会科学出版社 2018 年版，第 12 页。

〔4〕 于文轩：《面向低碳经济的能源法制研究》，中国社会科学出版社 2018 年版，第 212－213 页。

〔5〕 参见《矿产资源法》第 42 条。

〔6〕 《煤炭法》第 11 条。

〔7〕 参见《石油天然气管道保护法》第 11 条第 2 款。

〔8〕 例如，山西省、江苏省等均制定了本省的应对气候变化地方立法。

（五）环境保护特定事项立法

除了上述几个方面的单行法之外，我国还针对经济社会发展特定方面的生态环境保护制定了专门立法。这方面的立法主要包括《环境影响评价法》《环境保护税法》《循环经济促进法》《清洁生产促进法》《建设项目环境保护管理条例》《规划环境影响评价条例》等。

四、相关立法中的环境保护规定

除宪法、综合性环境保护法和环境保护单行法之外，民法、刑法、行政法、诉讼法以及其他法律领域中也有涉及环境保护的规定，这些法律规范是环境法律体系中不可或缺的组成部分。

（一）民法的规定

《民法典》在"绿色原则"的指导下，在总则编、物权编、合同编、侵权责任编中，对环境保护相关的内容作出了规定。

绿色原则。《民法典》总则编规定了"绿色原则"，要求"民事主体从事民事活动，应当有利于节约资源、保护生态环境"，[1] 为民事活动中的生态环境保护提供指引。

物权编的规定。在所有权分编中，规定了建筑区划内的道路、绿地等的权利归属，[2] 以及业主行为应当符合节约资源、保护生态环境的要求。[3] 在用益物权分编中，规定了国家实行自然资源有偿使用制度，[4] 要求用益物权人在行使权利时遵守法律有关保护和合理开发利用资源、保护生态环境的规定，[5] 设立建设用地使用权时应当符合节约资源、保护生态环境的要求。[6]

合同编的规定。《民法典》要求，当事人在履行合同过程中，应当避免浪费资源、污染环境和破坏生态，[7] 同时还要求包装应当采取足以保护标的物且有利于节约资源、保护生态环境的方式。[8]

侵权责任编的规定。《民法典》专设"环境污染和生态破坏责任"一章，就环境污染和生态破坏责任作出了规定。《民法典》将环境侵权原因行为从单一的环境污染扩大到包含生态破坏；[9] 新增环境侵权的惩罚性赔偿，加重了恶意违法者应承担的民事责任，提高违法成本；[10] 同时还规定了生态环境修

---

〔1〕　参见《民法典》第 9 条。

〔2〕　参见《民法典》第 274 条。

〔3〕　参见《民法典》第 286 条第 1 款。

〔4〕　参见《民法典》第 325 条。

〔5〕　参见《民法典》第 326 条。

〔6〕　参见《民法典》第 346 条。

〔7〕　参见《民法典》第 509 条。

〔8〕　参见《民法典》第 619 条。

〔9〕　参见《民法典》第 1229 条。

〔10〕　参见《民法典》第 1232 条。

复责任以及生态环境损害赔偿的范围,[1] 为生态环境损害救济提供依据。

（二）行政法的规定

我国《行政许可法》、《中华人民共和国行政强制法》（简称《行政强制法》）、《行政处罚法》、《中华人民共和国行政复议法》（简称《行政复议法》）、《治安管理处罚法》为环境管理提供了法律依据。《行政许可法》规定，直接涉及生态环境保护的活动，需要按照法定条件予以批准的事项，可以设定行政许可。设定行政许可，应当遵循经济和社会发展规律，有利于发挥公民、法人或者其他组织的积极性、主动性，维护公共利益和社会秩序，促进经济、社会和生态环境协调发展。[2]《行政强制法》要求，行政机关依法作出要求当事人履行排除妨碍、恢复原状等义务的行政决定，当事人逾期不履行，经催告仍不履行，其后果已经或者将造成环境污染或者破坏自然资源的，行政机关可以代履行，或者委托没有利害关系的第三人代履行。[3]《行政处罚法》要求，国家在生态环境领域推行建立综合行政执法制度，相对集中行政处罚权。[4]《治安管理处罚法》也规定了环境保护的相关内容。例如，盗窃、损毁环境监测等公共设施的，处 10 日以上 15 日以下拘留;[5] 违反关于社会生活噪声污染防治的法律规定，制造噪声干扰他人正常生活的，处警告;警告后不改正的，处 200 元以上 500 元以下罚款。[6]《行政复议法》中关于行政复议程序的规定，环境行政复议亦须遵守。

（三）刑法的规定

环境保护的刑事法律规范，是保护环境法益、追究环境资源犯罪的法律依据。我国《刑法》第六章专设一节规定了"破坏环境资源保护罪"，对各类严重污染环境和破坏自然资源的犯罪行为规定了相应的刑事责任。同时，国家立法机关还通过一系列的法律修正，对破坏环境资源保护罪的有关规定进行补充、细化和完善。[7]，根据《刑法》及其修正案，环境犯罪包括十六项罪名，分别是：污染环境罪，非法捕捞水产品罪，危害珍贵、濒危野生动物罪，非法狩猎罪，非法猎捕、收购、运输、出售陆生野生动物罪，危害国家重点保护植物罪，非法引进、释放、丢弃外来入侵物种罪，盗伐林木罪，滥伐林木罪，非法收购、运输盗伐、滥伐的林木罪，非法处置进口的固体废物罪，擅自进口固体废物罪，非法占用农用地罪，破坏自然保护地罪，非法采矿罪以及破坏性采矿罪。

---

〔1〕 参见《民法典》第 1234 条、第 1235 条。
〔2〕 参见《行政许可法》第 11 条、第 12 条。
〔3〕 参见《行政强制法》第 50 条。
〔4〕 参见《行政处罚法》第 18 条第 1 款。
〔5〕 参见《治安管理处罚法》第 33 条。
〔6〕 参见《治安管理处罚法》第 58 条。
〔7〕《刑法修正案（二）》《刑法修正案（四）》《刑法修正案（八）》《刑法修正案（十一）》均对有关环境资源犯罪的内容作出了修正。

（四）诉讼法的规定

作为环境法律体系中重要的程序性法律规范，诉讼法中的相关规定是环境诉讼的重要法律依据。《民事诉讼法》《行政诉讼法》和《中华人民共和国刑事诉讼法》（简称《刑事诉讼法》）不仅适用于一般的环境诉讼，而且其中还规定了与环境公益诉讼相关的内容。

例如，《民事诉讼法》确立了环境民事公益诉讼制度。对污染环境等损害社会公共利益的行为，法律规定的机关和有关组织可以向人民法院提起诉讼。人民检察院在履行职责中发现破坏生态环境和资源保护等行为，在没有这些机关和组织或者这些机关和组织不提起诉讼的情况下，可以向人民法院提起诉讼。这些机关或者组织提起诉讼的，人民检察院可以支持起诉。[1]

《行政诉讼法》有关行政诉讼的程序性规定，也是环境行政诉讼应遵循的法律依据。该法规定，人民检察院在履行职责中发现生态环境和资源保护、食品药品安全、国有财产保护、国有土地使用权出让等领域负有监督管理职责的行政机关违法行使职权或者不作为，致使国家利益或者社会公共利益受到侵害的，应当向行政机关提出检察建议，督促其依法履行职责。行政机关不依法履行职责的，人民检察院依法向人民法院提起诉讼。[2]

---

〔1〕 参见《民事诉讼法》第 58 条。
〔2〕 参见《行政诉讼法》第 25 条第 4 款。

第五章

环境监督管理体制

环境监督管理是生态环境保护的重要方面。[1] 我国设立生态环境部，作为专门的生态环境主管部门。同时，相关部门也承担了相应的环境监督管理职责。

👉 第一节　环境监督管理体制概述

环境监督管理体制的特点，与国家政治制度、法律传统、经济社会发展水平和环境监督管理的实际需求密切相关，并随着经济社会的发展而变化。经过70余年的发展，我国形成了较为完善的环境监督管理体制。

一、环境监督管理体制的内涵

环境监督管理体制，是指国家环境监督管理机构的设置以及这些机构之间环境监督管理职责的划分。概言之，环境监督管理体制主要涉及三方面内容：监督管理主体，各监督管理主体的职责，以及这些职责在各监督管理主体之间如何协调和衔接。

《环境保护法》第10条对环境监督管理体制作出原则性规定："国务院环境保护主管部门，对全国环境保护工作实施统一监督管理；县级以上地方人民政府环境保护主管部门，对本行政区域环境保护工作实施统一监督管理。县级以上人民政府有关部门和军队环境保护部门，依照有关法律的规定对资源保护和污染防治等环境保护工作实施监督管理。"

二、我国环境监督管理体制的特点

在横向关系方面，我国环境监督管理体制体现出统一监督管理与分部门管理相结合的特点。生态环境部门统一监督管理生态环境保护工作，其他有关部门在各自职责范围内依照法律规定对环境保护工作实施监督管理。统管部

---

〔1〕 2018年机构改革之后，"环境监督管理"在实践中多被称为"生态环境监督管理"。本书采用"环境监督管理"的表述，在内涵上将二者等同使用。

门与分管部门均为生态环境保护方面的职能部门，依法实施生态环境监督管理。

在纵向关系方面，我国环境监督管理体制体现出分级管理的特点。生态环境部是国家生态环境主管部门，地方设置相应的生态环境主管部门，负责所管辖区域内的环境管理工作。国家生态环境主管部门与地方生态环境主管部门之间是领导与被领导、监督与被监督的关系。

三、我国环境监督管理体制的演进

中华人民共和国成立后至20世纪70年代初，我国生态环境问题尚不突出，未设置单独的环境保护主管部门，生态保护监管工作分别由林业、水利、土地、农业等资源主管部门承担，工业污染防治监管在工业管理及相关经济主管部门节约利用工作中得到初步体现。1971年，国家计划委员会针对工业"三废"污染的管理和综合利用设立了"三废"利用领导小组。这是中华人民共和国成立后设立的第一个环境保护专门机构。

联合国人类环境会议后，我国于1973年8月召开了第一次全国环境保护会议。这次会议对我国的环境保护事业和环境监督管理机构建设具有重要的意义。1974年5月，我国成立了由20多个部、委组成的国务院环境保护领导小组，主管和协调全国环境保护工作，其主要职责是制定国家的环境保护方针、政策和行政规章，拟订国家环境保护规划，组织协调和监督检查各地区、各部门的环境保护工作。这是我国环境管理机构建设起步的标志。[1]

1979年颁布的《环境保护法（试行）》（已失效）设专章规定了"环境保护机构和职责"，要求国务院、地方人民政府、有关部门、大中型企业以及有关事业单位，设立环境保护机构，并规定了其主要职责。[2] 按照《环境保护法（试行）》（已失效）的规定，国务院和省、市、县级人民政府先后设立了环境监督管理机构，国务院有关部门和一些大中型企业也设立了环境保护机构。[3]

为适应经济体制改革和经济发展的需要，1982年我国实行机构改革，撤销了国务院环境保护领导小组，在城乡建设环境保护部下设环境保护局。为综合平衡发展与环境保护的关系，国家计划委员会增设了与环境保护工作有关的国土局。

1984年，为加强对全国环境保护的统一领导和协调部门间的工作，国务院发布《国务院关于环境保护工作的决定》，成立了国务院环境保护委员会，负责研究审定环境保护的方针、政策，提出规划要求，领导和组织协调全国的环境保护工作。同年年底，环境保护局更名为"国家环境保护局"，升格为部委归口管理的国家局。

---

〔1〕 参见韩德培主编：《环境保护法教程》，法律出版社2018年版，第31-32页。

〔2〕 参见《环境保护法（试行）》（已失效）第26-28条。

〔3〕 邓海峰：《环境法总论》，法律出版社2020年版，第68页。

1988 年的国务院机构改革，将国家环境保护局从原城乡建设环境保护部中独立出来，成为国务院直属机关。我国首个国家级的环境管理机构诞生。1989 年《环境保护法》对我国环境监督管理体制作了原则性规定，明确我国实行统一监督管理与分级、分部门管理相结合的环境监督管理体制。

1998 年的国务院机构改革，撤销了国务院环境保护委员会，其职能由国家环境保护总局承担，国家环境保护总局升级为正部级单位，环境保护行政职能也进一步扩大。

2008 年的国务院机构改革，撤销国家环境保护总局，组建环境保护部，作为国务院组成部门。这是我国环境监督管理体制的重大调整，国家生态环境主管部门在更高层次上参与国家事务，扩大对国家经济社会发展规划、政策的参与权，使环境保护与整个社会事业有机结合，使环境保护可以更好地优化经济社会发展。[1]

2018 年 3 月，新一轮国务院机构改革，将环境保护部的职责，国家发展和改革委员会的应对气候变化和减排职责，国土资源部的监督防治地下水污染职责，水利部的编制水功能区划、排污口设置管理、流域水环境保护职责，农业部的监督指导农业面源污染治理职责，国家海洋局的海洋环境保护职责，国务院南水北调工程建设委员会办公室的南水北调工程项目区环境保护职责整合，组建生态环境部，作为国务院组成部门。[2] 此次机构改革，整合了有关部门的环境监督管理职责，由生态环境部统一负责生态环境管理相关工作。

党的十八大以后，为进一步强化环境保护工作的统筹协调，我国探索实施省级以下生态环境机构监测监察执法垂直管理制度改革，市（地）级生态环境局实行以省级生态环境厅（局）为主的双重管理体制，县级生态环境局不再单设，而是作为市（地）级生态环境局的派出机构。根据中央改革安排，整合环境保护和国土、农业、水利、海洋等部门相关污染防治和生态保护执法职责、队伍，统一实行生态环境保护执法。[3]

👉 第二节　生态环境部门的职责

我国环境监督管理机构包括国家生态环境主管部门、县级以上地方生态环境主管部门以及依照法律规定行使环境监督管理职责的其他行政部门。

一、国家生态环境主管部门的职责

生态环境部是国家生态环境主管部门，对全国环境保护工作实施统一监

---

〔1〕《改革开放中的中国环境保护事业 30 年》编委会编：《改革开放中的中国环境保护事业 30 年》，中国环境科学出版社 2010 年版，第 529 页。

〔2〕 新华社：《国务院机构改革方案》，载 https：//www.gov.cn/xinwen/2018-03/17/content_5275116.htm，最后访问日期：2021 年 1 月 2 日。

〔3〕 参见《深化党和国家机构改革方案》第 51 条。

督管理。生态环境部贯彻落实党中央关于生态环境保护工作的方针政策和决策部署，在履行职责过程中坚持和加强党对生态环境保护工作的集中统一领导。主要职责是：

1. 负责建立健全生态环境基本制度。会同有关部门拟订国家生态环境政策、规划并组织实施，起草法律法规草案，制定部门规章。会同有关部门编制并监督实施重点区域、流域、海域、饮用水水源地生态环境规划和水功能区划，组织拟订生态环境标准，制定生态环境基准和技术规范。

2. 负责重大生态环境问题的统筹协调和监督管理。牵头协调重特大环境污染事故和生态破坏事件的调查处理，指导协调地方政府对重特大突发生态环境事件的应急、预警工作，牵头指导实施生态环境损害赔偿制度，协调解决有关跨区域环境污染纠纷，统筹协调国家重点区域、流域、海域生态环境保护工作。

3. 负责监督管理国家减排目标的落实。组织制定陆地和海洋各类污染物排放总量控制、排污许可证制度并监督实施，确定大气、水、海洋等纳污能力，提出实施总量控制的污染物名称和控制指标，监督检查各地污染物减排任务完成情况，实施生态环境保护目标责任制。

4. 负责提出生态环境领域固定资产投资规模和方向、国家财政性资金安排的意见，按国务院规定权限审批、核准国家规划内和年度计划规模内固定资产投资项目，配合有关部门做好组织实施和监督工作。参与指导推动循环经济和生态环保产业发展。

5. 负责环境污染防治的监督管理。制定大气、水、海洋、土壤、噪声、光、恶臭、固体废物、化学品、机动车等的污染防治管理制度并监督实施。会同有关部门监督管理饮用水水源地生态环境保护工作，组织指导城乡生态环境综合整治工作，监督指导农业面源污染治理工作。监督指导区域大气环境保护工作，组织实施区域大气污染联防联控协作机制。

6. 指导协调和监督生态保护修复工作。组织编制生态保护规划，监督对生态环境有影响的自然资源开发利用活动、重要生态环境建设和生态破坏恢复工作。组织制定各类自然保护地生态环境监管制度并监督执法。监督野生动植物保护、湿地生态环境保护、荒漠化防治等工作。指导协调和监督农村生态环境保护，监督生物技术环境安全，牵头生物物种（含遗传资源）工作，组织协调生物多样性保护工作，参与生态保护补偿工作。

7. 负责核与辐射安全的监督管理。拟订有关政策、规划、标准，牵头负责核安全工作协调机制有关工作，参与核事故应急处理，负责辐射环境事故应急处理工作。监督管理核设施和放射源安全，监督管理核设施、核技术应用、电磁辐射、伴有放射性矿产资源开发利用中的污染防治。对核材料管制和民用核安全设备设计、制造、安装及无损检验活动实施监督管理。

8. 负责生态环境准入的监督管理。受国务院委托对重大经济和技术政策、发展规划以及重大经济开发计划进行环境影响评价。按国家规定审批或审查重大开发建设区域、规划、项目环境影响评价文件。拟订并组织实施生态环境准入清单。

9. 负责生态环境监测工作。制定生态环境监测制度和规范、拟订相关标准并监督实施。会同有关部门统一规划生态环境质量监测站点设置，组织实施生态环境质量监测、污染源监督性监测、温室气体减排监测、应急监测。组织对生态环境质量状况进行调查评价、预警预测，组织建设和管理国家生态环境监测网和全国生态环境信息网。建立和实行生态环境质量公告制度，统一发布国家生态环境综合性报告和重大生态环境信息。

10. 负责应对气候变化工作。组织拟订应对气候变化及温室气体减排重大战略、规划和政策。与有关部门共同牵头组织参加气候变化国际谈判。负责国家履行联合国气候变化框架公约相关工作。

11. 组织开展中央生态环境保护督察。建立健全生态环境保护督察制度，组织协调中央生态环境保护督察工作，根据授权对各地区各有关部门贯彻落实中央生态环境保护决策部署情况进行督察问责。指导地方开展生态环境保护督察工作。

12. 统一负责生态环境监督执法。组织开展全国生态环境保护执法检查活动。查处重大生态环境违法问题。指导全国生态环境保护综合执法队伍建设和业务工作。

13. 组织指导和协调生态环境宣传教育工作，制定并组织实施生态环境保护宣传教育纲要，推动社会组织和公众参与生态环境保护。开展生态环境科技工作，组织生态环境重大科学研究和技术工程示范，推动生态环境技术管理体系建设。

14. 开展生态环境国际合作交流，研究提出国际生态环境合作中有关问题的建议，组织协调有关生态环境国际条约的履约工作，参与处理涉外生态环境事务，参与全球陆地和海洋生态环境治理相关工作。

15. 完成党中央、国务院交办的其他任务。

16. 职能转变。生态环境部要统一行使生态和城乡各类污染排放监管与行政执法职责，切实履行监管责任，全面落实大气、水、土壤污染防治行动计划，大幅减少进口固体废物种类和数量直至全面禁止洋垃圾入境。构建政府为主导、企业为主体、社会组织和公众共同参与的生态环境治理体系，实行最严格的生态环境保护制度，严守生态保护红线和环境质量底线，坚决打好污染防治攻坚战，保障国家生态安全，建设美丽中国。[1]

二、地方生态环境主管部门的职责

县级以上地方生态环境主管部门对本行政区域生态环境保护工作实施统一监督管理，其具体职责与生态环境部的职责在内容上基本相同，相应的职

---

〔1〕《生态环境部职能配置、内设机构和人员编制规定》第3条。

责在本行政区域内行使。因所处地域不同，一些地方生态环境部门有海洋生态环境保护职责，另外一些地方生态环境部门无此职责。

第三节　相关部门的生态环境保护职责

发展改革部门、资源能源主管部门和其他主管部门在生态环境保护方面也承担重要职责，分述如下。

一、发展改革部门

发展改革部门在生态环境保护方面的监督管理职责如下：推进实施可持续发展战略，推动生态文明建设和改革，协调生态环境保护与修复、能源资源节约和综合利用等工作；提出健全生态保护补偿机制的政策措施，综合协调环保产业和清洁生产促进有关工作；提出能源消费控制目标、任务并组织实施等。[1]

二、资源和能源主管部门

自然资源主管部门在生态环境保护方面的监督管理职责如下：履行全民所有自然资源资产所有者职责和所有国土空间用途管制职责；负责自然资源统一调查和确权登记工作，建立自然资源资产有偿使用制度；负责自然资源的合理开发利用；推进主体功能区战略和制度，开展国土空间开发适宜性评价，建立国土空间规划实施监测、评估和预警体系，组织划定生态保护红线、永久基本农田、城镇开发边界等控制线，构建节约资源和保护环境的生产、生活、生态空间布局，建立健全国土空间用途管制制度；统筹国土空间生态修复，牵头组织编制国土空间生态修复规划并实施有关生态修复重大工程，负责国土空间综合整治、土地整理复垦、矿山地质环境恢复治理、海洋生态、海域海岸线和海岛修复等工作，牵头建立和实施生态保护补偿制度；组织实施最严格的耕地保护制度，牵头拟订并实施耕地保护政策，负责耕地数量、质量、生态保护，组织实施耕地保护责任目标考核和永久基本农田特殊保护；负责海洋开发利用和保护的监督管理工作；根据中央授权，对地方政府落实党中央、国务院关于自然资源和国土空间规划的重大方针政策、决策部署及法律法规执行情况进行督察等。[2]

水行政主管部门在生态环境保护方面的监督管理职责如下：保障水资源的合理开发利用；负责生活、生产经营和生态环境用水的统筹和保障；指导水资源保护工作；负责节约用水工作；指导水文工作；指导水利设施、水域

---

〔1〕　参见"国家发展和改革委员会"官网：职能配置与内设机构，载 https：//www.ndrc.gov.cn/fzggw/bnpz/，最后访问日期：2021年2月7日。

〔2〕　参见《自然资源部职能配置、内设机构和人员编制规定》第3条。

及其岸线的管理、保护与综合利用；拟订水土保持规划并监督实施，组织实施水土流失的综合防治、监测预报并定期公告，负责建设项目水土保持监督管理工作，指导国家重点水土保持建设项目的实施等。[1]

国家林业和草原局在生态环境保护方面的监督管理职责如下：负责林业和草原及其生态保护修复的监督管理；组织林业和草原生态保护修复和造林绿化工作；负责森林、草原、湿地资源的监督管理；负责监督管理荒漠化防治工作；负责陆生野生动植物资源监督管理；负责监督管理各类自然保护地；负责推进林业和草原改革相关工作；拟订林业和草原资源优化配置及木材利用政策，拟订相关林业产业国家标准并监督实施，组织、指导林产品质量监督，指导生态扶贫相关工作；指导国有林场基本建设和发展，组织林木种子、草种种质资源普查，组织建立种质资源库，负责良种选育推广，管理林木种苗、草种生产经营行为，监管林木种苗、草种质量。监督管理林业和草原生物种质资源、转基因生物安全、植物新品种保护；参与拟订林业和草原经济调节政策，组织实施林业和草原生态补偿工作。[2]

能源主管部门在生态环境保护方面的监督管理职责如下：组织制定煤炭、石油、天然气、电力、新能源和可再生能源等能源，以及炼油、煤制燃料和燃料乙醇的产业政策及相关标准；负责核电管理；负责能源行业节能和资源综合利用，参与研究能源消费总量控制目标建议，指导、监督能源消费总量控制有关工作，衔接能源生产建设和供需平衡；参与制定与能源相关的资源、财税、环保及应对气候变化等政策。

三、其他主管部门

住房和城乡建设主管部门在生态环境保护方面的具体监督管理职责如下：指导城市供水、节水、燃气、热力、市政设施、园林、市容环境治理、城建监察等工作；指导城镇污水处理设施和管网配套建设；指导城市规划区的绿化工作；指导小城镇和村庄人居生态环境的改善工作；会同有关部门拟订建筑节能的政策、规划并监督实施，组织实施重大建筑节能项目，推进城镇减排等。[3]

农业农村主管部门在生态环境保护方面的具体监督管理职责如下：牵头组织改善农村人居环境；指导农用地、渔业水域以及农业生物物种资源的保护与管理，负责水生野生动植物保护、耕地及永久基本农田质量保护工作。指导农产品产地环境管理和农业清洁生产，指导设施农业、生态循环农业、

---

〔1〕 参见《水利部职能配置、内设机构和人员编制规定》第3条。

〔2〕 参见《国家林业和草原局职能配置、内设机构和人员编制规定》第3条第1~9项、第12项。

〔3〕 参见《国务院办公厅关于印发住房和城乡建设部主要职责内设机构和人员编制规定的通知》，载 https://www.mohurd.gov.cn/gongkai/fdzdgknr/zgzygywyj/200807/20080724_176192.html，最后访问日期：2021年2月7日。

节水农业发展以及农村可再生能源综合开发利用、农业生物质产业发展，牵头管理外来物种；负责农业转基因生物安全监督管理和农业植物新品种保护。[1]

交通主管部门在生态环境保护方面的主要职责是对机动车造成的大气污染、交通运输噪声污染防治、船舶造成的水污染等实施监督管理。铁道主管部门对铁路部门的环境保护工作进行监督管理。例如，交通运输噪声、社会生活噪声、铁路机车运行造成的大气污染、铁路运输造成的固体废物污染等。民航主管部门对民用航空器和机场建设的环境保护工作进行监督管理，承担民用机场的环境保护、土地使用、净空保护等有关管理工作。[2]

卫生健康主管部门在生态环境保护方面的主要职责是，对职责范围内的环境卫生、放射性污染防治、固体废物污染防治等实施监督管理，尤其是饮用水安全、医疗废物、放射性同位素等。[3]

根据《环境保护法》、《噪声污染防治法》、《水污染防治法》、《大气污染防治法》、《治安管理处罚法》、《中华人民共和国道路交通安全法》（简称《道路交通安全法》）、《野生动物保护法》、《水土保持法》等的规定，公安部门对水污染防治、社会生活噪声污染防治、机动车船污染大气等环境污染防治以及野生动物和水土保持等生态保护实施监督管理。[4]

---

〔1〕　参见《农业部职能配置、内设机构和人员编制规定》第2条。

〔2〕　参见"中国民用航空局"官网：主要职责，载 http：//www.caac.gov.cn/GYMH/，最后访问日期：2021年2月7日。

〔3〕　参见《国家卫生健康委员会职能配置、内设机构和人员编制规定》第3项。

〔4〕　参见《环境保护法》第63条；《水污染防治法》第94条；《噪声污染防治法》第19条、第34条、第35条、第45条、第54条、第57-60条；《野生动物保护法》第23条、第46条；《水土保持法》第58条。

第六章

环境法的基本原则

环境法的基本原则，是指由环境法确认并体现环境法本质和特征的、调整因开发、利用、保护和改善生态环境而产生的社会关系的根本的、主要的准则。[1] 环境法的基本原则与基本制度的最主要的区别在于：基本原则从总体上提供基本的行为准则，其适用不具有排他性；基本制度在某一方面提供具体的行为规则，旨在落实一项或者几项基本原则，一般具有法律后果。我国环境法的基本原则包括协调发展原则、预防原则、损害担责原则和公众参与原则。

第一节 协调发展原则

经济发展与生态环境保护之间的关系，是人类面临的最重要的问题之一。在人类社会发展或者某一国家、地区的不同发展阶段，人们对这一关系的理解和处理方式不尽相同。协调发展原则即旨在处理这一关系。在我国，协调发展原则在不同时期的内涵存在差别，这与国家的生态环境保护政策密切相关。

一、协调发展原则的内涵

环境法上的"协调发展原则"，是指经济建设、社会发展与生态环境保护统筹规划、同步实施、协同发展，以实现经济效益、社会效益和环境效益相统一。我国《环境保护法》明确要求"使经济社会发展与环境保护相协调"。[2]

"发展"和"协调"是协调发展原则关注的两个主要方面。一方面，协调发展原则的最终目标是推动"发展"，即推动社会进步。因此，若对于社会发展与进步无益，生态环境保护也就失去了意义。另一方面，"协调"是实现"发展"的手段或方式，其核心观念是生态环境保护与经济社会发展两者之间

---

〔1〕 环境法的基本原则与环境立法的基本原则不同，后者是指导环境立法过程的根本的、主要的准则。参见王灿发：《环境法教程》，中国政法大学出版社1997年版，第72页。

〔2〕 参见《环境保护法》第4条。

不可偏废，既不应以牺牲生态环境为代价而推动经济和社会发展，也不应为了生态环境保护而实质性地影响经济和社会发展。协调发展原则力图在推动社会进步的目标下，实现生态利益、经济利益和社会利益三者之间的动态平衡和有机统一。

协调发展原则体现了环境法的独特的价值取向，使环境法显著地区别于其他法律领域，为落实习近平生态文明思想、实现绿色发展提供支持，也为实现环境法的目的提供指引。

二、协调发展原则的发展

早在 1973 年《国务院批转〈国家计划委员会关于全国环境保护会议情况的报告〉》中，我国就要求"经济发展和环境保护，同时并进，协调发展"。1983 年召开的第二次全国环境保护会议确定了"经济建设、城乡建设和环境建设要同步规划、同步实施、同步发展，实现经济效益、社会效益、环境效益的统一"的方针。1989 年《环境保护法》从法律层面明确了协调发展原则，规定"国家采取有利于环境保护的经济、技术政策和措施，使环境保护工作同经济建设和社会发展相协调"。[1] 需要注意的是，此时"经济建设和社会发展"被作为"参照物"，环境保护工作需要据此调整和适应，这也是通常被评价为"环境保护以经济建设为中心"的原因。

随着生态环境问题的日益突出和生态环境管理需求的发展和变化，这种以经济建设为中心的环境保护政策面临着越来越多的问题。这一政策倾向在2005 年《国务院关于落实科学发展观加强环境保护的决定》中有了改变。该《决定》要求"促进地区经济与环境协调发展""……在生态环境脆弱的地区和重要生态功能保护区实行限制开发，在坚持保护优先的前提下，合理选择发展方向……"2006 年《中华人民共和国国民经济和社会发展第十一个五年规划纲要》进一步要求"……加快建设资源节约型、环境友好型社会，促进经济发展与人口、资源、环境相协调。"2014 年《环境保护法》又在此基础上作出更加明确的规定，要求"使经济社会发展与环境保护相协调"。[2] 可见，关于生态环境保护与经济发展之间关系的认识在几十年间发生了深刻的变化，环境保护逐渐成为社会经济发展需要看齐的"参照物"。这一转变是协调发展原则的重要体现，体现了国家对生态环境保护的高度重视。[3]

三、协调发展原则的制度体现

一些污染防治法律制度从不同侧面、不同方面体现了协调发展原则的要

---

〔1〕　参见 1989 年《环境保护法》（已修订）第 4 条。

〔2〕　参见《环境保护法》第 4 条。

〔3〕　从体系解释的角度看，《环境保护法》第 5 条规定的"保护优先"和"综合治理"应属法律措施，不构成环境法的基本原则。

求。例如，环境影响评价制度通过对规划和建设项目实施后可能造成的生态环境影响进行分析、预测和评估，提出预防或者减轻不良环境影响的对策和措施，在开展规划和建设项目活动时充分考虑生态环境保护的内在需求；"三同时"制度要求防治污染的设施应当与项目主体工程同时设计、同时施工、同时投产使用，从而全过程地实现生态环境保护与项目建设活动同步展开。

一些生态保护法律制度也体现了协调发展原则的要求。例如，通过在具有重要水源涵养、生物多样性维护、水土保持、防风固沙、海岸生态稳定等功能的生态功能重要区域，以及水土流失、土地沙化、石漠化、盐渍化等生态环境敏感脆弱区域划定强制性严格保护的生态保护红线，保障和维护国家生态安全，[1] 为实现协调发展提供生态基础。

四、可持续发展原则

可持续发展，是指既满足当代人的需要、又不对后代人满足其需要的能力构成危害的发展。它包括两个重要的概念："需要"和"限制"。需要是指对人类需求的满足，包括满足全体人民的基本需要和改善生活的需要，尤其是满足世界贫困人民的基本需要，应将此放在特别优先的地位来考虑；限制是指通过社会管理机制和科学技术，对向自然的索取和投入进行限制，以保持对环境和资源的永续利用。[2] 可持续发展原则为协调发展原则提供理念基础，协调发展原则是可持续发展原则在我国环境法上的具体体现。

可持续发展原则最初源于国际环境法，其内容包括代际公平、代内公平、可持续利用、环境与发展一体化四个核心要素：代际公平，是指各代人之间在开发和利用环境资源方面享有平等的权利；代内公平，是指代内的所有人，无论其国籍、种族、性别、经济发展水平和文化等方面的差异，对于利用自然资源和享受良好环境享有平等的权利；可持续利用，是指以可持续的方式利用资源和环境；环境与发展一体化，是指将生态环境保护与经济社会发展的其他方面有机结合。[3]

可持续发展原则的产生和发展，也是人类对自身与生态环境之间的关系和人类社会发展模式的认识不断深化的过程。在原始社会，由于生产力水平低下，人类对自然界中的许多现象无法理解，对自然的改造能力也十分有限，人类面对自然心存敬畏。在农业社会，人类改造自然的能力有所提升，但总体而言，人类对自然的影响仍相对有限，农业生产在很大程度上依赖于自然状况，人类面对自然总体上是顺应、依赖的态度。至18世纪50年代到60年代，科学技术的进步极大地解放了生产力，人类影响和改造自然的能力越来

---

〔1〕 参见《生态环境部：关于印发〈生态保护红线划定指南〉的通知》，载 https://www.mee.gov.cn/gkml/hbb/bgt/201707/t20170728_418679.htm，最后访问日期：2021 年 1 月 20 日。

〔2〕 世界环境与发展委员会：《我们共同的未来》，国家环保局外事办公室译，世界知识出版社1989 年版，第 19 页。

〔3〕 王曦编著：《国际环境法》，法律出版社 2005 年版，第 102-108 页。

越强，对生态环境的影响越来越大，导致了环境污染和生态破坏事件的发生。持续两百多年的工业文明发展使人类意识到，"先污染、后治理"的发展模式，必将使人类自身面临更为严重的后果。在此背景下，罗马俱乐部于1972年发表研究报告《增长的极限》，提出"零增长论"，但遭到很多国家（尤其是发展中国家）的反对。1972年召开的联合国人类环境会议形成的《联合国人类环境宣言》提出："为了这一代和将来的世世代代，保护和改善人类环境已经成为人类一个紧迫的目标，这个目标将同争取和平、全世界的经济与社会发展这两个既定的基本目标共同和协调地实现。"[1] 1987年，世界环境与发展委员会向联合国提交的研究报告《我们共同的未来》中提出了"可持续发展原则"。1992年通过的《里约环境与发展宣言》明确了可持续发展原则，认为人类"有权同大自然协调一致从事健康的、创造财富的生活"，[2] 提出了实现可持续发展的27条基本原则。[3] 可持续发展原则在国际法层面确立后，为包括我国在内的越来越多国家在环境法中以不同的形式采纳。

第二节 预防原则

从事后补救到事先预防，是环境治理理念的重大飞跃。[4] 预防原则是现代环境法的"灵魂"，在法律制度及其实施层面多有体现。在环境法的一些领域，适用更为严格的风险预防原则。

一、预防原则的内涵

环境法上的"预防原则"，是指事前采取措施，以避免、减轻或消除因开发、利用行为而对生态环境、公众健康和社会财富可能产生的损害。预防原则作为一个学理概念，还有其他称谓，如"预防为主原则""预防为主、防治结合原则""预防为主、防治结合、综合治理原则"等。预防原则是基于生态环境问题的复杂性和后果的严重性而被提出，是生态环境治理经验教训的总结，有利于节约生态环境治理成本，实现法律上的公平与效率兼顾。

预防原则的内涵主要包括三个方面：在目的上，预防原则旨在避免、减轻或者消除人类的开发利用行为的负面影响，这些影响既可能施加于生态环境，也可能施加于公众健康或者社会物质财富，亦可能对三者均产生影响；在时间上，预防原则强调"事前"，即发生实际损害之前采取措施；在预防对象上，预防原则针对的是由生态环境开发利用行为而产生的损害，此种损害既可能能够以货币价值衡量，也可能无法以货币价值衡量。

---

〔1〕《联合国人类环境宣言》第6段。

〔2〕 参见《里约环境与发展宣言》原则1。

〔3〕 蔡守秋：《中国环境资源法学的基本理论》，中国人民大学出版社2019年版，第200－201页。

〔4〕 参见本书第三章的相关内容。

二、预防原则的发展

在经济社会发展的过程中，西方国家大多经历了"先污染、后治理"的过程，并为此付出了巨大的代价。因环境污染和生态破坏带来的惨痛教训，使西方国家认识到从"末端治理"转变为"事前预防"、积极应对生态环境问题的重要性。在国际法层面，预防原则在不少国际法文件中有明确规定。[1] 1982 年《内罗毕宣言》载明："与其花很多钱、费很多力气在环境破坏之后亡羊补牢，不如预防其被破坏。预防性行动应包括对所有可能影响环境的活动进行妥善的规划。"[2] 1985 年《保护臭氧层维也纳公约》以多边国际环境条约的形式确认了预防原则。[3] 1992 年《里约环境与发展宣言》也重申："为了保护环境，各国应根据它们的能力广泛采取预防性措施。凡有可能造成严重的或不可挽回的损害的地方，不能把缺乏充分的科学肯定性作为推迟采取防止环境退化的费用低廉的措施的理由。"[4]

在我国，1973 年国务院《关于保护和改善环境的若干规定（试行草案）》要求实行"三同时"制度等预防性措施，还特别规定植物保护要贯彻"预防为主"的方针，采取综合性防治措施。1979 年《环境保护法（试行）》（已失效）规定了环境影响评价制度、"三同时"制度等预防性的法律制度。1989 年《环境保护法》较为系统地规定了预防和治理环境污染、防治生态破坏的制度和措施。20 世纪 90 年代以来，预防原则越发受到重视。1993 年全国第二次工业污染防治工作会议明确要求实现"从末端治理向生产全过程控制转变"。[5] 此后，我国制定或修改的生态环境保护单行法越来越多地体现了预防原则。至 2014 年修订《环境保护法》，明确提出环境保护"保护优先、预防为主"的原则。[6]

三、预防原则的制度体现

为贯彻预防原则，必须有计划地、合理地开发利用生态环境，在开发利用生态环境之前尽可能考虑其可能产生的负面影响。为此，《环境保护法》《大气污染防治法》《水污染防治法》《水土保持法》以及其他污染防治、生态保护法律均就环境保护规划制度作出了规定。[7]《环境保护法》《环境影响

〔1〕 在国际环境法中，预防原则也被称为"损害预防原则"。参见王曦编著：《国际环境法》，法律出版社 2005 年版，第 110 页。

〔2〕《内罗毕宣言》第 9 部分。

〔3〕《保护臭氧层维也纳公约》前言部分。

〔4〕《里约环境与发展宣言》原则 15。

〔5〕 白永秀、李伟：《我国环境管理体制改革的 30 年回顾》，载《中国城市经济》2009 年第 1 期。

〔6〕《环境保护法》第 5 条。

〔7〕 参见《环境保护法》第 13 条；《大气污染防治法》第 3 条；《水污染防治法》第 4 条；《水土保持法》第 4 条等规定。

评价法》等法律中规定的环境影响评价制度，也充分体现了预防原则，要求事先对规划和建设项目实施后可能造成的环境影响进行分析、预测和评估，提出预防或者减轻不良环境影响的对策和措施。《环境保护法》规定的"三同时"制度也体现了预防原则的要求，要求防治环境污染的设施必须与项目主体工程同时设计、同时施工、同时投产或使用。此外，环境保护许可制度、生态环境标准制度等也显著地体现了预防原则的要求。[1]

四、风险预防原则

随着生态环境问题的复杂性日益凸显，特别是在风险社会的背景下，风险预防原则在环境法的一些领域愈发受到重视。风险预防原则，是指在科学不确定条件下，遇有严重或不可逆转损害的威胁时，不得以缺乏科学充分确定证据为理由，拒绝或延迟采取成本效益的措施防止环境恶化。"风险"是指在某一特定环境或时间内发生损害的可能性。[2] 生态环境风险，是指生态系统及其组分所承受的结构和功能的损害的可能性，[3] 具有客观性和不确定性两方面特征。客观性，是指在生态系统中必然存在生态环境风险，其存在和发生不以人的意志为转移；不确定性，是指难以通过事先获取的有限信息准确判断生态环境事件发生的具体情况，包括发生的确切时间、具体强度和影响范围等。从自然科学的角度来看，这种不确定性主要体现在选择的变量、测定的方法、采集的样本、使用的模型以及它们之间的因果关系等方面。[4]

在国际法领域，风险预防原则首先在北大西洋的区域性海洋环境保护领域引入。此后，先后有其他国际条约对风险预防原则作出了规定，例如，《里约环境与发展宣言》《联合国气候变化框架公约》《联合国生物多样性公约》等，适用范围也从最初的海洋环境保护逐步扩展到其他领域，目前主要适用于生物多样性保护、危险物品管制、生物安全管理以及应对气候变化等具有科学不确定性的领域。

21 世纪以来，我国也越发重视生态环境保护领域适用风险预防原则。2014 年修订的《环境保护法》增加了关于环境与健康监测、调查和风险评估制度和预防控制与环境污染有关的疾病的规定，[5] 在综合性环境保护法的层面就风险预防作出规定。《土壤污染防治法》将"风险管控"确立为基本原则的内容之一，明确了土壤污染风险管控的强制性标准，强调预防性风险管控。《生物安全法》特别强调防范和应对生物安全风险，明确规定了风险预防原则。

---

〔1〕 相关内容，详见本书第七章。

〔2〕 ［德］乌尔里希·贝克：《风险社会》，何博闻译，译林出版社 2004 年版，第 63 页。

〔3〕 ［美］苏特尔：《生态风险评价》，尹大强等译，高等教育出版社 2011 年版，第 4 页。

〔4〕 高秦伟：《论欧盟行政法上的风险预防原则》，载《比较法研究》2010 年第 3 期。

〔5〕 参见《环境保护法》第 39 条。

第三节 损害担责原则

损害担责原则主要关注环境污染、生态破坏发生之后的责任承担，实现环境问题这一典型的"负外部性"后果"内部化"。

一、损害担责原则的内涵

环境法上的"损害担责原则"，是指环境法律主体因对环境造成污染、对生态造成破坏，而应履行法律义务、承担法律责任。[1] 此处的"损害"既包括环境污染，也包括生态破坏。"担责"的形式包括但不限于污染治理、生态修复、损害赔偿等。责任承担主体，包括所有因开发利用生态环境而造成环境污染、生态破坏的法律主体。我国《环境保护法》明确规定了"损害担责原则"。[2] 环境法实行损害担责原则，不仅有利于增强社会的生态环境保护意识、保护和改善生态环境，也有利于保障公民的环境权益。

二、损害担责原则的发展

在相当长的历史时期里，人类并未意识到环境容量的存在，认为只要生态环境开发利用行为未对他人人身或者财产造成损害，就无需承担任何责任。随着环境问题加剧，人类逐渐意识到了环境保护的重要性。在世界范围内，自 20 世纪 70 年代起，国家对生态环境保护的投入越来越大，但引起了关于以全体社会成员的贡献来弥补一部分社会成员造成的环境问题的争论。为此，经济合作与发展组织（OECD）环境委员会于 1972 年首次提出了"污染者付费原则"，很快得到国际社会的认可，并被一些国家确定为环境保护的一项基本原则。1992 年《里约环境与发展宣言》原则十三中规定："各国应制定关于污染和其他环境损害的责任和赔偿受害者的国家法律"，该宣言的原则十六中也规定："考虑到污染者原则上应承担污染费用的观点，国家当局应当努力促使其内部负担环境费用。"这是损害环境者付费原则在国际法上的体现。以此为基础，各国纷纷将污染者付费原则作为环境法的一项基本原则。这一原则是我国环境法上的损害担责原则的基础。

在我国，1979 年《环境保护法（试行）》第 6 条规定了"谁污染谁治理"的原则，即"已经对环境造成污染和其他公害的单位，应当按照谁污染谁治理的原则，制定规划，积极治理，或者报请主管部门批准转产、搬迁"。1989 年《环境保护法》规定，产生环境污染和其他公害的单位，必须采取有效措施防治在生产建设或其他活动中产生的对环境的污染和危害，同时还通

---

〔1〕 损害担责原则在一些著述中亦称"谁污染、谁治理原则""污染者付费原则""环境责任原则""原因者负担原则"等。

〔2〕 参见《环境保护法》第 5 条。

过规定具体的制度和措施贯彻损害担责原则。随着生态环境保护内涵的不断丰富,"污染者"的概念难以涵盖引发生态环境问题的法律主体的范围,给付费用的责任承担方式也不足以概括其应履行的所有的法律义务和应承担的法律责任。在此情况下,损害担责原则的局限性逐渐显现。2014年修订的《环境保护法》确立了"损害担责原则",更加契合生态环境保护的现实需要。

三、损害担责原则的制度体现

在法律制度层面,损害担责原则主要体现在环境保护税、生态补偿、生态环境损害赔偿等方面。

根据《环境保护税法》,直接向环境排放应税污染物的企业事业单位和其他生产经营者为环境保护税的纳税人,应当依法缴纳环境保护税。应税污染物,是指《环境保护税法》规定的大气污染物、水污染物、固体废物和噪声。

在我国,实行生态补偿制度的领域包括森林、草原、自然保护区和重点生态功能区、海域以及矿山等。实施生态补偿制度,有助于使生态环境保护的成本内部化,使保护者获得补偿与激励。

我国自2015年开始推动生态环境损害赔偿制度改革,先后出台了《生态环境损害赔偿制度改革试点方案》(2015年,已失效)、《生态环境损害赔偿制度改革方案》(2017年)、《最高人民法院关于审理生态环境损害赔偿案件的若干规定(试行)》(2019年)、《关于推进生态环境损害赔偿制度改革若干具体问题的意见》(2020年)等,在生态环境损害赔偿范围、责任主体、索赔主体、损害赔偿解决途径、索赔启动、鉴定评估、赔偿磋商等方面作出规定,逐步推进生态环境损害赔偿的制度化。《民法典》第1234条、第1235条也从法律层面明确了生态环境修复责任以及生态环境损害赔偿的范围,为生态环境损害救济提供了实体法依据。

☞ 第四节 公众参与原则

公众参与环境保护,是环境法公益性的重要体现,在生态环境保护中发挥着重要的作用。

一、公众参与原则的内涵

环境法上的"公众参与原则",是指公众有权基于法定的程序或途径参加与其生态环境权益相关的活动,并在其参与权利受到损害时获得法律上的救济。在此,"公众"是指对特定环境利益作出反应的、或与决策结果有法律上的利害关系的一定数量的人群或团体,既包括不特定的个人,也包括与特定环境利益相关的政府机构、企事业单位、社会团体或者其他组织。[1] 在环境

---

〔1〕 邓海峰:《环境法总论》,法律出版社2020年版,第100页。

法中，公众参与原则的具体内容主要体现在环境信息知情权、环境决策参与权和公众参与救济权三个方面。

环境信息知情权，是指公众依法知悉有关主管部门和其他法律主体所掌握的环境信息的权利。环境信息知情权包括四个主要方面：环境信息了解权，即公众了解环境信息内容的权利，这是知情权的最低要求；环境信息收集权，即公众通过合法方式收集环境信息的权利；环境信息利用权，即公众对于获得的环境信息进行利用的权利；环境信息更正权，即公众在发现有关法律主体提供的信息不真实时，请求予以更正的权利。环境信息知情权是公众行使决策参与权和救济权的前提和基础。

环境决策参与权，是指公众参与国家环境管理活动，对有关行政机关的行政行为提出意见和建议、进行监督的权利。环境决策参与权实质上是监督权，监督的主体是公众，监督对象是行政机关，监督内容是抽象环境行政行为和具体环境行政行为。环境决策参与权主要包括两方面内容：一是参与抽象环境行政行为，主要是指环境行政立法过程中的参与权。公众参与生态环境立法，提高立法过程的透明度，是提高生态环境立法质量的内在要求；二是参与具体环境行政行为，主要是指在环境行政处罚、环境行政许可等领域的参与，例如，通过听证程序参与环境行政行为。

公众参与救济权，是指公众的环境信息知情权和环境决策参与权受到侵害时，权利主体采取行动，以使知情权和参与权得以实现的权利。救济权对于确保公众参与权利的实现，具有重要意义。环境保护公众参与领域的救济权的实现方式，包括诉讼途径和非诉途径。其中，诉讼途径既可适用于对环境行政主管机关提起的行政诉讼，也可以适用于针对其他法律主体提起的民事诉讼，既包括环境私益诉讼，也包括环境公益诉讼；[1] 非诉途径主要包括行政复议等。

环境法确立公众参与原则，是促进生态环境管理决策科学化的需要，有利于全社会提高保护和改善生态环境的自觉性和积极性，有利于维护环境法律主体的环境权益。

二、公众参与原则的发展

1972 年《联合国人类环境宣言》提出："人类有权在一种能够过着尊严和福利的生活的环境中，享有自由、平等和充足的生活条件的基本权利，并且负有保护和改善这 ·代和将来的世世代代的环境的庄严责任。"[2] 在《内罗毕宣言》《世界自然资源保护大纲》《里约环境与发展宣言》《21 世纪议程》

---

〔1〕 环境公益诉讼，是指为了保护环境公共利益，预防和制止危害生态环境的行为，而针对环境污染和生态破坏应承担责任的主体提起的诉讼。参见别涛：《中国的环境公益诉讼及其立法设想》，载别涛主编：《环境公益诉讼》，法律出版社 2007 年版，第 1 页。

〔2〕 参见《联合国人类环境宣言》之"共同的信念"第 1 条。

等重要的国际环境法文件中，公众参与原则有清晰的表述。例如，1992 年《里约环境与发展宣言》明确提出"环境问题最好是在全体有关市民的参与下，在有关级别上加以处理"。《21 世纪议程》提出，应当允许个人、团体和非政府组织参与影响他们社区的环境影响的评价；非政府组织在参与民主的过程中扮演着重要的角色。1998 年《在环境问题上获得信息、公众参与决策和诉诸法律的公约》（简称《奥胡斯公约》）就公众参与的具体问题作出了规定。

我国 1978 年《宪法》（已失效）第 17 条规定："国家坚持社会主义的民主原则，保障人民参加管理国家，管理各项经济事业和文化事业，监督国家机关和工作人员。"这一规定成为我国实行环境保护公众参与原则的宪法依据。根据 1989 年《环境保护法》的规定，一切单位和个人都有保护环境的义务，并有权对污染和破坏环境的单位和个人进行检举和控告。国务院和省、自治区、直辖市人民政府的环境保护行政主管部门，应当定期发布环境状况公报。《水污染防治法》《大气污染防治法》《环境影响评价法》等法律对公众参与环境影响评价等事项作出了具体规定。《行政许可法》就涉及公众重大影响的行政许可规定了听证制度，其中环境保护是该制度适用的重要领域之一。2006 年，原国家环境保护总局专门制定了《环境影响评价公众参与暂行办法》（已失效），并于 2018 年修订为《环境影响评价公众参与办法》，从程序上为公众参与我国的环境决策提供了制度保障。2014 年修订的《环境保护法》不仅将公众参与原则确立为我国环境保护的基本原则之一，而且专设"信息公开与公众参与"一章。

三、公众参与原则的制度体现

关于公众参与生态环境保护的一般性规定。《环境保护法》将公众参与作为基本原则之一，并规定"一切单位和个人都有保护环境的义务。"[1]《水污染防治法》《大气污染防治法》《噪声污染防治法》《海洋环境保护法》等环境保护单行立法也都有类似的规定。[2]

关于环境信息知情权的规定。《环境保护法》第五章对生态环境主管部门和负有生态环境监管职责的部门应当公开的信息范围作出了原则性规定，包括环境质量、环境监测、突发环境事件以及环境行政许可行政处罚、排污费的征收和使用情况等信息；[3] 重点排污单位应当如实向社会公开其主要污染物的名称、排放方式、排放浓度和总量、超标排放情况，以及防治污染设施的建设和运行情况，接受社会监督。[4]

---

〔1〕《环境保护法》第 6 条。

〔2〕例如，《水污染防治法》第 11 条；《大气污染防治法》第 7 条；《噪声污染防治法》第 7 条；《海洋环境保护法》第 4 条等。

〔3〕参见《环境保护法》第 54 条。

〔4〕《环境保护法》第 55 条。

关于环境保护决策参与权的规定。这主要体现在一些生态环境保护法律制度中。例如，在环境影响评价方面，《环境影响评价法》在公众参与的主体范围、公众参与的具体程序和形式、公众参与的组织召集人、公众参与的对象以及对公众参与意见的处理等方面作出了规定。[1]

关于公众参与救济权的规定。根据《行政许可法》《行政处罚法》《行政复议法》《行政诉讼法》的有关规定，如果行政相对人或者利害关系人认为行政机关的行为侵害了自己的合法权益或存在违法行为时，可以申请行政复议或者提起行政诉讼。《环境保护法》《大气污染防治法》《水污染防治法》《海洋环境保护法》等对公民的监督、检举和控告的权利作了规定。

---

〔1〕 参见《环境影响评价法》第 5 条、第 11 条、第 21 条。

第七章

环境法的基本制度

环境法的基本制度，是指为实现环境法的目的，根据环境法的基本原则制定的，对防治环境污染和生态破坏具有重要、普遍和指导意义的法律规范的总称。我国环境法的基本制度包括环境影响评价制度、"三同时"制度、环境保护许可制度、环境保护税制度、环境应急处理制度、生态环境标准制度等。[1]

第一节 环境影响评价制度

一、概述

根据《环境影响评价法》的规定，环境影响评价是指对规划和建设项目实施后可能造成的环境影响进行分析、预测和评估，提出预防或者减轻不良环境影响的对策和措施，进行跟踪监测的方法与制度。[2] 环境影响评价必须客观、公开、公正，综合考虑规划或者建设项目实施后对各种环境因素及其所构成的生态系统可能造成的影响，为决策提供科学依据。[3] 环境影响评价制度，是法律对环境影响评价的范围、内容、程序、法律后果等方面内容所作的规定，是环境影响评价在法律上的表现。环境影响评价制度是贯彻预防为主原则的重要手段，有助于确保规划的科学性，加强建设项目的环境管理。

环境影响评价制度具有预测性、客观性和综合性等三方面特点。①预测性，是指环境影响评价是对拟开展的开发建设活动或者规划可能对环境造成的影响作出的评价，是一种预测性的工作。②客观性，是指环境影响评价应从客观实际出发，深入调查建设项目和规划对生态环境可能造成的影响，并基于此作出科学的评价结论。③综合性，是指环境影响评价是一项综合性的

---

〔1〕 此外，环境法领域还有其他重要的法律制度，如规划制度、督察制度、监测制度、区域流域联防联控制度、生态保护红线制度、生态补偿制度、损害赔偿制度等。由于这些制度或者正处于发展、完善之中，或者未显著地体现环境法的独有特点，所以未纳入本章介绍。

〔2〕 参见《环境影响评价法》第2条。

〔3〕 《环境影响评价法》第4条。

技术工作，需要运用多学科知识，[1] 包括生态学、物理学、化学、经济学、法学等。

环境影响评价最早确立于 1969 年美国《国家环境政策法》。我国 1979 年《环境保护法（试行）》（已失效）中首次规定了环境影响评价制度，此后的大多数环境立法均对环境影响评价作出了规定。在我国，环境影响评价制度的专门立法是《环境影响评价法》《建设项目环境保护管理条例》《规划环境影响评价条例》《专项规划环境影响报告书审查办法》和《建设项目环境影响报告书（表）编制监督管理办法》，这些立法也是我国环境影响评价制度的重要法律依据。

二、适用范围

根据《环境影响评价法》的规定，环境影响评价制度的适用范围包括规划和建设项目两类，其中规划又可分为综合性规划和专项规划。对重大经济和技术政策进行环境影响评价，目前尚未制定相关立法，在实践中根据国务院委托开展相关工作。[2]

（一）规划

规划，是指比较全面、长远的发展计划。在我国，规划是指调控期间为 5 年或者 5 年以上的部署和安排。[3] 根据《环境影响评价法》的规定，需要进行环境影响评价的规划包括两类：

1. 综合性规划。《环境影响评价法》第 7 条第 1 款规定："国务院有关部门、设区的市级以上地方人民政府及其有关部门，对其组织编制的土地利用的有关规划，区域、流域、海域的建设、开发利用规划，应当在规划编制过程中组织进行环境影响评价，编写该规划有关环境影响的篇章或者说明。"[4] 在此需要注意两方面问题：

第一，该法规定的"综合性规划"并非包括所有的综合性规划，而仅指与土地利用有关的规划，以及区域、流域、海域的建设和开发利用规划。此外，国民经济和社会发展计划，未包括在应当进行环境影响评价的综合性规划中。

第二，在环境影响评价制度中，"土地利用有关的规划"主要是指土地利用总体规划，即在一定区域内，根据国家社会经济可持续发展的要求和当地自然、经济和社会条件，对土地的开发、利用、治理和保护在空间和时间上所作的总体布局和安排。我国的土地利用总体规划分为全国、省（自治区、

---

〔1〕　吕忠梅：《环境法学》，法律出版社 2008 年版，第 257 页。

〔2〕　生态环境部受国务院委托对重大经济和技术政策、发展规划以及重大经济开发计划进行环境影响评价。

〔3〕　孙佑海等编著，全国人大环境与资源保护委员会法案室编：《中华人民共和国环境影响评价法释义》，中国法制出版社 2003 年版，第 20 页。

〔4〕　《环境影响评价法》第 7 条第 1 款。

直辖市）、市（州）、县（市）、乡（镇）五个层次。[1] 根据《环境影响评价法》的规定，乡（镇）级的土地利用总体规划无需进行环境影响评价，而县（市）级土地利用总体规划则由省级政府决定是否开展环境影响评价。[2]

2. 专项规划。专项规划包括指导性专项规划和非指导性专项规划两类。其中，指导性专项规划是指提出预测性、参考性指标的规划；非指导性专项规划是指指标和要求比较具体的规划。二者适用的环境影响评价形式不同。

专项规划主要涉及十个领域，具体包括：①工业规划，如汽车工业发展规划、食品工业发展规划等；②农业规划，如农业发展规划、农业产业化发展规划等；③畜牧业规划，如草原畜牧业发展规划等；④林业规划，如林业长远规划、全国造林绿化规划等；⑤能源规划，如电力发展规划、地方小水电规划等；⑥水利规划，如水土保持规划、防洪规划等；⑦交通规划，如高速公路规划、水路交通发展规划等；⑧城市建设规划，如城市总体规划、城市分区规划、城市详细规划等；⑨旅游规划，如旅游发展规划、旅游区规划等；⑩自然资源开发规划，如地热资源开发利用规划、矿产资源中长期勘查规划等。[3]

（二）建设项目

建设项目，是指按照固定资产投资方式进行的一切开发建设活动，包括国有经济、城乡集体经济、联营、股份制、外资、港澳台投资、个体经济和其他各种不同经济类型的基本建设、技术改造、房地产开发等各类开发建设活动。[4] 根据《环境影响评价法》的规定，在中华人民共和国领域和中华人民共和国管辖的其他海域内建设对环境有影响的项目，应当依照本法进行环境影响评价。[5]

三、评价的形式和内容

在我国，环境影响评价的形式主要包括环境影响篇章、环境影响说明、环境影响报告书、环境影响报告表和环境影响登记表等五种，不同形式的环境影响评价文件适用于不同类型的规划或者建设项目，其内容也有差异。

（一）环境影响篇章和环境影响说明

环境影响篇章和环境影响说明主要适用于综合性规划和指导性专项规划，其主要的评价内容包括两个方面：一是规划实施对环境可能造成影响的分析、

---

〔1〕　孙佑海等编著，全国人大环境与资源保护委员会法案室编：《中华人民共和国环境影响评价法释义》，中国法制出版社 2003 年版，第 31 页。

〔2〕　参见《环境影响评价法》第 35 条。

〔3〕　孙佑海等编著，全国人大环境与资源保护委员会法案室编：《中华人民共和国环境影响评价法释义》，中国法制出版社 2003 年版，第 37 页、第 38 页。

〔4〕　孙佑海等编著，全国人大环境与资源保护委员会法案室编：《中华人民共和国环境影响评价法释义》，中国法制出版社 2003 年版，第 23 页。

〔5〕　参见《环境影响评价法》第 3 条。

预测和评估，主要包括资源环境承载能力分析、不良环境影响的分析和预测以及与相关规划的环境协调性分析；二是预防或者减轻不良环境影响的对策和措施，主要包括预防或者减轻不良环境影响的政策、管理或者技术等措施。[1]

环境影响篇章与环境影响说明之间的区别在于，对于比较重要、实施后对环境影响较大的规划，采用"环境影响篇章"的形式；而对重要性较小、实施后对环境影响较小的规划，则通常采用"环境影响说明"的形式。

（二）环境影响报告书

环境影响报告书适用于非指导性专项规划和可能造成重大环境影响的建设项目。[2] 在适用于非指导性专项规划时，评价内容包括：实施该规划对环境可能造成影响的分析、预测和评估；预防或者减轻不良环境影响的对策和措施；环境影响评价的结论。[3] 在适用于可能造成重大环境影响的建设项目时，环境影响报告书应当包括下列内容：建设项目概况；建设项目周围环境现状；建设项目对环境可能造成影响的分析、预测和评估；建设项目环境保护措施及其技术、经济论证；建设项目对环境影响的经济损益分析；对建设项目实施环境监测的建议；环境影响评价的结论。[4]

（三）环境影响报告表

环境影响报告表适用于可能造成轻度环境影响的建设项目[5]，2020年生态环境部修订了《建设项目环境影响报告表》的内容及格式，根据建设项目环境影响特点，将报告表分为污染影响类和生态影响类两种格式。污染影响类的主要内容包括：建设项目基本情况；建设项目工程分析；区域环境质量现状、环境保护目标及评价标准；主要环境影响和保护措施；环境保护措施监督检查清单；结论。[6] 生态影响类的主要内容包括：建设项目基本情况；生态环境现状、环境保护目标及评价标准；工程建设内容及工程，生态环境影响分析；主要生态环境影响及其保护措施；生态环境保护措施监督检查清单；结论等。[7]

---

〔1〕 参见《规划环境影响评价条例》第11条。

〔2〕 "可能造成重大环境影响的建设项目"是指：①原料、产品或生产过程中涉及的污染物种类多、数量大或毒性大、难以在环境中降解的建设项目；②可能造成生态系统结构重大变化、重要生态功能改变或生物多样性明显减少的建设项目；③可能对脆弱生态系统产生较大影响或可能引发和加剧自然灾害的建设项目；④容易引起跨行政区环境影响纠纷的建设项目；⑤流域开发、开发区建设、城市新区建设和旧区改建等区域性开发活动或建设项目。

〔3〕 参见《环境影响评价法》第10条。

〔4〕 参见《环境影响评价法》第17条第1款。

〔5〕 "可能造成轻度环境影响的建设项目"是指：①污染因素单一，且污染物种类少、产生量小或毒性较低的建设项目；②对地形、地貌、水文、土壤、生物多样性等有一定影响，但不改变生态系统结构和功能的建设项目；③基本不对环境敏感区造成影响的小型建设项目。

〔6〕 参见《建设项目环境影响报告表编制技术指南（污染影响类）（试行）》。

〔7〕 参见《建设项目环境影响报告表编制技术指南（生态影响类）（试行）》。

（四）环境影响登记表

对环境影响很小、不需要进行环境影响评价的建设项目，项目建设单位需填报环境影响登记表。环境影响登记表的主要内容包括项目名称、建设地点、建设单位、法定代表人或主要负责人、项目投资、环保投资、拟投入生产运营日期、建设性质、建设内容及规模、主要环境影响（废气、废水、固废、噪声等）、采取的环保措施和排放去向、承诺等。

四、评价程序

依法应当编制环境影响报告书、环境影响报告表的建设项目，建设单位应当在开工建设前将环境影响报告书、环境影响报告表报有审批权的生态环境主管部门审批；建设项目的环境影响评价文件未依法经审批部门审查或者审查后未予批准的，建设单位不得开工建设。[1] 生态环境主管部门应当重点审查建设项目的环境可行性、环境影响分析、预测和评估的可靠性、环境保护措施的有效性、环境影响评价结论的科学性等方面。依法应当填报环境影响登记表的建设项目，建设单位应当按照国务院生态环境主管部门的规定将环境影响登记表报建设项目所在地县级生态环境主管部门备案。国务院生态环境主管部门负责审批下列建设项目的环境影响评价文件：核设施、绝密工程等特殊性质的建设项目；跨省、自治区、直辖市行政区域的建设项目；由国务院审批的或者由国务院授权有关部门审批的建设项目。其余建设项目的环境影响评价文件的审批权限，由省、自治区、直辖市人民政府规定。建设项目可能造成跨行政区域的不良环境影响，有关生态环境主管部门对该项目的环境影响评价结论有争议的，其环境影响评价文件由共同的上一级生态环境主管部门审批。[2]

国务院有关部门、设区的市级以上地方人民政府及其有关部门，对其组织编制的综合性规划和专项规划进行环境影响评价。规划编制机关应当在规划编制过程中对规划组织进行环境影响评价。规划编制机关在报送审批综合性规划草案和指导性专项规划草案时，应当将环境影响篇章或者说明作为规划草案的组成部分一并报送规划审批机关，在报送审批专项规划草案时，应当将环境影响报告书一并附送规划审批机关审查。应由设区的市级以上人民政府审批的专项规划，在审批前由生态环境主管部门召集有关部门代表和专家组成审查小组，对环境影响报告书进行审查。

五、法律责任

规划编制机关的法律责任。规划编制机关违反规定，未组织环境影响评价，或者组织环境影响评价时弄虚作假或者有失职行为，造成环境影响评价

---

〔1〕　参见《建设项目环境保护管理条例》第9条。
〔2〕　参见《环境影响评价法》第23条。

严重失实的，对直接负责的主管人员和其他直接责任人员，由上级机关或者监察机关依法给予行政处分。[1]

项目建设单位的法律责任。建设单位未依法提交建设项目环境影响评价文件或者环境影响评价文件未经批准，擅自开工建设的，由负有环境保护监督管理职责的部门责令停止建设，处以罚款，并可以责令恢复原状。[2]

审批机关的法律责任。规划审批机关对依法应当编写有关环境影响的篇章或者说明而未编写的规划草案，依法应当附送环境影响报告书而未附送的专项规划草案，违法予以批准的，对直接负责的主管人员和其他直接责任人员，由上级机关或者监察机关依法给予行政处分。负责审核、审批、备案建设项目环境影响评价文件的部门在审批、备案中收取费用的，由其上级机关或者监察机关责令退还；情节严重的，对直接负责的主管人员和其他直接责任人员依法给予行政处分。生态环境主管部门或者其他部门的工作人员徇私舞弊，滥用职权，玩忽职守，违法批准建设项目环境影响评价文件的，依法给予行政处分；构成犯罪的，依法追究刑事责任。[3]

其他法律主体的法律责任。根据《环境保护法》的规定，环境影响评价机构、环境监测机构以及从事环境监测设备和防治污染设施维护、运营的机构，在有关环境服务活动中弄虚作假，对造成的环境污染和生态破坏负有责任的，除依照有关法律法规规定予以处罚外，还应当与造成环境污染和生态破坏的其他责任者承担连带责任。[4] 根据《环境影响评价法》的规定，接受委托为建设项目环境影响评价提供技术服务的机构在环境影响评价工作中违反国家有关环境影响评价标准和技术规范等规定，致使其编制的建设项目环境影响报告书、环境影响报告表存在基础资料明显不实，内容存在重大缺陷、遗漏或者虚假，环境影响评价结论不正确或者不合理等严重质量问题的，由设区的市级以上人民政府生态环境主管部门对技术单位处所收费用3倍以上5倍以下的罚款；情节严重的，禁止从事环境影响报告书、环境影响报告表编制工作；有违法所得的，没收违法所得。编制单位违反相关规定的，编制主持人和主要编制人员五年内禁止从事环境影响报告书、环境影响报告表编制工作；构成犯罪的，依法追究刑事责任，并终身禁止从事环境影响报告书、环境影响报告表编制工作。[5] 从事建设项目环境影响评价工作的单位，在环境影响评价工作中弄虚作假的，由县级以上生态环境主管部门处所收费用1倍以上3倍以下的罚款。[6]

---

[1] 参见《环境影响评价法》第29条。
[2] 参见《环境保护法》第61条。
[3] 参见《环境影响评价法》第30条、第33条、第34条。
[4] 参见《环境保护法》第65条。
[5] 参见《环境影响评价法》第32条。
[6] 参见《建设项目环境保护管理条例》第25条。

第二节 "三同时"制度

一、概述

"三同时"制度，是指建设项目中防治污染的设施，与主体工程同时设计、同时施工、同时投产使用的一整套措施。[1] "三同时"制度是我国独创的一项生态环境保护法律制度，是贯彻预防原则的重要措施，是加强建设项目生态环境管理的重要手段，在防治环境污染和生态恶化方面发挥着重要的作用。

"三同时"制度最早规定于1973年《关于保护和改善环境的若干规定（试行草案）》，此后《环境保护法》《环境影响评价法》《建设项目环境保护管理条例》以及许多其他环境保护法律法规均对此作出了规定。根据《环境影响评价法》的规定，建设项目建设过程中，建设单位应当同时实施环境影响报告书、环境影响报告表以及环境影响评价文件审批部门审批意见中提出的环境保护对策措施。[2] 根据《建设项目环境保护管理条例》的规定，建设项目需要配套建设的环境保护设施，必须与主体工程同时设计、同时施工、同时投产使用。[3]

二、适用范围

"三同时"制度适用于基本建设项目、技术改造项目、确有经济效益的综合利用项目和其他可能对环境造成污染和破坏的开发建设项目。其中，基本建设项目包括新建项目、扩建项目和改建项目。确有经济效益的综合利用项目包括污水处理厂、垃圾焚烧厂等。根据1984年公布的《国务院关于环境保护工作的决定》规定，一切可能对环境造成污染和破坏的工程建设和自然开发项目，都必须严格执行防治污染和生态破坏的措施与主体工程同时设计、施工、投产的规定。[4]

三、法律责任

违反同时设计要求的法律责任。建设单位编制建设项目初步设计未落实防治环境污染和生态破坏的措施以及环境保护设施投资概算，未将环境保护设施建设纳入施工合同，由建设项目所在地县级以上生态环境主管部门责令限期改正，处5万元以上20万元以下的罚款；逾期不改正的，处20万元以上

---

〔1〕 参见《环境保护法》第41条。
〔2〕 《环境影响评价法》第26条。
〔3〕 《建设项目环境保护管理条例》第15条。
〔4〕 参见《国务院关于环境保护工作的决定》第4条。

100 万元以下的罚款。[1]

违反同时施工、同时投产使用要求的法律责任。需要配套建设的环境保护设施未建成、未经验收或者验收不合格，建设项目即投入生产或者使用，或者在环境保护设施验收中弄虚作假的，由县级以上生态环境主管部门责令限期改正，处 20 万元以上 100 万元以下的罚款；逾期不改正的，处 100 万元以上 200 万元以下的罚款；对直接负责的主管人员和其他责任人员，处 5 万元以上 20 万元以下的罚款；造成重大环境污染或者生态破坏的，责令停止生产或者使用，或者报经有批准权的人民政府批准，责令关闭。

违反信息公开要求的法律责任。建设单位未依法向社会公开环境保护设施验收报告的，由县级以上生态环境主管部门责令公开，处 5 万元以上 20 万元以下的罚款，并予以公告。[2]

第三节　环境保护许可制度

一、概述

环境保护许可制度，指环境法律主体在从事对环境造成或者可能造成不良影响的活动前，依法向有关管理机关提出申请，由管理机关进行审查、批准并发放相应的许可文件后，方可从事该活动的一整套措施。环境保护许可制度是贯彻环境法的预防原则的重要基础，对于加强生态环境监督管理、保护和合理利用自然资源、预防环境污染和生态破坏，均具有重要意义。

在我国，环境保护许可制度的适用范围非常广泛。例如，《环境保护法》规定实行排污许可管理制度，[3]《城乡规划法》规定了建设用地规划许可证，[4]《森林法》规定了林木采伐许可证，[5]《矿产资源法》规定了采矿许可证，[6]《渔业法》规定了养殖证、捕捞许可证，[7]《野生动物保护法》规定了特许猎捕证、狩猎证、人工繁育许可证、允许进出口证明书，[8]《固体废物污染环境防治法》规定了危险废物经营许可证，[9]《水污染防治法》规定了排污许可证，[10]《海洋环境保护法》规定了海洋倾废许可证，[11]《放射

---

〔1〕　参见《建设项目环境保护管理条例》第 22 条第 1 款。
〔2〕　参见《建设项目环境保护管理条例》第 23 条。
〔3〕　参见《环境保护法》第 45 条。
〔4〕　参见《城乡规划法》第 37 条。
〔5〕　参见《森林法》第 56 条。
〔6〕　参见《矿产资源法》第 16 条。
〔7〕　参见《渔业法》第 11 条、第 23 条、第 24 条。
〔8〕　参见《野生动物保护法》第 21-35 条。
〔9〕　参见《固体废物污染环境防治法》第 80 条。
〔10〕　参见《水污染防治法》第 21 条。
〔11〕　参见《海洋环境保护法》第 71 条。

性污染防治法》规定了对从事放射性污染防治的专业人员实行资格管理制度、对从事放射性污染监测工作的机构实行资质管理制度，[1]《核安全法》规定了民用核设施操纵员执照核发[2]等。

一般而言，环境保护许可证的内容包括许可事项、许可期限、许可的行为地点、许可的行为方式以及其他必要的内容。根据《行政许可法》和其他相关法律法规的规定，环境保护许可的程序包括提出申请、审查、颁发许可证、监督管理、违法处理等阶段。[3]

二、排污许可制度

在生态环境保护实践中，排污许可制度最为典型。排污许可制度，是指生态环境主管部门以污染物总量控制为基础，依法核定排污单位排放污染物的种类、数量等，核发排污许可证，排污单位按照排污许可证规定的条件排放污染物的一整套措施。

《环境保护法》第45条规定："国家依照法律规定实行排污许可管理制度。实行排污许可管理的企业事业单位和其他生产经营者应当按照排污许可证的要求排放污染物；未取得排污许可证的，不得排放污染物。"[4] 2020年，国务院通过《排污许可管理条例》，明确了实行排污许可管理的范围和管理类别，规范了申请与审批排污许可证的程序，就加强排污管理、严格监督检查、强化法律责任等方面作出了规定。

（一）排污许可证申请

我国对污染物产生量、排放量或者对环境的影响程度较大的排污单位，实行排污许可重点管理，对污染物产生量、排放量或者对环境的影响程度较小的排污单位，实行排污许可简化管理。[5] 国务院生态环境主管部门负责建设和管理全国排污许可证管理信息平台，并将其作为排污许可证的申请、受理、审查、决定、信息公开的处理平台，公开排污单位污染物排放种类、排污许可证执行报告、自行监测数据及生态环境主管部门监管执法信息，应当在全国排污许可证管理信息平台上记载，并在全国排污许可证管理信息平台上公开。[6]

实行重点管理的排污单位在提交排污许可申请材料前，应通过全国排污许可证管理信息平台公开单位基本信息、拟申请许可事项的说明材料。排污单位申请排污许可证，需提交的申请材料包括：排污单位名称、住所、法定

---

〔1〕　参见《放射性污染防治法》第14条。

〔2〕　参见《核安全法》第37条。

〔3〕　胡宝林、湛中乐主编：《环境行政法》，中国人事出版社1993年版，第71－73页；吕忠梅、高利红、余耀军编著：《环境资源法学》，科学出版社2004年版，第127－128页。

〔4〕　《环境保护法》第45条。

〔5〕　参见《排污许可管理条例》第2条第2款。

〔6〕　参见《排污许可管理条例》第4条、第23条、第25条。

代表人或者主要负责人、生产经营场所所在地、统一社会信用代码等信息；建设项目环境影响报告书（表）批准文件或者环境影响登记表备案材料；按照污染物排放口、主要生产设施或者车间、厂界申请的污染物排放种类、排放浓度和排放量，执行的污染物排放标准和重点污染物排放总量控制指标；污染防治设施、污染物排放口位置和数量，污染物排放方式、排放去向、自行监测方案等信息；主要生产设施、主要产品及产能、主要原辅材料、产生和排放污染物环节等信息，及其是否涉及商业秘密等不宜公开情形的情况说明。[1]

（二）总量控制与排污量分配

我国《大气污染防治法》和《水污染防治法》明确要求实行总量控制，[2] 即将某一区域作为一个完整的系统，将排入该区域内的污染物总量控制在一定数量之内，以满足该区域的生态环境质量要求。《环境保护法》规定，国家实行重点污染物排放总量控制制度。[3] 重点污染物，是指因造成和可能造成一定区域大气污染和一定水域污染而应当予以严格管制的污染物。重点污染物排放总量控制指标由国务院下达，省、自治区、直辖市人民政府分解落实。在通常情况下，省、自治区、直辖市人民政府将国务院下达的重点污染物排放总量控制指标，分解落实到各市、县人民政府，各市、县人民政府再将其分解落实到排污单位。企业事业单位在执行国家和地方污染物排放标准的同时，应当遵守分解落实到本单位的重点污染物排放总量控制指标，承担重点污染物排放的总量削减和控制任务。面向排污单位的排污量的核定和分配，主要通过排污许可的方式进行。

关于排污量核定分配的主体，根据《大气污染防治法》和《水污染防治法》的规定，核定分配的主体为国务院生态环境主管部门；省、自治区、直辖市人民政府按照国务院的规定削减和控制本行政区域的重点污染物排放总量，对除国家重点污染物之外的其他污染物，可根据本行政区域环境质量状况和污染防治的需要实行总量控制。[4]

（三）审查与核发许可证

审批部门收到排污单位提交的申请材料后，对材料的完整性、规范性进行审查，并按照下列情形分别作出处理：属于本审批部门职权范围，申请材料齐全、符合法定形式，或者排污单位按照要求补正全部申请材料的，应当受理；针对依法不需要申请取得排污许可证的，应当即时告知不需要申请取得排污许可证；针对不属于本审批部门职权范围的，应当即时作出不予受理的决定，并告知排污单位向有审批权的生态环境主管部门申请；针对申请材

〔1〕 参见《排污许可管理条例》第7条、第8条。
〔2〕 参见《大气污染防治法》第21条；《水污染防治法》第20条。
〔3〕 参见《环境保护法》第44条。
〔4〕 参见《大气污染防治法》第21条；《水污染防治法》第20条。

料存在可以当场更正的错误的，应当允许排污单位当场更正；针对申请材料不齐全或者不符合法定形式的，应当当场或者在 3 日内出具告知单，一次性告知排污单位需要补正的全部材料；逾期不告知的，自收到申请材料之日起即视为受理。此外，审批部门应当在全国排污许可证管理信息平台上公开受理或者不予受理排污许可证申请的决定，同时向排污单位出具加盖本审批部门专用印章和注明日期的书面凭证。

申请受理后，审批部门从以下方面对排污单位的申请材料进行审核，对满足条件的排污单位核发排污许可证：①依法取得建设项目环境影响报告书（表）批准文件，或者已经办理环境影响登记表备案手续；②污染物排放符合污染物排放标准要求，重点污染物排放符合排污许可证申请与核发技术规范、环境影响报告书（表）批准文件、重点污染物排放总量控制要求；其中，排污单位生产经营场所位于未达到国家环境质量标准的重点区域、流域的，还应当符合有关地方人民政府关于改善生态环境质量的特别要求；③采用污染防治设施可以达到许可排放浓度要求或者符合污染防治可行技术；④自行监测方案的监测点位、指标、频次等符合国家自行监测规范。

对实行排污许可简化管理的排污单位，审批部门应当自受理申请之日起 20 日内作出审批决定；对实行排污许可重点管理的排污单位，审批部门应当自受理申请之日起 30 日内作出审批决定；需要进行现场核查的，应当自受理申请之日起 45 日内作出审批决定。对符合条件的颁发排污许可证，对不符合条件的不予许可并书面说明理由。审批部门应当通过全国排污许可证管理信息平台生成统一的排污许可证编号。[1]

为了保障重点污染物排放总量控制制度的实施，《环境保护法》第 44 条第 2 款作出了关于"区域限批"的规定："对超过国家重点污染物排放总量控制指标或者未完成国家确定的环境质量目标的地区，省级以上人民政府环境保护主管部门应当暂停审批其新增重点污染物排放总量的建设项目环境影响评价文件。"[2]

（四）监督检查

排污单位应当配合生态环境主管部门监督检查，如实反映情况，并按照要求提供排污许可证、环境管理台账记录、排污许可证执行报告、自行监测数据等相关材料。实行排污许可重点管理的排污单位，应当依法安装、使用、维护污染物排放自动监测设备，并与生态环境主管部门的监控设备联网。排污单位应当按照排污许可证规定，如实在全国排污许可证管理信息平台上公开污染物排放信息。同时，生态环境主管部门应当加强对排污许可的事中事后监管，将排污许可执法检查纳入生态环境执法年度计划，根据排污许可管理类别、排污单位信用记录和生态环境管理需要等因素，合理确定检查频次

---

〔1〕 参见《排污许可管理条例》第 9—12 条。
〔2〕《环境保护法》第 44 条第 2 款。

和检查方式。[1]

（五）法律责任

违反排污许可制度的行为主要包括以不正当手段申请取得排污许可证、未经许可排污以及未依许可要求排污，其违法后果包括警告、罚款、限期补办手续、责令限期改正、暂扣或者吊销许可证等。[2]

以不正当手段申请取得排污许可证。排污单位以欺骗、贿赂等不正当手段申请取得排污许可证的，由审批部门依法撤销其排污许可证，处20万元以上50万元以下的罚款，3年内不得再次申请排污许可证。

无排污许可证排污。排污单位无排污许可证排污情形包括：未取得排污许可证排放污染物；排污许可证有效期届满未申请延续或者延续申请未经批准排放污染物；被依法撤销、注销、吊销排污许可证后排放污染物；依法应当重新申请取得排污许可证，未重新申请取得排污许可证排放污染物。对于这些情形，由生态环境主管部门责令改正或者限制生产、停产整治，处20万元以上100万元以下的罚款；情节严重的，报经有批准权的人民政府批准，责令停业、关闭。

未依许可要求排污。排污单位未依许可要求排污情形包括：①超过许可排放浓度、许可排放量排放污染物；通过暗管、渗井、渗坑、灌注或者篡改、伪造监测数据，或者不正常运行污染防治设施等逃避监管的方式违法排放污染物。针对此种情形，由生态环境主管部门责令改正或者限制生产、停产整治，处20万元以上100万元以下的罚款；情节严重的，吊销排污许可证，报经有批准权的人民政府批准，责令停业、关闭。②未按照排污许可证规定控制大气污染物无组织排放；特殊时段未按照排污许可证规定停止或者限制排放大气污染物。对于这些情形，由生态环境主管部门责令改正，处5万元以上20万元以下的罚款；情节严重的，处20万元以上100万元以下的罚款，责令限制生产、停产整治。

第四节　环境保护税制度

一、概述

环境保护税制度，是指国家为了保护生态环境，针对主要污染物征收税款的一整套措施。

我国环境保护税制度的主要法律依据是《环境保护税法》。在实行环境保护税制度之前，我国实行的是排污费制度。排污费制度对于防治环境污染发挥了重要作用，但存在执法刚性不足、地方政府和部门干预等问题。为此，

---

〔1〕　参见《排污许可管理条例》第20条、第23条、第25条、第26条。

〔2〕　参见《排污许可管理条例》第33-35条、第40条。

我国按照"税负平移"的原则进行环境保护税改税，制定了《环境保护税法》。[1] 实行环境保护税制度，有利于提高纳税人的生态环境保护意识，有利于强化税收调控作用、构建促进生态文明建设的绿色税制体系。

二、纳税主体

在我国领域和管辖的其他海域，直接向环境排放应税污染物的企业事业单位和其他生产经营者为环境保护税的纳税人，应当依法缴纳环境保护税。应税污染物，是指《环境保护税法》中规定的大气污染物、水污染物、固体废物和噪声。

依法设立的城乡污水集中处理、生活垃圾集中处理场所，超过国家和地方规定的排放标准向环境排放应税污染物的，应当缴纳环境保护税。企业事业单位和其他生产经营者贮存或者处置固体废物不符合国家和地方环境保护标准的，应当缴纳环境保护税。

企业事业单位和其他生产经营者向依法设立的污水集中处理、生活垃圾集中处理场所排放应税污染物的，或者企业事业单位和其他生产经营者在符合国家和地方环境保护标准的设施、场所贮存或者处置固体废物的，不缴纳相应污染物的环境保护税。[2]

三、计税依据和税额计算

根据《环境保护税法》的规定，应税污染物的计税依据，按照下列方法确定：应税大气污染物按照污染物排放量折合的污染当量数确定；应税水污染物按照污染物排放量折合的污染当量数确定；应税固体废物按照固体废物的排放量确定；应税噪声按照超过国家规定标准的分贝数确定。[3]

应税大气污染物、水污染物的污染当量数，以该污染物的排放量除以该污染物的污染当量值计算。每一排放口或者没有排放口的应税大气污染物，按照污染当量数从大到小排序，对前三项污染物征收环境保护税。每一排放口的应税水污染物，按照《应税污染物和当量值表》，区分第一类水污染物和其他类水污染物，按照污染当量数从大到小排序，对第一类水污染物按照前五项征收环境保护税，对其他类水污染物按照前三项征收环境保护税。在此，污染当量是指根据污染物或者污染排放活动对环境的有害程度以及处理的技术经济性，衡量不同污染物对环境污染程度的综合性指标或者计量单位。

应税大气污染物、水污染物、固体废物的排放量和噪声的分贝数，按照下列方法和顺序计算：①纳税人安装使用符合国家规定和监测规范的污染物自动监测设备的，按照污染物自动监测数据计算；②纳税人未安装使用污染

---

〔1〕　参见楼继伟：《关于〈中华人民共和国环境保护税法（草案）〉的说明》。
〔2〕　参见《环境保护税法》第3-5条。
〔3〕　参见《环境保护税法》第7条。

物自动监测设备的，按照监测机构出具的符合国家有关规定和监测规范的监测数据计算；③因排放污染物种类多等原因不具备监测条件的，按照国务院生态环境主管部门规定的排污系数、物料衡算方法计算；④无法按照前述三项方法计算的，按照省、自治区、直辖市人民政府生态环境主管部门规定的抽样测算的方法核定计算。[1] 在此，排污系数是指在正常技术经济和管理条件下，生产单位产品所应排放的污染物量的统计平均值；物料衡算是指根据物质质量守恒原理对生产过程中使用的原料、生产的产品和产生的废物等进行测算的一种方法。

四、征收管理

环境保护税由税务机关征收管理，生态环境主管部门依法负责对污染物的监测管理。生态环境主管部门与税务机关应当建立涉税信息共享平台和工作配合机制。环境保护税按月计算，按季申报缴纳。不能按固定期限计算缴纳的，可以按次申报缴纳。纳税人按季申报缴纳的，应当自季度终了之日起15日内，向税务机关办理纳税申报并缴纳税款。纳税人按次申报缴纳的，应当自纳税义务发生之日起15日内，向税务机关办理纳税申报并缴纳税款。[2]

免征环境保护税的情形包括：农业生产（不包括规模化养殖）排放应税污染物的；机动车、铁路机车、非道路移动机械、船舶和航空器等流动污染源排放应税污染物的；依法设立的城乡污水集中处理、生活垃圾集中处理场所排放相应税污染物，不超过国家和地方规定的排放标准的；纳税人综合利用的固体废物，符合国家和地方环境保护标准的；国务院批准免税的其他情形。[3]

减征环境保护税的情形包括：纳税人排放应税大气污染物或者水污染物的浓度值低于国家和地方规定的污染物排放标准30%的，减按75%征收环境保护税。纳税人排放应税大气污染物或者水污染物的浓度值低于国家和地方规定的污染物排放标准50%的，减按50%征收环境保护税。[4]

☞ 第五节　环境应急处理制度

一、概述

环境应急处理制度，是指在发生或者可能发生突发环境事件时，生产建设单位和主管部门及时采取行动，以使现实的或者潜在的损害降至最低程度，

---

〔1〕 参见《环境保护税法》第10条。
〔2〕 参见《环境保护税法》第14条、第15条第1款、第18条第1款、第19条第1款。
〔3〕 参见《环境保护税法》第12条第1款。
〔4〕 参见《环境保护税法》第13条。

以及事前制定应对突发环境事件的行动方案的一整套措施。突发环境事件，是指由于污染物排放或者自然灾害、生产安全事故等因素，导致污染物或者放射性物质等有毒有害物质进入大气、水体、土壤等环境介质，突然造成或者可能造成环境质量下降，危及公众身体健康和财产安全，或者造成生态环境破坏，或者造成重大社会影响，需要采取紧急措施予以应对的事件。突发环境事件按照事件严重程度，分为特别重大、重大、较大和一般四级。[1] 环境应急处理制度有利于预防和减少突发环境事件的发生，控制、减轻和消除突发环境事件引起的危害，规范突发环境事件应急管理工作，保障公众生命安全、环境安全和财产安全。[2]

《中华人民共和国突发事件应对法》（简称《突发事件应对法》）将突发事件分为自然灾害、事故灾害、公共卫生事件和社会安全事件四类，对突发事件预防、应急准备、监测与预警、应急处置与救援、事后恢复与重建等环节作了全面、综合、基础性的规定。《环境保护法》要求各级人民政府及其有关部门和企业事业单位做好突发环境事件的风险控制、应急准备、应急处置和事后恢复等工作。[3] 原环境保护部于 2015 年制定了《突发环境事件应急管理办法》，就环境应急处理制度作出了详细规定。

二、企业事业单位的应急义务

（一）风险控制

《环境保护法》第 47 条第 1 款规定："各级人民政府及其有关部门和企业事业单位，应当依照《中华人民共和国突发事件应对法》的规定，做好突发环境事件的风险控制、应急准备、应急处置和事后恢复等工作。"[4]《国家突发环境事件应急预案》第 3.1 条第 2 款规定："企业事业单位和其他生产经营者应当落实环境安全主体责任，定期排查环境安全隐患，开展环境风险评估，健全风险防控措施。当出现可能导致突发环境事件的情况时，要立即报告当地环境保护主管部门。"[5]《突发环境事件应急管理办法》第 8 条规定："企业事业单位应当按照国务院环境保护主管部门的有关规定开展突发环境事件风险评估，确定环境风险防范和环境安全隐患排查治理措施。"第 9 条规定："企业事业单位应当按照环境保护主管部门的有关要求和技术规范，完善突发环境事件风险防控措施。前款所指的突发环境事件风险防控措施，应当包括有效防止泄漏物质、消防水、污染雨水等扩散至外环境的收集、导流、拦截、降污等措施。"第 10 条规定："企业事业单位应当按照有关规定建立健全环境安全隐患排查治理制度，建立隐患排查治理档案，及时发现并消除环境安全

---

〔1〕 参见《突发环境事件应急管理办法》第 2 条第 2 款、第 3 款。
〔2〕 参见《突发环境事件应急管理办法》第 1 条。
〔3〕 参见《环境保护法》第 47 条第 1 款。
〔4〕 参见《环境保护法》第 47 条第 1 款。
〔5〕 《国家突发环境事件应急预案》第 3.1 条第 2 款。

隐患。对于发现后能够立即治理的环境安全隐患，企业事业单位应当立即采取措施，消除环境安全隐患。对于情况复杂、短期内难以完成治理，可能产生较大环境危害的环境安全隐患，应当制定隐患治理方案，落实整改措施、责任、资金、时限和现场应急预案，及时消除隐患。"[1]

(二) 制定应急预案

企业事业单位应当制定突发环境事件应急预案。根据《环境保护法》的规定，企业事业单位应当按照国家有关规定制定突发环境事件应急预案，报生态环境主管部门和有关部门备案。[2] 根据《海洋环境保护法》的规定可能发生海洋突发环境事件的单位，应当按照有关规定，制定本单位的应急预案，配备应急设备和器材，定期组织开展应急演练；应急预案应当向依照本法规定行使海洋环境监督管理权的部门和机构备案。[3] 根据《固体废物污染环境防治法》的规定，产生、收集、贮存、运输、利用、处置危险废物的单位，应当依法制定意外事故的防范措施和应急预案，并向所在地生态环境主管部门和其他负有固体废物污染环境防治监督管理职责的部门备案。[4] 根据《突发环境事件应急管理办法》的规定，企业事业单位应当按照相关法律法规和标准规范的要求，制定突发环境事件应急预案并备案、演练。[5]

(三) 采取应急措施

在发生突发环境事件后，企业事业单位应当根据应急预案，及时采取应急措施。根据《环境保护法》的规定，在发生或者可能发生突发环境事件时，企业事业单位应当立即采取措施处理。[6] 根据《大气污染防治法》的规定，发生造成大气污染的突发环境事件，相关企业事业单位应依法做好应急处置工作。[7] 根据《突发环境事件应急管理办法》的规定，企业事业单位造成或者可能造成突发环境事件时，应当立即启动突发环境事件应急预案，采取切断或者控制污染源以及其他防止危害扩大的必要措施。[8] 应急处置期间，企业事业单位应当服从统一指挥，全面、准确地提供本单位与应急处置相关的技术资料，协助维护应急现场秩序，保护与突发环境事件相关的各项证据。[9]

(四) 事件报告通报和接受调查处理

突发环境事件发生后，企事业单位在采取应急措施的同时，还应当向可能受到突发环境事件影响的各方及时通报，向有关主管部门报告，并接受其

---

[1] 参见《突发环境事件应急管理办法》第 8 条、第 9 条、第 10 条。
[2] 参见《环境保护法》第 47 条第 3 款。
[3] 参见《海洋环境保护法》第 28 条第 6 款。
[4] 参见《固体废物污染环境防治法》第 85 条。
[5] 参见《突发环境事件应急管理办法》第 6 条。
[6] 参见《环境保护法》第 47 条第 3 款。
[7] 参见《大气污染防治法》第 97 条。
[8] 参见《突发环境事件应急管理办法》第 23 条第 1 款。
[9] 参见《突发环境事件应急管理办法》第 23 条第 2 款。

调查处理。根据《环境保护法》的规定，在发生或者可能发生突发环境事件时，企业事业单位应当及时通报可能受到危害的单位和居民，并向生态环境主管部门和有关部门报告。[1] 根据《国家突发环境事件应急预案》的规定，突发环境事件发生后，涉事企业事业单位或其他生产经营者必须采取应对措施，并立即向当地生态环境主管部门和相关部门报告，同时通报可能受到污染危害的单位和居民。[2] 根据《固体废物污染环境防治法》的规定，因发生事故或者其他突发性事件，造成危险废物严重污染环境的单位，应当立即采取有效措施消除或者减轻对环境的污染危害，及时通报可能受到污染危害的单位和居民，并向所在地生态环境主管部门和有关部门报告，接受调查处理。[3]

三、主管部门的应急职责

（一）风险防控

根据《环境保护法》的规定，各级人民政府及其有关部门应当依照《中华人民共和国突发事件应对法》的规定，做好突发环境事件的风险控制工作。[4] 根据《国家突发环境事件应急预案》的规定，各级环境保护主管部门及其他有关部门要加强日常环境监测，并对可能导致突发环境事件的风险信息加强收集、分析和研判。[5] 根据《突发环境事件应急管理办法》的规定，县级以上地方生态环境主管部门应当按照本级人民政府的统一要求，开展本行政区域突发环境事件风险评估工作，分析可能发生的突发环境事件，提高本区域环境风险防范能力。县级以上地方生态环境主管部门应当对企业事业单位环境风险防范和环境安全隐患排查治理工作进行抽查或者突击检查，将存在重大环境安全隐患且整治不力的企业信息纳入社会诚信档案，并可以通报行业主管部门、投资主管部门、证券监督管理机构以及有关金融机构。[6]

（二）制定应急预案

我国一些法律规定了政府及其有关主管部门制定突发环境事件应急预案的职责。根据《大气污染防治法》的规定，省、自治区、直辖市、设区的市人民政府以及可能发生重污染天气的县级人民政府，应当制定重污染天气应急预案，向上一级人民政府生态环境主管部门备案，并向社会公布。[7] 根据《海洋环境保护法》的规定，国家根据防治海洋环境污染的需要，制定国家重大海上污染事件应急预案，建立健全海上溢油污染等应急机制，保障应对工

---

〔1〕　参见《环境保护法》第 47 条第 3 款。

〔2〕　参见《国家突发环境事件应急预案》第 3.3 条。

〔3〕　参见《固体废物污染环境防治法》第 86 条。

〔4〕　参见《环境保护法》第 47 条第 1 款。

〔5〕　参见《国家突发环境事件应急预案》第 3.1 条。

〔6〕　参见《突发环境事件应急管理办法》第 11 条、第 12 条。

〔7〕　参见《大气污染防治法》第 94 条第 2 款。

作的必要经费。国家建立重大海上溢油应急处置部际联席会议制度。国务院交通运输主管部门牵头组织编制国家重大海上溢油应急处置预案并组织实施。国务院生态环境主管部门负责制定全国海洋石油勘探开发海上溢油污染事件应急预案并组织实施。国家海事管理机构负责制定全国船舶重大海上溢油污染事件应急预案，报国务院生态环境主管部门、国务院应急管理部门备案。沿海县级以上地方人民政府及其有关部门应当制定有关应急预案，在发生海洋突发环境事件时，及时启动应急预案，采取有效措施，解除或者减轻危害。[1] 根据《突发环境事件应急管理办法》的规定，县级以上地方生态环境主管部门应当根据本级人民政府突发环境事件专项应急预案，制定本部门的应急预案，报本级人民政府和上级生态环境主管部门备案。[2]

（三）监测预警

根据《环境保护法》的规定，县级以上人民政府应当建立环境污染公共监测预警机制，组织制定预警方案。[3] 根据《大气污染防治法》的规定，国家建立重污染天气监测预警体系。国务院生态环境主管部门会同国务院气象主管机构等有关部门、国家大气污染防治重点区域内有关省、自治区、直辖市人民政府，建立重点区域重污染天气监测预警机制，统一预警分级标准。省、自治区、直辖市、设区的市人民政府生态环境主管部门会同气象主管机构等有关部门建立本行政区域重污染天气监测预警机制。[4] 根据《国家突发环境事件应急预案》的规定，对可以预警的突发环境事件，按照事件发生的可能性大小、紧急程度和可能造成的危害程度，将预警分为四级，由低到高依次用蓝色、黄色、橙色和红色表示。[5] 根据《突发环境事件应急管理办法》的规定，环境污染可能影响公众健康和环境安全时，县级以上地方生态环境主管部门可以建议本级人民政府依法及时公布环境污染公共监测预警信息，启动应急措施。[6]

（四）事件报告

在发生突发环境事件后，有关主管部门应当及时向政府或者上级主管部门报告，以便政府或者上级主管部门能够及时采取进一步的措施。在此，具有事故报告职责的主管部门既可以是生态环境主管部门，也可以是其他主管部门。根据《固体废物污染环境防治法》的规定，在发生或者有证据证明可能发生危险废物严重污染环境、威胁居民生命财产安全时，生态环境主管部门或者其他负有固体废物污染防治监督管理职责的部门应当立即向本级人民

---

〔1〕 参见《海洋环境保护法》第28条第1款、第2、第3款、第4款、第5款。

〔2〕 参见《突发环境事件应急管理办法》第14条。

〔3〕 参见《环境保护法》第47条第2款。

〔4〕 参见《大气污染防治法》第93条。

〔5〕 参见《国家突发环境事件应急预案》第3.2条。

〔6〕 参见《突发环境事件应急管理办法》第16条。

政府和上一级人民政府有关部门报告。[1] 根据《国家突发环境事件应急预案》的规定，因生产安全事故导致突发环境事件的，安全监管等有关部门应当及时通报同级生态环境主管部门。事发地生态环境主管部门接到突发环境事件信息报告或监测到相关信息后，应当立即进行核实，对突发环境事件的性质和类别作出初步认定，按照国家规定的时限、程序和要求向上级生态环境主管部门和同级人民政府报告，并通报同级其他相关部门。突发环境事件已经或者可能涉及相邻行政区域的，事发地人民政府或生态环境主管部门应当及时通报相邻行政区域同级人民政府或生态环境主管部门。地方各级人民政府及其生态环境主管部门应当按照有关规定逐级上报，必要时可越级上报。[2] 根据《突发环境事件应急管理办法》的规定，获知突发环境事件信息后，事件发生地县级以上地方生态环境主管部门应当按照规定的时限、程序和要求，向同级人民政府和上级生态环境主管部门报告。[3]

（五）事件通报

人民政府在接到有关主管部门的突发环境事件报告后，应当及时向公众告知有关情况。根据《大气污染防治法》的规定，发生造成大气污染的突发环境事件，生态环境主管部门应当及时对突发环境事件产生的大气污染物进行监测，并向社会公布监测信息。[4] 根据《放射性污染防治法》的规定，公安部门、卫生行政部门和生态环境主管部门接到放射源丢失、被盗和放射性污染事故报告后，应当报告本级人民政府；当地人民政府应当及时将有关情况告知公众，并做好事故的调查、处理工作。[5]

（六）采取应急措施

及时采取应急措施，是人民政府的一项最重要的环境应急职责。根据《国家突发环境事件应急预案》的规定，根据突发环境事件的严重程度和发展态势，将应急响应设定为Ⅰ级、Ⅱ级、Ⅲ级和Ⅳ级四个等级。初判发生特别重大、重大突发环境事件，分别启动Ⅰ级、Ⅱ级应急响应，由事发地省级人民政府负责应对工作；初判发生较大突发环境事件，启动Ⅲ级应急响应，由事发地设区的市级人民政府负责应对工作；初判发生一般突发环境事件，启动Ⅳ级应急响应，由事发地县级人民政府负责应对工作。响应措施包括现场污染处置、转移安置人员、医学救援、应急监测、市场监管和调控、信息发布和舆论引导、维护社会稳定、国际通报和救援等。当事件条件已经排除、污染物质已降至规定限值以内、所造成的危害基本消除时，由启动响应的人民政府终止应急响应。[6] 根据《大气污染防治法》的规定，县级以上地方人

---

〔1〕 参见《固体废物污染环境防治法》第 87 条。

〔2〕 参见《国家突发环境事件应急预案》第 3.3 条。

〔3〕 参见《突发环境事件应急管理办法》第 24 条。

〔4〕 参见《大气污染防治法》第 97 条。

〔5〕 参见《放射性污染防治法》第 33 条。

〔6〕 参见《国家突发环境事件应急预案》第 4 条。

民政府应当依据重污染天气的预警等级，及时启动应急预案，根据应急需要可以采取责令有关企业停产或者限产、限制部分机动车行驶、禁止燃放烟花爆竹、停止工地土石方作业和建筑物拆除施工、停止露天烧烤、停止幼儿园和学校组织的户外活动、组织开展人工影响天气作业等应急措施。[1] 根据《突发环境事件应急管理办法》的规定，获知突发环境事件信息后，县级以上地方生态环境主管部门应当立即组织排查污染源，初步查明事件发生的时间、地点、原因、污染物质及数量、周边环境敏感区等情况，开展应急监测，及时向本级人民政府和上级生态环境主管部门报告监测结果。应急处置期间事发地县级以上地方生态环境主管部门应当组织开展事件信息的分析、评估，提出应急处置方案和建议报本级人民政府。突发环境事件的威胁和危害得到控制或者消除后，事发地县级以上地方生态环境主管部门应当根据本级人民政府的统一部署，停止应急处置措施。[2]

（七）事后恢复

根据《环境保护法》的规定，突发环境事件应急处置工作结束后，有关人民政府应当立即组织评估事件造成的环境影响和损失，并及时将评估结果向社会公布。[3] 根据《国家突发环境事件应急预案》的规定，突发环境事件应急响应终止后，要及时组织开展污染损害评估，并将评估结果向社会公布。评估结论作为事件调查处理、损害赔偿、环境修复和生态恢复重建的依据。突发环境事件发生后，根据有关规定，由生态环境主管部门牵头，可会同监察机关及相关部门，组织开展事件调查，查明事件原因和性质，提出整改防范措施和处理建议。事发地人民政府要及时组织制订补助、补偿、抚慰、抚恤、安置和环境恢复等善后工作方案并组织实施。保险机构要及时开展相关理赔工作。[4] 根据《突发环境事件应急管理办法》的规定，应急处置工作结束后，县级以上地方生态环境主管部门应当及时总结、评估应急处置工作情况，提出改进措施，并向上级生态环境主管部门报告。[5]

四、法律责任

违反环境应急处理制度的法律后果主要包括如下四种情形：

主管部门负有疏于履行应急职责的责任。根据《大气污染防治法》的规定，地方各级人民政府、县级以上人民政府生态环境主管部门和其他负有大气环境监督管理职责的部门及其工作人员滥用职权、玩忽职守、徇私舞弊、弄虚作假的，依法给予处分。违反本法规定，构成犯罪的，依法追究刑事责

---

〔1〕 参见《大气污染防治法》第 96 条第 1 款。

〔2〕 参见《突发环境事件应急管理办法》第 26-29 条。

〔3〕 参见《环境保护法》第 47 条第 4 款。

〔4〕 参见《国家突发环境事件应急预案》第 5.1-5.3 条。

〔5〕 参见《突发环境事件应急管理办法》第 30 条。

任。[1] 此处的"滥用职权、玩忽职守、徇私舞弊",包括疏于履行环境事故应急职责之情形。《环境保护法》[2]《水污染防治法》[3]《放射性污染防治法》[4]《草原法》[5] 也作出了类似的规定。

企事业单位未制定应急预案的责任。根据《放射性污染防治法》的规定,不按照规定建立健全安全保卫制度和制定事故应急计划或者应急措施的,由县级以上人民政府生态环境主管部门或者其他有关部门依据职权责令限期改正;逾期不改正的,责令停产停业,并处 2 万元以上 10 万元以下罚款;构成犯罪的,依法追究刑事责任。[6] 根据《固体废物污染环境防治法》的规定,未制定危险废物意外事故防范措施和应急预案的,由生态环境主管部门责令改正,处以罚款,没收违法所得;情节严重的,报经有批准权的人民政府批准,可以责令停业或者关闭。[7]

企事业单位未及时采取应急措施的责任。根据《海洋环境保护法》的规定,因发生事故或者其他突发性事件,造成或者可能造成海洋环境污染、生态破坏事件,未按照规定通报或者报告的,由依法行使海洋环境监督管理权的部门或者机构责令改正,处以罚款。[8] 根据《大气污染防治法》的规定,拒不执行停止工地土石方作业或者建筑物拆除施工等重污染天气应急措施的,由县级以上地方人民政府确定的监督管理部门处 9 万元以上 10 万元以下的罚款。[9]

企事业单位不履行报告义务的责任。根据《海洋环境保护法》的规定,因发生事故或者其他突发性事件,造成或者可能造成海洋环境污染、生态破坏事件,未立即采取有效措施或者逃逸的,由依法行使海洋环境监督管理权的部门或者机构责令改正,处以罚款。[10] 根据《放射性污染防治法》的规定,不按照规定报告放射源丢失、被盗情况或者放射性污染事故的,由县级以上人民政府生态环境主管部门或者其他有关部门依据职权责令限期改正;逾期不改正的,责令停产停业,并处 2 万元以上 10 万元以下罚款;构成犯罪的,依法追究刑事责任。[11]

---

〔1〕 参见《大气污染防治法》第 126 条、第 127 条。
〔2〕 参见《环境保护法》第 68 条、第 69 条。
〔3〕 参见《水污染防治法》第 80 条。
〔4〕 参见《放射性污染防治法》第 48 条。
〔5〕 参见《草原法》第 61 条。
〔6〕 参见《放射性污染防治法》第 55 条。
〔7〕 参见《固体废物污染环境防治法》第 112 条。
〔8〕 参见《海洋环境保护法》第 94 条第 1 款。
〔9〕 参见《大气污染防治法》第 121 条第 2 款。
〔10〕 参见《海洋环境保护法》第 94 条第 1 款。
〔11〕 参见《放射性污染防治法》第 55 条。

第六节 生态环境标准制度

一、概述

生态环境标准，是指由国务院生态环境主管部门和省级人民政府依法制定的生态环境保护工作中需要统一的各项技术要求。[1] 生态环境标准制度，是指依法对生态环境标准进行管理的一整套措施。

我国生态环境标准制度的发展始于 20 世纪 70 年代。1972 年，国际标准化组织（ISO, International Organization for Standardization）开始制定环境基础标准和环境方法标准，以统一各国环境保护工作中采用的名词、术语、单位以及取样、检测、分析方法等。1973 年，我国颁布了《工业"三废"排放试行标准》，这是中华人民共和国成立以来制定的第一部环境标准。此后，各类环境标准相继制定。1999 年，我国制定《环境标准管理办法》（已失效），标志着环境标准管理正式纳入法治轨道。2020 年，为进一步加强生态环境标准管理工作，我国制定了《生态环境标准管理办法》。

二、标准的分类

（一）依适用范围划分

根据适用范围，生态环境标准可分为国家生态环境标准和地方生态环境标准。

国家生态环境标准，是指由国务院生态环境主管部门依法制定的生态环境保护工作中需要统一的各项技术要求。国家生态环境标准包括国家生态环境质量标准、国家生态环境风险管控标准、国家污染物排放标准、国家生态环境监测标准、国家生态环境基础标准和国家生态环境管理技术规范。国家生态环境标准在全国范围或者标准指定区域范围执行。

地方生态环境标准，是指由省级人民政府依法制定的生态环境保护工作中需要统一的各项技术要求。地方生态环境标准包括地方生态环境质量标准、地方生态环境风险管控标准、地方污染物排放标准和地方其他生态环境标准。地方生态环境标准在发布该标准的省、自治区、直辖市行政区域范围或者标准指定区域范围执行。有地方生态环境质量标准、地方生态环境风险管控标准和地方污染物排放标准的地区，应当依法优先执行地方标准。[2]

（二）依强制性划分

根据是否需强制执行，生态环境标准可分为强制性环境标准和推荐性环境标准。

---

〔1〕 参见《生态环境标准管理办法》第 3 条。
〔2〕 参见《生态环境标准管理办法》第 4 条。

强制性生态环境标准，包括国家和地方生态环境质量标准、生态环境风险管控标准、污染物排放标准和法律法规规定强制执行的其他生态环境标准。强制性生态环境标准必须严格执行。

推荐性生态环境标准，是指法律法规未规定强制执行的国家和地方生态环境标准。推荐性生态环境标准被强制性生态环境标准或者规章、行政规范性文件引用并赋予其强制执行效力的，被引用的内容必须执行，推荐性生态环境标准本身的法律效力不变。[1]

（三）依内容划分

生态环境标准根据内容可分为生态环境质量标准、生态环境风险管控标准、污染物排放标准、生态环境监测标准、生态环境基础标准和生态环境管理技术规范。

生态环境质量标准，是指为保护生态环境，保障公众健康，增进民生福祉，促进经济社会可持续发展，对生态环境中有害物质或者因素含量的最高限额和有利环境要素的最低要求而制定的技术规范。生态环境质量标准包括大气环境质量标准、水环境质量标准、海洋环境质量标准、声环境质量标准、核与辐射安全基本标准等类别。[2] 生态环境质量标准应当包括功能分类、控制项目及限值规定、监测要求、生态环境质量评价方法、标准实施与监督等内容。[3] 生态环境质量标准是认定生态环境是否被污染或者破坏的依据，也是开展生态环境质量目标管理的技术依据。

生态环境风险管控标准，是指为保护生态环境，保障公众健康，推进生态环境风险筛查与分类管理，维护生态环境安全，控制生态环境中的有害物质和因素而制定的技术规范。生态环境风险管控标准包括土壤污染风险管控标准以及法律法规规定的其他环境风险管控标准。生态环境风险管控标准应当包括功能分类、控制项目及风险管控值规定、监测要求、风险管控值使用规则、标准实施与监督等内容。[4] 生态环境风险管控标准是开展生态环境风险管理的技术依据。

污染物排放标准，是指为改善生态环境质量，控制排入环境中的污染物或者其他有害因素，根据生态环境质量标准和经济、技术条件制定的技术规范。污染物排放标准包括大气污染物排放标准、水污染物排放标准、固体废物污染控制标准、环境噪声排放控制标准和放射性污染防治标准等。水和大气污染物排放标准，根据适用对象分为行业型、综合型、通用型、流域（海

---

〔1〕　参见《生态环境标准管理办法》第 5 条。

〔2〕　参见《生态环境标准管理办法》第 10 条、第 11 条。

〔3〕　参见《生态环境标准管理办法》第 13 条。

〔4〕　参见《生态环境标准管理办法》第 15 条、第 16 条、第 18 条。

域）或者区域型污染物排放标准。[1] 污染物排放标准应当包括下列内容：适用的排放控制对象、排放方式、排放去向等情形；排放控制项目、指标、限值和监测位置等要求，以及必要的技术和管理措施要求；适用的监测技术规范、监测分析方法、核算方法及其记录要求；达标判定要求；标准实施与监督等。[2] 污染物排放标准是判定污染物排放是否超标的技术依据。在水污染防治、大气污染防治以及海洋环境保护领域，只要超过污染物排放标准排污，即为违法。[3]

生态环境监测标准，是指为监测生态环境质量和污染物排放情况，开展达标评定和风险筛查与管控，规范布点采样、分析测试、监测仪器、卫星遥感影像质量、量值传递、质量控制、数据处理等监测技术要求而制定的技术规范。生态环境监测标准包括生态环境监测技术规范、生态环境监测分析方法标准、生态环境监测仪器及系统技术要求、生态环境标准样品等。[4] 生态环境监测标准是确定生态环境监测数据是否合法有效的依据。

生态环境基础标准，是指为统一规范生态环境标准的制定技术工作和生态环境管理工作中具有通用指导意义的技术要求，而制定的技术规范。包括生态环境标准制订技术导则，生态环境通用术语、图形符号、编码和代号（代码）及其相应的编制规则等。[5] 生态环境基础标准是制定其他类别生态环境标准的基础。

生态环境管理技术规范，是指为规范各类生态环境保护管理工作的技术要求所作的规定。包括大气、水、海洋、土壤、固体废物、化学品、核与辐射安全、声与振动、自然生态、应对气候变化等领域的管理技术指南、导则、规程、规范等。生态环境管理技术规范为推荐性标准，在相关领域生态环境管理中实施。[6]

三、标准的制定

制定生态环境标准的法律主体。国务院生态环境主管部门依法制定国家生态环境标准，开展地方生态环境标准备案，指导地方生态环境标准管理工

---

〔1〕 行业型污染物排放标准适用于特定行业或者产品污染源的排放控制；综合型污染物排放标准适用于行业型污染物排放标准适用范围以外的其他行业污染源的排放控制；通用型污染物排放标准适用于跨行业通用生产工艺、设备、操作过程或者特定污染物、特定排放方式的排放控制；流域（海域）或者区域型污染物排放标准适用于特定流域（海域）或者区域范围内的污染源排放控制。参见《生态环境标准管理办法》第20条、第21条。

〔2〕 参见《生态环境标准管理办法》第23条。

〔3〕 例如，排放水污染物超过国家或者地方规定的水污染物排放标准，或者超过重点水污染物排放总量控制指标的，由县级以上人民政府生态环境主管部门责令改正或者责令限制生产、停产整治，并处十万元以上一百万元以下的罚款；情节严重的，报经有批准权的人民政府批准，责令停业、关闭。参见《水污染防治法》第83条。

〔4〕 参见《生态环境标准管理办法》第26条、第27条。

〔5〕 《生态环境标准管理办法》第32条。

〔6〕 参见《生态环境标准管理办法》第36条、第38条。

作。省级人民政府依法制定地方生态环境质量标准、地方生态环境风险管控标准和地方污染物排放标准，并报国务院生态环境主管部门备案。机动车等移动源大气污染物排放标准由国务院生态环境主管部门统一制定。

制定生态环境标准的要求。制定生态环境标准，应当遵循合法合规、体系协调、科学可行、程序规范、公众参与等原则。[1] 具体要求如下：①制定生态环境质量标准，应当反映生态环境质量特征，以生态环境基准研究成果为依据，与经济社会发展和公众生态环境质量需求相适应，科学合理确定生态环境保护目标。[2] ②制定生态环境风险管控标准，应当根据环境污染状况、公众健康风险、生态环境风险、环境背景值和生态环境基准研究成果等因素，区分不同保护对象和用途功能，科学合理确定风险管控要求。[3] ③在污染物排放标准方面，制定行业型或者综合型污染物排放标准，应当反映所管控行业的污染物排放特征，以行业污染防治可行技术和可接受生态环境风险为主要依据，科学合理确定污染物排放控制要求。制定通用型污染物排放标准，应当针对所管控的通用生产工艺、设备、操作过程的污染物排放特征，或者特定污染物、特定排放方式的排放特征，以污染防治可行技术、可接受生态环境风险、感官阈值等为主要依据，科学合理确定污染物排放控制要求。制定流域（海域）或者区域型污染物排放标准，应当围绕改善生态环境质量、防范生态环境风险、促进转型发展，在国家污染物排放标准基础上作出补充规定或者更加严格的规定。[4] ④制定生态环境监测标准应当配套支持生态环境质量标准、生态环境风险管控标准、污染物排放标准的制定和实施，以及优先控制化学品环境管理、国际履约等生态环境管理及监督执法需求，采用稳定可靠且经过验证的方法，在保证标准的科学性、合理性、普遍适用性的前提下提高便捷性，易于推广使用。[5] ⑤在生态环境基础标准方面，制定生态环境标准制定技术导则，应当明确标准的定位、基本原则、技术路线、技术方法和要求，以及对标准文本及编制说明等材料的内容和格式要求。制定生态环境通用术语、图形符号、编码和代号（代码）编制规则等，应当借鉴国际标准和国内标准的相关规定，做到准确、通用、可辨识，力求简洁易懂。制定生态环境标准，应当符合相应类别生态环境标准制定技术导则的要求，采用生态环境基础标准规定的通用术语、图形符号、编码和代号（代码）编制规则等，做到标准内容衔接、体系协调、格式规范。[6] ⑥制定生态环境管理技术规范应当有明确的生态环境管理需求，内容科学合理，针对性和可操

---

〔1〕　参见《生态环境标准管理办法》第6条、第7条。

〔2〕　参见《生态环境标准管理办法》第12条。

〔3〕　参见《生态环境标准管理办法》第17条。

〔4〕　参见《生态环境标准管理办法》第22条。

〔5〕　参见《生态环境标准管理办法》第28条。

〔6〕　参见《生态环境标准管理办法》第33条、第34条、第35条第1款。

作性强，有利于规范生态环境管理工作。[1]

制定地方生态环境标准的特殊要求。地方生态环境质量标准、地方生态环境风险管控标准和地方污染物排放标准可以对国家相应标准中未规定的项目作出补充规定，也可以对国家相应标准中已规定的项目作出更加严格的规定。对本行政区域内没有国家污染物排放标准的特色产业、特定污染物，或者国家有明确要求的特定污染源或者污染物，应当补充制定地方污染物排放标准。有下列情形之一的，应当制定比国家污染物排放标准更严格的地方污染物排放标准：产业密集、环境问题突出的；现有污染物排放标准不能满足行政区域内环境质量要求的；行政区域环境形势复杂，无法适用统一的污染物排放标准的。[2]

制定生态环境标准的禁止性要求。制定生态环境标准，不得增加法律法规规定之外的行政权力事项或者减少法定职责；不得设定行政许可、行政处罚、行政强制等事项，增加办理行政许可事项的条件，规定出具循环证明、重复证明、无谓证明的内容；不得违法减损公民、法人和其他组织的合法权益或者增加其义务；不得超越职权规定应由市场调节、企业和社会自律、公民自我管理的事项；不得违法制定含有排除或者限制公平竞争内容的措施，违法干预或者影响市场主体正常生产经营活动，违法设置市场准入和退出条件等。生态环境标准中不得规定采用特定企业的技术、产品和服务，不得出现特定企业的商标名称，不得规定采用尚在保护期内的专利技术和配方不公开的试剂，不得规定使用国家明令禁止或者淘汰使用的试剂。[3]

四、标准的实施与评估

国务院生态环境主管部门依法实施国家生态环境标准，地方各级生态环境主管部门在各自职责范围内组织实施生态环境标准。[4]

为掌握生态环境标准实际执行情况及存在的问题，提升生态环境标准科学性、系统性、适用性，标准制定机关应当根据生态环境和经济社会发展形势，结合相关科学技术进展和实际工作需要，组织评估生态环境标准实施情况，并根据评估结果对标准适时进行修订。[5]

强制性生态环境标准应当定期开展实施情况评估，与其配套的推荐性生态环境标准实施情况可以同步开展评估。[6] 生态环境质量标准实施评估，应当依据生态环境基准研究进展，针对生态环境质量特征的演变，评估标准技术内容的科学性和合理性。生态环境风险管控标准实施评估，应当依据环境

〔1〕 参见《生态环境标准管理办法》第37条。
〔2〕 参见《生态环境标准管理办法》第39条、第40条第1款。
〔3〕 参见《生态环境标准管理办法》第8条。
〔4〕 参见《生态环境标准管理办法》第6条第1款、第3款。
〔5〕 参见《生态环境标准管理办法》第48条。
〔6〕 参见《生态环境标准管理办法》第49条。

背景值、生态环境基准和环境风险评估研究进展，针对环境风险特征的演变，评估标准风险管控要求的科学合理性。污染物排放标准实施评估，应当关注标准实施中普遍反映的问题，重点评估标准规定内容的执行情况，论证污染控制项目、排放限值等设置的合理性，分析标准实施的生态环境效益、经济成本、达标技术和达标率，开展影响标准实施的制约因素分析并提出解决建议。生态环境监测标准和生态环境管理技术规范的实施评估，应当结合标准使用过程中反馈的问题、建议和相关技术手段的发展，重点评估标准规定内容的适用性和科学性，以及与生态环境质量标准、生态环境风险管控标准和污染物排放标准的协调性。[1]

五、法律责任

一般规定。企业事业单位和其他生产经营者超过污染物排放标准或者超过重点污染物排放总量控制指标排放污染物的，县级以上人民政府环境保护主管部门可以责令其采取限制生产、停产整治等措施；情节严重的，报经有批准权的人民政府批准，责令停业、关闭。[2]

违反水环境标准的法律责任。违反《水污染防治法》的规定，排放水污染物超过国家或者地方规定的水污染物排放标准，或者超过重点水污染物排放总量控制指标的，由县级以上人民政府生态环境主管部门责令改正或者责令限制生产、停产整治，并处 10 万元以上 100 万元以下的罚款；情节严重的，报经有批准权的人民政府批准，责令停业、关闭。[3]

违反大气环境标准的法律责任。违反《大气污染防治法》的规定，超过大气污染物排放标准或者超过重点大气污染物排放总量控制指标排放大气污染物的，受到罚款处罚，被责令改正，拒不改正的，依法作出处罚决定的行政机关可以自责令改正之日的次日起，按照原处罚数额按日连续处罚。[4]

违反土壤生态环境标准的法律责任。违反《土壤污染防治法》的规定，建设和运行污水集中处理设施、固体废物处置设施，未依照法律法规和相关标准的要求采取措施防治土壤污染的，由地方人民政府生态环境主管部门或者其他负有土壤污染防治监督管理职责的部门责令改正，处以罚款；拒不改正的，责令停产整治。[5]

此外，在其他污染防治领域中，也规定了违反生态环境标准的法律责任。

---

〔1〕 参见《生态环境标准管理办法》第 50 条。

〔2〕 参见《环境保护法》第 60 条。

〔3〕 参见《水污染防治法》第 83 条。

〔4〕 参见《大气污染防治法》第 123 条。

〔5〕 参见《土壤污染防治法》第 86 条第 1 款。

第八章

环境法律责任

法律责任，是指因损害法律上的义务关系所产生的对于相关法律主体所应承担的法定强制的不利后果，[1] 一般可以分为民事责任、行政责任和刑事责任。环境法律责任亦可作此分类。

☞ 第一节　环境民事责任

一、概述

环境民事责任，是指环境法律主体因不履行环境保护义务而侵害了他人的环境权益所应承担的否定性的法律后果。环境民事责任是民事法律责任的一种，也是侵权民事责任的组成部分，但它又区别于一般的民事责任，具有如下特征：

第一，环境民事责任是平等主体之间的法律责任。当环境法律关系中的一方主体不履行环境保护义务而侵害他人的环境权益时，加害人一方应承担法律责任，以保护、恢复或补偿被侵害的环境权益。这是环境民事责任与环境行政责任和环境刑事责任之间的主要区别。[2]

第二，环境民事责任是一种侵权责任。只有在环境法律主体侵害他人的环境权益时，才构成环境民事责任。环境侵权，是指因产业活动或者其他人为原因，导致环境污染或生态破坏，并因而对他人的人身权、财产权、环境权益或公共财产造成损害或有造成损害之虞的事实。[3]

第三，环境民事责任是一种特殊的侵权责任。侵权责任分为普通的侵权责任和特殊的侵权责任，环境民事责任属于后者。在侵权行为人本身无过错而对他人造成损害的情况下，也应承担责任。

---

〔1〕　孙笑侠主编：《法理学》，中国政法大学出版社1996年版，第188页。
〔2〕　周珂：《环境法》，中国人民大学出版社2000年版，第55—57页。
〔3〕　王明远：《环境侵权救济法律制度》，中国法制出版社2001年版，第13页。

二、环境民事责任的构成

环境民事责任的构成，是指使环境侵权行为人承担环境民事责任的必备条件。普通的民事责任的构成包括行为的违法性、损害事实存在、违法行为与损害结果之间存在因果关系、行为人主观上有过错等四个方面。但是，环境民事责任构成不同于普通的民事责任，其构成包括三个方面：

第一，危害环境的行为。行为人承担环境民事责任的前提是其实施了污染环境或破坏生态的行为。

第二，环境损害事实。环境损害事实，是指行为人实施的环境侵权行为对他人环境权益造成不利影响的客观情况。一般包括人身损害和财产损害，特殊情况下也可能仅涉及经济损失。这里的人身损害既包括因环境侵权行为造成的健康受损、肢体残障、死亡等，也包括精神损害。

第三，行为与损害间存在的因果关系。因果关系是指行为人的行为与受害人的损害后果之间存在的引起与被引起的关系。[1] 在环境民事责任的构成中，只有在侵害行为与损害结果之间存在因果关系的情况下，行为人才需要承担法律责任。环境法上的因果关系有时会呈现以下复杂的情况：①多因一果，即两种以上的环境侵权行为导致一种损害结果。[2] 例如，多个污染源分别排污会造成鱼塘污染。对此，应按共同侵权处理，令所有的排污者对损害结果负连带责任，但在确定每一个侵权行为人的责任时，又要区分主要原因和次要原因、直接原因和间接原因，依据各自行为原因力的比例而确定责任份额。[3] ②一因多果，即一种环境侵权行为造成两种以上的损害结果。在此情形下，责令侵权行为人对多个损害结果均承担责任。③多因多果，即两种以上的环境侵权行为导致两种以上的损害结果。例如，多家工厂排放二氧化硫会造成水源污染、大气污染、土壤污染等。在此情形下，若数个环境侵权行为人之间存在意思联络，则构成共同侵权行为，适用有关共同侵权的规定处理责任分配问题；反之，则应属"无过错联系的共同加害行为"，[4] 应结合单个侵权行为是否均足以造成同一环境侵权损害的因素进行分类处理。若各侵权行为均具有单独足以致损的能力或可能性，则可令各侵权行为人就全部损害承担连带责任。[5] ④偶然因果关系，即在通常情况下一种环境侵权行

〔1〕　李永军主编：《中国民法学》（第3卷），中国民主法制出版社2022年版，第605页。

〔2〕　参见王泽鉴：《王泽鉴法学全集·第十四卷，侵权行为法》，中国政法大学出版社2003年版，第245-246页。

〔3〕　参见杨立新：《侵权法论》，人民法院出版社2011年版，第719页。

〔4〕　无过错联系的共同加害行为，是指数个行为人事先既没有共同的意思联络，也没有共同过失，只是由于行为的客观联系，而共同造成同一个损害结果的侵权行为。参见杨立新：《〈中华人民共和国侵权责任法〉精解》，知识产权出版社2010年版，第71页。

〔5〕　参见最高人民法院侵权责任法研究小组编著：《〈中华人民共和国侵权责任法〉条文理解与适用》，人民法院出版社2016年版，第92页。

为并不能造成某种损害结果，但由于特殊的情况和原因造成了该种损害结果。[1] 在此情形下，应根据具体情况来决定行为人应承担的环境民事责任。

环境民事责任构成中不包含行为人的主观过错，即行为人不因其是否存在主观过错而应承担法律责任。因此，环境侵权实行无过错责任原则。一般而言，行为的过错应外在地体现为是否违法。在环境法中，某些环境法律责任的承担并不以违法为必要前提，只要行为人的行为造成环境污染危害后果就应承担环境法律责任。例如，根据《民法典》第1229条的规定，对于污染环境所引发的民事责任的认定，采用无过错责任原则，即不以行为人的主观过错为承担环境侵权民事责任的必要条件。环境侵权适用无过错责任，一方面是由于合法的排污同样会造成环境污染，要应对日益严重的生态环境问题，需要采取更加严格的归责原则；另一方面是由于在合法的排污者与无辜的受害人之间，由前者承担责任更具合理性。

三、环境民事责任的承担方式

根据《民法典》和生态环境保护相关立法的规定，结合环境民事纠纷的处理实践，承担环境民事责任的常用方式可以归纳为如下五类。

（一）停止侵害

停止侵害是要求侵权行为人结束环境侵权状态的法律责任形式。此类责任形式适用于环境侵权行为正在进行，通过停止侵权活动可使受害人的权利得以恢复的情况下。环境侵权行为大多具有持续性，只有行为人停止其环境污染和生态破坏行为，受害人的环境权益才能得到恢复。

（二）排除危害

排除危害是要求侵权行为人消除因环境侵权行为对受害人造成的有害影响的责任形式。此种责任形式通常适用于环境侵权行为发生或停止后，对他人的环境权益仍然存在妨碍、损害或危险的情况下。排除危害的费用应由造成危害的人承担。我国现有环境立法基本上都作出了关于排除危害的规定。

应当注意的是，排除危害与《民法典》中规定的"排除妨碍"虽然含义相近，但存在一定差异。排除妨碍仅是消除对权利行使的不法阻碍，且其阻碍是现实的或可能发生的；而排除危害除了具有排除妨碍的内容外，对合法行为造成的环境污染和生态破坏危害以及对环境权益的不利影响也都在排除之列。

（三）消除危险

消除危险是要求侵权行为人消除对他人环境权益侵害可能性的一种责任形式。此种责任形式适用于行为人的行为尚未对他人的环境权益造成现实的侵害，但已经构成对他人环境权益侵害的危险或确有可能造成环境侵权的情

---

［1］ 王利明教授将其称为"结合的因果关系"。参见王利明：《侵权行为法研究》（上卷），中国人民大学出版社2004年版，第706页。

况下。

（四）恢复原状

恢复原状是要求侵权行为人将被侵害的环境权利恢复到侵害前状态的责任形式。此种责任形式适用于生态环境受损后，在现有的经济技术条件下能够恢复到原来状态的情况下。如果环境污染、或者生态破坏在现有的技术条件下难以恢复，或者恢复原状经济代价太高、明显不合理，则可以用其他责任形式代替恢复原状。在环境保护法中，可以通过以下方式确定恢复原状的标准：对于被污染的环境，应使其恢复到符合环境质量标准的状态；对于被破坏的生态，应恢复其原有的生态功能。

《民法典》第 1234 条明确了国家对于可修复生态损害的修复请求权与赔偿请求权；《民法典》第 1235 条规定："违反国家规定造成生态环境损害的，国家规定的机关或者法律规定的组织有权请求侵权人赔偿下列损失和费用……"为生态修复民事责任的履行提供了依据。

（五）赔偿损失

赔偿损失是要求侵权行为人对其造成的生态环境危害及其损失以其财产进行补救的责任形式。此种责任形式适用于环境侵权行为造成的生态环境危害及其损失不能通过恢复原状的方式进行补救或不能完全补救的情况，是环境民事责任形式中应用最广泛的责任形式。

在实践中还经常发生环境侵权行为对受害人的生理和心理造成不良影响，使受害人遭受痛苦却无具体财产损失的情况。根据《最高人民法院关于确定民事侵权精神损害赔偿责任若干问题的解释》第 1 条的规定，因人身权益或者具有人身意义的特定物受到侵害，自然人或者其近亲属向人民法院提起诉讼请求精神损害赔偿的，人民法院应当依法予以受理。《民法典》第 1183 条也明确规定了人身权益的救济可以适用精神损害赔偿。

在一些情形下，环境法还适用惩罚性赔偿，即赔偿数额超出实际的损害数额的赔偿。[1] 例如，《海洋环境保护法》第 114 条第 2 款规定："对污染海洋环境、破坏海洋生态，给国家造成重大损失的，由依照本法规定行使海洋环境监督管理权的部门代表国家对责任者提出损害赔偿要求。"这一规定具有惩罚性赔偿的性质。

上述环境民事责任的承担方式既可单独适用，也可合并适用。

四、环境民事责任的免除

环境民事责任的免除，是指法律规定的环境侵权行为人因污染环境或破坏生态而侵犯他人环境权益，造成他人人身和财产损害时免于承担法律责任的情形。环境民事责任领域的免责事由主要包括三种情形。

---

〔1〕　王利明：《惩罚性赔偿研究》，载《中国社会科学》2000 年第 4 期。

（一）不可抗力

不可抗力是指在现有科学技术条件下人力所不能预见、不能避免并不能克服的客观情况。由于不可抗拒的自然灾害或者战争，并经及时采取措施，仍然不能避免造成环境污染损害的，免予承担责任。但排污者在不可抗力发生时或发生后未及时采取合理措施来防止和减少污染损害后果的发生，不能完全免除其环境民事责任。

（二）受害人自我致害

受害人自我致害，是指因受害人本身的故意或者重大过失使自己遭受损害。在受害人因自己故意或重大过失使自己受害的情况下，法律根据公平原则，通常会免除无过错行为人的责任。根据《民法典》第 1174 条的规定，即使环境侵权领域适用无过错责任归责原则，在受害人故意造成损害的情况下，侵权行为人也不承担侵权责任。

（三）第三人过错

第三人过错，是指因第三人故意或过失地使受害人遭受损害的情况。在这种情况下，第三人应该承担环境损害赔偿责任。《民法典》第 1233 条规定："因第三人的过错污染环境、破坏生态的，被侵权人可以向侵权人请求赔偿，也可以向第三人请求赔偿。侵权人赔偿后，有权向第三人追偿。"

☞ 第二节 环境行政责任

一、概述

环境行政责任，是指环境行政主体违反环境行政法律规范或不履行环境行政法律义务所应承担的否定性法律后果。根据环境行政责任承担主体的不同，可将其分为环境行政主体的责任和环境行政相对人的责任。根据环境行政责任的法律性质的不同，可将其分为环境行政处分和环境行政处罚。

环境行政责任的构成要件包括四个方面。①行为的违法性，是指行为人违反法律规定，实施了污染环境或者破坏生态的行为。②主观过错，是指行为人实施污染环境或者破坏生态的行为时具有主观上的故意或过失。③损害后果，是指因违法行为造成了环境污染或者生态破坏的后果。④违法行为与损害后果之间的因果关系，是指违法行为与该行为所造成的环境污染或者生态破坏的后果之间存在内在的、必然的联系。[1]

二、环境行政处分

（一）概述

环境行政处分，是指对环境违法行为负有直接责任的主管人员和其他直

---

〔1〕 张梓太：《环境法律责任研究》，商务印书馆 2004 年版，第 150-156 页。

接责任人员，在不构成犯罪的情况下，由其所在单位或者主管部门实施的法律制裁。《公职人员政务处分法》《环境保护违法违纪行为处分暂行规定》规定了六种行政处分形式，即：警告、记过、记大过、降级、撤职、开除。

（二）适用对象

环境行政处分的适用对象包括：国家机关及其工作人员；法律、法规授权的具有管理公共事务职能的组织和国家行政机关依法委托的组织及其工作人员；企事业单位中由国家行政机关任命的人员；法律、行政法规规定的应当予以环境行政处分的其他人员。

（三）主管部门及其工作人员的责任

地方各级人民政府、县级以上人民政府生态环境主管部门和其他负有环境保护监督管理职责的部门有下列行为之一的，对直接负责的主管人员和其他直接责任人员给予记过、记大过或者降级处分；造成严重后果的，给予撤职或者开除处分，其主要负责人应当引咎辞职。这些行为包括：不符合行政许可条件准予行政许可的；对环境违法行为进行包庇的；依法应当作出责令停业、关闭的决定而未作出的；对超标排放污染物、采用逃避监管的方式排放污染物、造成环境事故以及不落实生态保护措施造成生态破坏等行为，发现或者接到举报未及时查处的；违法查封、扣押企业事业单位和其他生产经营者的设施、设备的；篡改、伪造或者指使篡改、伪造监测数据的；应当依法公开环境信息而未公开的；将征收的排污费截留挤占或挪作他用的；法律法规规定的其他违法行为。[1]

（四）特定企业人员的责任

作为环境行政处分对象的企业人员具有特定性，须为从事违法违纪活动的企业中直接负责的主管人员和其他直接责任人员，且由国家行政机关任命。根据《中华人民共和国监察法》，国有企业管理人员属于公职人员，适用《公职人员政务处分法》[2]。若企业从事了如下违反环境法律、法规进行建设、生产或者经营的行为，有关企业人员应受到环境行政处分：①不履行法定环境保护义务，包括不履行环境影响评价义务、不履行"三同时"义务、不履行环境应急处理义务、不履行污染防治义务。②妨害环境执法。此种行为主要包括两类：一类是企业被依法责令停业、关闭后仍继续生产；另一类是阻止、妨碍环境执法人员依法执行公务。③造成严重的环境污染事故。此类情形需同时具备三个条件：企业从事了违法行为；企业的违法行为导致了环境污染事故；违法行为情节较重。[3]

《中国共产党纪律处分条例》第7条第1款规定："党组织和党员违反党章和其他党内法规，违反国家法律法规，违反党和国家政策，违反社会主义

---

〔1〕　参见《环境保护法》第68条。

〔2〕　参见《中华人民共和国监察法》第15条；《公职人员政务处分法》第2条。

〔3〕　参见《环境保护违法违纪行为处分暂行规定》第2条、第11条。

道德，危害党、国家和人民利益的行为，依照规定应当给予纪律处理或者处分的，都必须受到追究。"[1] 根据《党政领导干部生态环境损害责任追究办法（试行）》，对于县级以上地方各级党委和政府及其有关工作部门的领导成员，中央和国家机关有关工作部门领导成员，以及上列工作部门的有关机构领导人员，责任追究形式包括：诫勉、责令公开道歉；组织处理，包括调离岗位、引咎辞职、责令辞职、免职、降职等；党纪政纪处分。[2]

三、环境行政处罚

（一）概述

环境行政处罚，是指由法定行使环境行政管理职权的机关或其委托的法律主体依照法定程序，对违反环境法但尚不构成犯罪的单位和个人以减损权益或者增加义务的方式予以惩戒的行为。根据《行政处罚法》《环境保护法》《生态环境行政处罚办法》等法律法规的规定，环境行政处罚的种类具体包括：警告、通报批评；罚款、没收违法所得、没收非法财物；暂扣许可证件、降低资质等级、吊销许可证件、一定时期内不得申请行政许可；限制开展生产经营活动、责令停产整治、责令停产停业、责令关闭、限制从业、禁止从业；责令限期拆除；行政拘留；法律、行政法规设定的其他行政处罚种类。[3]

（二）裁量情节

行使生态环境行政处罚裁量权应综合考虑以下七类情节：违法行为造成的环境污染、生态破坏以及社会影响；当事人的主观过错程度；违法行为的具体方式或者手段；违法行为持续的时间；违法行为危害的具体对象；当事人是初次违法还是再次违法；当事人改正违法行为的态度和所采取的改正措施及效果。同类违法行为的情节相同或者相似、社会危害程度相当的，行政处罚种类和幅度应当相当。[4]

不予处罚的情形。违法行为轻微并及时改正，没有造成生态环境危害后果的，不予行政处罚。初次违法且对生态环境危害后果轻微并及时改正的，可以不予行政处罚。当事人有证据足以证明没有主观过错的，不予行政处罚。法律、行政法规另有规定的，从其规定。对当事人的违法行为依法不予行政处罚的，生态环境主管部门应当对当事人进行教育。[5]

从轻、减轻处罚的情形。当事人有下列情形之一的，应当从轻或者减轻行政处罚：主动消除或者减轻生态环境违法行为危害后果的；受他人胁迫或

---

〔1〕《中国共产党纪律处分条例》第7条第1款。

〔2〕 参见《党政领导干部生态环境损害责任追究办法（试行）》第2条、第10条第1款。

〔3〕 参见《生态环境行政处罚办法》第8条；《行政处罚法》第9条、第11条；《环境保护法》第六章。

〔4〕 参见《生态环境行政处罚办法》第41条。

〔5〕 参见《生态环境行政处罚办法》第42条。

者诱骗实施生态环境违法行为的；主动供述生态环境主管部门尚未掌握的生态环境违法行为的；配合生态环境主管部门查处生态环境违法行为有立功表现的；法律、法规、规章规定其他应当从轻或者减轻行政处罚的。[1]

（三）按日连续计罚

按日连续计罚，是指生态环境主管部门对持续的环境违法行为依法按照持续的天数累计计算罚款数额并予以处罚的方式。根据《环境保护法》的规定，企业事业单位和其他生产经营者违法排放污染物，受到罚款处罚，被责令改正，拒不改正的，依法作出处罚决定的行政机关可以自责令改正之日的次日起，按照原处罚数额按日连续处罚。前款规定的罚款处罚，依照有关法律法规按照防治污染设施的运行成本、违法行为造成的直接损失或者违法所得等因素确定的规定执行。地方性法规可以根据环境保护的实际需要，增加第一款规定的按日连续处罚的违法行为的种类。[2]

按日连续计罚的适用范围。排污者有下列行为之一，受到罚款处罚，被责令改正，拒不改正的，依法作出罚款处罚决定的环境保护主管部门可以实施按日连续处罚：超过国家或者地方规定的污染物排放标准，或者超过重点污染物排放总量控制指标排放污染物的；通过暗管、渗井、渗坑、灌注或者篡改、伪造监测数据，或者不正常运行防治污染设施等逃避监管的方式排放污染物的；排放法律、法规规定禁止排放的污染物的；违法倾倒危险废物的；其他违法排放污染物行为。[3]

按日连续计罚的数额。当事人到期不缴纳罚款的，作出行政处罚决定的生态环境主管部门可以每日按罚款数额的3%加处罚款，加处罚款的数额不得超出罚款的数额。[4]

按日连续计罚的方式。按日连续处罚的计罚日数为责令改正违法行为决定书送达排污者之日的次日起，至环境保护主管部门复查发现违法排放污染物行为之日止。再次复查仍拒不改正的，计罚日数累计执行。再次复查时违法排放污染物行为已经改正，环境保护主管部门在之后的检查中又发现排污者有本办法第五条规定的情形的，应当重新作出处罚决定，按日连续处罚的计罚周期重新起算。按日连续处罚次数不受限制。按日连续处罚每日的罚款数额，为原处罚决定书确定的罚款数额。按照按日连续处罚规则确定的罚款数额，为原处罚决定书确定的罚款数额乘以计罚日数。环境保护主管部门针对违法排放污染物行为实施按日连续处罚的，可以同时适用责令排污者限制生产、停产整治或者查封、扣押等措施；因采取上述措施使排污者停止违法排污行为的，不再实施按日连续处罚。[5]

〔1〕参见《生态环境行政处罚办法》第43条。
〔2〕参见《环境保护法》第59条。
〔3〕参见《环境保护主管部门实施按日连续处罚办法》第5条。
〔4〕参见《生态环境行政处罚办法》第70条。
〔5〕参见《环境保护主管部门实施按日连续处罚办法》第17-20条。

（四）实施

环境行政处罚的实施，是指将环境行政处罚的规定适用于具体的环境违法行为人的执法活动，具体包括处罚主体、管辖、处罚程序、处罚决定的执行等内容。

第一，处罚主体。生态环境主管部门在法定职权范围内实施生态环境行政处罚。法律、法规授权的生态环境保护综合行政执法机构等组织在法定授权范围内实施生态环境行政处罚。生态环境主管部门可以在其法定权限内书面委托符合以下条件的组织实施行政处罚：依法成立并具有管理公共事务职能；有熟悉有关法律、法规、规章和业务并取得行政执法资格的工作人员；需要进行技术检查或者技术鉴定的，应当有条件组织进行相应的技术检查或者技术鉴定。除此之外，行政机关不得委托其他组织或者个人实施行政处罚。委托书应当载明委托的具体事项、权限、期限等内容。委托行政机关和受委托组织应当将委托书向社会公布。委托行政机关对受委托组织实施行政处罚的行为应当负责监督，并对该行为的后果承担法律责任。受委托组织在委托范围内，以委托行政机关名义实施行政处罚；不得再委托其他组织或者个人实施行政处罚。受委托组织应当依照《行政处罚法》和《生态环境行政处罚办法》的有关规定实施行政处罚。[1]

第二，管辖。生态环境行政处罚由违法行为发生地的具有行政处罚权的生态环境主管部门管辖。法律、行政法规另有规定的，从其规定。两个以上生态环境主管部门都有管辖权的，由最先立案的生态环境主管部门管辖。对管辖发生争议的，应当协商解决，协商不成的，报请共同的上一级生态环境主管部门指定管辖；也可以直接由共同的上一级生态环境主管部门指定管辖。下级生态环境主管部门认为其管辖的案件重大、疑难或者实施处罚有困难的，可以报请上一级生态环境主管部门指定管辖。上一级生态环境主管部门认为确有必要的，经通知下级生态环境主管部门和当事人，可以对下级生态环境主管部门管辖的案件直接管辖，或者指定其他有管辖权的生态环境主管部门管辖。上级生态环境主管部门可以将其管辖的案件交由有管辖权的下级生态环境主管部门实施行政处罚。对不属于本机关管辖的案件，生态环境主管部门应当移送有管辖权的生态环境主管部门处理。受移送的生态环境主管部门对管辖权有异议的，应当报请共同的上一级生态环境主管部门指定管辖，不得再自行移送。[2]

第三，处罚程序。处罚程序包括立案、调查取证、案件审查、告知和听证、法制审核和集体讨论、决定、信息公开等环节。

立案。除依法可以当场作出的行政处罚外，生态环境主管部门对涉嫌违

---

〔1〕 参见《生态环境行政处罚办法》第11条、第12条；《行政处罚法》第20条、第21条；《关于深化生态环境保护综合行政执法改革的指导意见》。

〔2〕 参见《生态环境行政处罚办法》第13-16条。

反生态环境保护法律、法规和规章的违法行为，应当进行初步审查，并在15日内决定是否立案。在特殊情况下，经本机关负责人批准，可以延长15日。法律、法规另有规定的除外。经审查，符合下列四项条件的，予以立案：有初步证据材料证明有涉嫌违反生态环境保护法律、法规和规章的违法行为；依法应当或者可以给予行政处罚；属于本机关管辖；违法行为发生之日起到被发现之日止未超过2年，涉及公民生命健康安全、金融安全且有危害后果的，未超过5年，法律另有规定的除外。违法行为有连续或者继续状态的，从行为终了之日起计算。[1]

调查取证。生态环境主管部门对登记立案的生态环境违法行为，应当指定专人负责，全面、客观、公正地调查，收集有关证据。执法人员在调查或者进行检查时，应当主动向当事人或者有关人员出示执法证件。当事人或者有关人员有权要求执法人员出示执法证件。执法人员不出示执法证件的，当事人或者有关人员有权拒绝接受调查或者检查。当事人或者有关人员应当如实回答询问，并协助调查或者检查，不得拒绝、阻挠或者在接受检查时弄虚作假。询问或者检查应当制作笔录。执法人员有权采取下列措施：进入有关场所进行检查、勘察、监测、录音、拍照、录像；询问当事人及有关人员，要求其说明相关事项和提供有关材料；查阅、复制生产记录、排污记录和其他有关材料。必要时，生态环境主管部门可以采取暗查或者其他方式调查。在调查或者检查时，可以组织监测等技术人员提供技术支持。执法人员负有下列责任：对当事人的基本情况、违法事实、危害后果、违法情节等情况进行全面、客观、及时、公正的调查；依法收集与案件有关的证据，不得以暴力、威胁、引诱、欺骗以及其他违法手段获取证据；询问当事人，应当告知其依法享有的权利；听取当事人、证人或者其他有关人员的陈述、申辩，并如实记录。[2]

案件审查。案件审查的主要内容包括：本机关是否有管辖权；违法事实是否清楚；证据是否合法充分；调查取证是否符合法定程序；是否超过行政处罚追责期限；适用法律、法规、规章是否准确，裁量基准运用是否适当。[3]

告知和听证。生态环境主管部门在作出行政处罚决定之前，应当告知当事人拟作出的行政处罚内容及事实、理由、依据和当事人依法享有的陈述、申辩、要求听证等权利，当事人在收到告知书后5日内进行陈述、申辩；未依法告知当事人，或者拒绝听取当事人的陈述、申辩的，不得作出行政处罚决定，当事人明确放弃陈述或者申辩权利的除外。当事人进行陈述、申辩的，生态环境主管部门应当充分听取当事人意见，将当事人的陈述、申辩材料归

---

〔1〕　参见《生态环境行政处罚办法》第18条、第19条；《行政处罚法》第36条。

〔2〕　参见《生态环境行政处罚办法》第21条、第23-25条。

〔3〕　参见《生态环境行政处罚办法》第39条。

入案卷。对当事人提出的事实、理由和证据，应当进行复核。当事人提出的事实、理由或者证据成立的，应当予以采纳；不予采纳的，应当说明理由。不得因当事人的陈述、申辩而给予更重的处罚。拟作出以下行政处罚决定，当事人要求听证的，生态环境主管部门应当组织听证：较大数额罚款；没收较大数额违法所得、没收较大价值非法财物；暂扣许可证件、降低资质等级、吊销许可证件、一定时期内不得申请行政许可；限制开展生产经营活动、责令停产整治、责令停产停业、责令关闭、限制从业、禁止从业；其他较重的行政处罚；法律、法规、规章规定的其他情形。当事人不承担组织听证的费用。[1]

法制审核和集体讨论。有下列情形之一，生态环境主管部门负责人作出行政处罚决定之前，应当由生态环境主管部门负责重大执法决定法制审核的机构或者法制审核人员进行法制审核；未经法制审核或者审核未通过的，不得作出决定：涉及重大公共利益的；直接关系当事人或者第三人重大权益，经过听证程序的；案件情况疑难复杂、涉及多个法律关系的；法律、法规规定应当进行法制审核的其他情形。设区的市级以上生态环境主管部门可以根据实际情况，依法对应当进行法制审核的案件范围作出具体规定。初次从事行政处罚决定法制审核的人员，应当通过国家统一法律职业资格考试取得法律职业资格。法制审核的内容包括：行政执法主体是否合法，是否超越执法机关法定权限；行政执法人员是否具备执法资格；行政执法程序是否合法；案件事实是否清楚，证据是否合法充分；适用法律、法规、规章是否准确，裁量基准运用是否适当；行政执法文书是否完备、规范；违法行为是否涉嫌犯罪、需要移送司法机关。法制审核以书面审核为主。对案情复杂、法律争议较大的案件，生态环境主管部门可以组织召开座谈会、专家论证会等方式开展审核工作。生态环境主管部门进行法制审核时，可以请相关领域专家、法律顾问提出书面意见。对拟作出的处罚决定进行法制审核后，应当区别不同情况以书面形式提出如下意见：主要事实清楚，证据充分，程序合法，内容适当，未发现明显法律风险的，提出同意的意见；主要事实不清，证据不充分，程序不当或者适用依据不充分，存在明显法律风险，但是可以改进或者完善的，指出存在的问题，并提出改进或者完善的建议；存在明显法律风险，且难以改进或者完善的，指出存在的问题，提出不同意的审核意见。对情节复杂或者重大违法行为给予行政处罚的，作出处罚决定的生态环境主管部门负责人应当集体讨论决定。有下列情形之一的，属于情节复杂或者重大违法行为给予行政处罚的案件：情况疑难复杂、涉及多个法律关系的；拟罚款、没收违法所得、没收非法财物数额 50 万元以上的；拟吊销许可证件、一定时期内不得申请行政许可的；拟责令停产整治、责令停产停业、责令关闭、限制从业、禁止从业的；生态环境主管部门负责人认为应当提交集体讨论的

---

〔1〕 参见《生态环境行政处罚办法》第 44-46 条。

其他案件。集体讨论情况应当予以记录。地方性法规、地方政府规章另有规定的，从其规定。[1]

决定。生态环境主管部门负责人经过审查，根据不同情况，分别作出如下决定：（一）确有应受行政处罚的违法行为的，根据情节轻重及具体情况，作出行政处罚决定；（二）违法行为轻微，依法可以不予行政处罚的，不予行政处罚；（三）违法事实不能成立的，不予行政处罚；（四）违法行为涉嫌犯罪的，移送司法机关。生态环境主管部门向司法机关移送涉嫌生态环境犯罪案件之前已经依法作出的警告、责令停产停业、暂扣或者吊销许可证件等行政处罚决定，不停止执行。涉嫌犯罪案件的移送办理期间，不计入行政处罚期限。[2]

信息公开。生态环境主管部门应当依法公开其作出的生态环境行政处罚决定。涉及国家秘密或者法律、行政法规禁止公开的信息的，以及公开后可能危及国家安全、公共安全、经济安全、社会稳定的行政处罚决定信息，不予公开。生态环境行政处罚决定应当自作出之日起 7 日内公开。法律、行政法规另有规定的，从其规定。公开的行政处罚决定被依法变更、撤销、确认违法或者确认无效的，生态环境主管部门应当在 3 日内撤回行政处罚决定信息并公开说明理由。[3]

第四，处罚决定的执行。当事人应当在行政处罚决定书载明的期限内，履行处罚决定。申请行政复议或者提起行政诉讼的，行政处罚决定不停止执行，法律另有规定的除外。当事人在法定期限内不申请行政复议或者提起行政诉讼，又不履行行政处罚决定的，作出处罚决定的生态环境主管部门可以自期限届满之日起三个月内依法申请人民法院强制执行。作出加处罚款的强制执行决定前或者申请人民法院强制执行前，生态环境主管部门应当依法催告当事人履行义务。[4]

第三节　环境刑事责任

一、概述

环境刑事责任，是指环境法律主体造成或可能造成严重的环境污染或生态破坏，构成犯罪时，依法应承担的刑事责任。环境刑事责任具有以下特征：

首先，环境刑事责任是一种违法责任。环境刑事责任以行为的违法性为必要前提。不违法便不能追究环境刑事责任。这是环境刑事责任与环境民事

---

〔1〕　参见《生态环境行政处罚办法》第 49-52 条

〔2〕　参见《生态环境行政处罚办法》第 53 条、第 54 条。

〔3〕　参见《生态环境行政处罚办法》第 61 条、第 63 条、第 65 条、第 66 条。

〔4〕　参见《生态环境行政处罚办法》第 69 条、第 71 条、第 72 条。

责任的主要区别。

其次，环境刑事责任是以环境为直接侵害对象的责任。环境犯罪行为以环境为直接侵害对象，且造成或可能造成环境污染或生态破坏。如果行为所侵害的直接对象不是环境，而是具体的人身或财产，那么其承担的刑事责任就不是环境刑事责任。这是环境刑事责任与其他刑事责任的主要区别。

最后，环境刑事责任是以刑罚为主要处罚方式的法律责任。将刑罚作为处罚方式，是环境刑事责任与其他环境法律责任的最主要的区别。在我国，追究环境刑事责任、科处刑罚，必须经过刑事审判程序，决定刑罚的机关只能是审判机关。这是环境刑事责任与环境行政责任和环境民事责任的主要区别。

二、环境刑事责任的承担方式

环境刑事责任的承担方式，是指环境犯罪主体所应承受的不同种类的刑罚和非刑罚处罚措施。我国《刑法》中规定的刑罚种类包括：生命刑，即死刑；自由刑，包括管制、拘役、有期徒刑、无期徒刑；财产刑，包括罚金和没收财产；资格刑，包括剥夺政治权利和驱逐出境。对于个人构成环境犯罪的，以上刑罚种类基本都予以适用；对于单位构成环境犯罪的，目前仅适用财产刑。

三、环境犯罪的构成要件

构成环境犯罪是承担环境刑事责任的前提条件。环境犯罪的构成要件是指构成环境犯罪的必要条件。与其他类型的犯罪一样，环境犯罪的构成包括环境犯罪的客体、环境犯罪的客观方面、环境犯罪的主体以及环境犯罪的主观方面。

（一）环境犯罪的客体

环境犯罪的客体，是刑法所保护而为环境犯罪行为所侵害的利益。环境犯罪的直接客体因犯罪行为侵害对象的不同而不同，包括财产权、人身权及国家生态环境管理的秩序。[1]

（二）环境犯罪的客观方面

环境犯罪的客观方面，是指环境犯罪活动外在表现的总和，具体包括环境犯罪主体所从事的危害环境的行为、危害结果以及行为与结果之间的因果关系。危害环境的行为即污染环境或破坏生态的行为，包括作为和不作为。环境犯罪的危害结果是环境犯罪行为对法律所保护的客体造成的损害。危害结果包括物质性的损害（实害犯）和非物质性损害（危险犯）。环境犯罪的因果关系是犯罪行为与其危害结果之间合乎规律的联系。环境犯罪行为与危害结果的因果关系有时不易认定，在有些国家的法律中采用推定的方法认定

---

〔1〕 我国《刑法》将环境犯罪被纳入妨害社会管理秩序罪，这种归类方法的科学性有待探讨。

因果关系。[1]

（三）环境犯罪的主体

环境犯罪的主体，是指从事污染或破坏生态环境的行为，具备刑事责任能力的个人和单位。单位，是指公司、企业、事业单位、机关、团体；[2]个人，是指具备刑事责任能力的自然人，既包括一般的个人，也包括单位犯罪的直接责任人员和直接负责的主管人员。单位犯罪的，对单位判处罚金，并对其直接负责的主管人员和其他责任人员依规定处罚。1995年公布的《固体废物污染环境防治法》首次规定可以追究法人的刑事责任，1997年修订的《刑法》规定，可将单位作为各种环境犯罪的主体。

（四）环境犯罪的主观方面

环境犯罪的主观方面，是指环境犯罪的主体在实施危害环境行为时对危害结果发生所持的心理态度，包括故意和过失两种类型。一般而言，在破坏生态的犯罪中，多为故意犯罪。在污染环境的犯罪中，往往存在两个相互关联的危害结果，一个是环境被污染的结果，另一个是由此而引起的财产损失和人身伤亡。犯罪主体对前一个结果的发生通常存在间接故意的心理态度，即明知会发生环境污染的结果而又放任该结果的发生，但却不一定追求该结果发生；对后一个结果的发生，犯罪主体往往存在着过失的心理态度，即应当预见而没有预见或者虽然已经预见但轻信能够避免造成人身伤亡或财产重大损失的结果。

四、环境犯罪的主要罪名

（一）污染环境罪

污染环境罪，是指违反国家规定，排放、倾倒或者处置有放射性的废物、含传染病病原体的废物、有毒物质或者其他有害物质，严重污染环境，触犯《刑法》构成犯罪的行为。

犯罪构成。本罪侵害的客体是国家生态环境管理秩序。本罪的客观方面表现为违反国家规定，排放、倾倒或者处置有放射性的废物、含传染病病原体的废物、有毒物质或者其他有害物质，严重污染环境的行为。本罪的犯罪主体为一般主体、凡达到刑事责任年龄、具备刑事责任能力的人，均可构成本罪。单位可以成为本罪主体。本罪的主观方面表现为故意或过失。[3]

刑事责任。构成本罪的，处三年以下有期徒刑或者拘役，并处或者单处罚金；情节严重的，处三年以上七年以下有期徒刑，并处罚金；有下列情形之一的，处七年以上有期徒刑，并处罚金：（一）在饮用水水源保护区、自然保护地核心保护区等依法确定的重点保护区域排放、倾倒、处置有放射性的

---

〔1〕 如日本《关于危害人体健康的公害犯罪制裁法》第5条就规定了这种因果关系的推定制度。

〔2〕 参见《刑法》第30条。

〔3〕 关于污染环境罪的主观方面，目前的主要学说包括过失说、故意说、混合罪过说。

废物、含传染病病原体的废物、有毒物质，情节特别严重的；（二）向国家确定的重要江河、湖泊水域排放、倾倒、处置有放射性的废物、含传染病病原体的废物、有毒物质，情节特别严重的；（三）致使大量永久基本农田基本功能丧失或者遭受永久性破坏的；（四）致使多人重伤、严重疾病，或者致人严重残疾、死亡的。[1]

（二）非法捕捞水产品罪

非法捕捞水产品罪，是指违反保护水产资源法规，在禁渔区、禁渔期或者使用禁用的工具、方法捕捞水产品，情节严重，触犯《刑法》构成犯罪的行为。

犯罪构成。本罪侵害的客体是国家对渔业的管理秩序。本罪的客观方面表现为违反保护水产资源法规，在禁渔区、禁渔期或者使用禁用的工具、方法捕捞水产品，情节严重的行为。本罪的犯罪主体为一般主体，凡达到刑事责任年龄、具有刑事责任能力的人，均可构成本罪。本罪的主观方面表现为故意。

刑事责任。构成本罪的，处三年以下有期徒刑、拘役、管制或者罚金。[2]

（三）危害珍贵、濒危野生动物罪

危害珍贵、濒危野生动物罪，是指违反《野生动物保护法》的规定，猎捕、杀害国家重点保护的珍贵、濒危野生动物，或者非法收购、运输、出售国家重点保护的珍贵、濒危野生动物及其制品，触犯《刑法》构成犯罪的行为。

犯罪构成。本罪侵害的客体是国家的野生动物管理秩序。本罪的客观方面表现为非法猎捕、杀害国家重点保护的珍贵、濒危野生动物，或者非法收购、运输、出售国家重点保护的珍贵、濒危野生动物及其制品的行为。本罪的犯罪主体为一般主体，凡达到刑事责任年龄、具有刑事责任能力的人，均可构成本罪。本罪的主观方面表现为故意。

刑事责任。构成本罪的，处五年以下有期徒刑或者拘役，并处罚金；情节严重的，处五年以上十年以下有期徒刑，并处罚金；情节特别严重的，处十年以上有期徒刑，并处罚金或者没收财产。[3]

（四）非法狩猎罪

非法狩猎罪，是指违反狩猎法规，在禁猎区、禁猎期或者使用禁用的工具、方法进行狩猎，破坏野生动物资源，情节严重，触犯《刑法》构成犯罪的行为。

犯罪构成。本罪侵害的客体是国家的野生动物管理秩序，犯罪对象是除

---

〔1〕 参见《刑法》第338条第1款。情节加重犯的具体认定标准规定于《最高人民法院、最高人民检察院关于第1款办理环境污染刑事案件适用法律若干问题的解释》。

〔2〕 参见《刑法》第340条。

〔3〕 参见《刑法》第341条第1款。

国家重点保护的珍贵、濒危野生动物之外的其他野生动物。本罪的客观方面表现为在禁猎区、禁猎期或者使用禁用的工具、方法进行狩猎，破坏野生动物资源，情节严重的行为。本罪的犯罪主体为一般主体，凡达到刑事责任年龄、具有刑事责任能力的人，均可构成本罪。本罪的主观方面表现为故意。

刑事责任。构成本罪的，处三年以下有期徒刑、拘役、管制或者罚金。[1]

（五）非法猎捕、收购、运输、出售陆生野生动物罪

非法猎捕、收购、运输、出售陆生野生动物罪，是指违反野生动物保护管理法规，以食用为目的非法猎捕、收购、运输、出售除国家重点保护的珍贵、濒危野生动物之外的在野外环境自然生长繁殖的陆生野生动物，情节严重，触犯《刑法》构成犯罪的行为。

犯罪构成。本罪侵害的客体是国家的野生动物管理秩序，犯罪对象是除国家重点保护的珍贵、濒危野生动物之外的其他野生动物。本罪的客观方面表现为以食用为目的非法猎捕、收购、运输、出售除国家重点保护的珍贵、濒危野生动物之外的在野外环境自然生长繁殖的陆生野生动物，情节严重的行为。本罪的犯罪主体为一般主体，凡达到刑事责任年龄、具有刑事责任能力的人，均可构成本罪。本罪的主观方面表现为故意。

刑事责任。构成本罪的，处三年以下有期徒刑、拘役、管制或者罚金。[2]

（六）危害国家重点保护植物罪

危害国家重点保护植物罪，是指违反国家规定，非法采伐、毁坏珍贵树木或者国家重点保护的其他植物的，或者非法收购、运输、加工、出售珍贵树木或者国家重点保护的其他植物及其制品，触犯《刑法》构成犯罪的行为。

犯罪构成。本罪侵害的客体是国家对重点保护植物的管理秩序。本罪的客观方面表现为非法采伐、毁坏珍贵树木或者国家重点保护的其他植物的，或者非法收购、运输、加工、出售珍贵树木或者国家重点保护的其他植物及其制品的行为。本罪的犯罪主体为一般主体，凡达到刑事责任年龄、具有刑事责任能力的人，均可构成本罪。本罪的主观方面表现为故意。

刑事责任。构成本罪的，处三年以下有期徒刑、拘役或者管制，并处罚金；情节严重的，处三年以上七年以下有期徒刑，并处罚金。[3]

（七）非法引进、释放、丢弃外来入侵物种罪

非法引进、释放、丢弃外来入侵物种罪，是指违反国家规定，非法引进、释放或者丢弃外来入侵物种，情节严重，触犯《刑法》构成犯罪的行为。

犯罪构成。本罪侵害的客体是国家对外来物种的管理秩序。本罪的客观方面表现为违反国家规定，非法引进、释放或者丢弃外来入侵物种，情节严重的行为。本罪的犯罪主体为一般主体，凡达到刑事责任年龄、具有刑事责

---

〔1〕　参见《刑法》第341条第2款。

〔2〕　参见《刑法》第341条第3款。

〔3〕　参见《刑法》第344条。

任能力的人，均可构成本罪。本罪的主观方面表现为故意。

刑事责任。构成本罪的，处三年以下有期徒刑或者拘役，并处或者单处罚金。[1]

（八）盗伐林木罪

盗伐林木罪，是指违反《森林法》的规定，盗伐森林或者其他林木，数量较大，触犯《刑法》构成犯罪的行为。

犯罪构成。本罪侵害的客体是国家对森林资源的管理秩序，以及国家、集体或者个人对森林资源的所有权。本罪的客观方面表现为擅自砍伐国家、集体、他人所有或者他人承包经营管理的森林或者其他林木；擅自砍伐本单位或者本人承包经营管理的森林或者其他林木；在林木采伐许可证规定的地点以外采伐国家、集体、他人所有或者他人承包经营管理的森林或者其他林木等行为。本罪的犯罪主体为一般主体，凡达到刑事责任年龄、具有刑事责任能力的人，均可构成本罪。本罪的主观方面表现为故意。

刑事责任。构成本罪数量较大的，处三年以下有期徒刑、拘役或者管制，并处或者单处罚金；数量巨大的，处三年以上七年以下有期徒刑，并处罚金；数量特别巨大的，处七年以上有期徒刑，并处罚金。[2]

（九）滥伐林木罪

滥伐林木罪，是指违反《森林法》的规定，滥伐森林或者其他林木，数量较大，触犯《刑法》构成犯罪的行为。

犯罪构成。本罪侵害的客体是国家对森林资源的管理秩序，以及国家、集体或者个人对森林资源的所有权。本罪的客观方面表现为未经批准并核发林木采伐许可证，或者虽持有林木采伐许可证，但违反林木采伐许可证规定的时间、数量、树种或者方式，任意采伐本单位所有或者本人所有的森林或者其他林木；超过林木采伐许可证规定的数量采伐他人所有的森林或者其他林木；林木权属争议一方在林木权属确权之前，擅自砍伐大量森林或者其他林木等行为。本罪的犯罪主体为一般主体，凡达到刑事责任年龄、具有刑事责任能力的人，均可构成本罪。本罪的主观方面表现为故意。

刑事责任。构成本罪的，处三年以下有期徒刑、拘役或者管制，并处或者单处罚金；数量巨大的，处三年以上七年以下有期徒刑，并处罚金。[3]

（十）非法收购、运输盗伐、滥伐的林木罪

非法收购、运输盗伐、滥伐的林木罪，是指违反《森林法》的规定，非法收购、运输明知是盗伐、滥伐的林木，情节严重，触犯《刑法》构成犯罪的行为。

犯罪构成。本罪侵害的客体是国家对森林资源的管理秩序，以及国家、

---

[1] 参见《刑法》第 344 条之一。
[2] 参见《刑法》第 345 条第 1 款。
[3] 参见《刑法》第 345 条第 2 款。

集体或者个人对森林资源的所有权。本罪的客观方面表现为非法收购、运输明知是盗伐、滥伐的林木，情节严重的行为。本罪的犯罪主体为一般主体，凡达到刑事责任年龄、具有刑事责任能力的人，均可构成本罪。本罪的主观方面表现为故意。

刑事责任。构成本罪的，处三年以下有期徒刑、拘役或者管制，并处或者单处罚金；情节特别严重的，处三年以上七年以下有期徒刑，并处罚金。[1]

（十一）非法处置进口的固体废物罪

非法处置进口的固体废物罪，是指违反《固体废物污染环境防治法》，将境外的固体废物进境倾倒、堆放、处置，[2] 触犯《刑法》构成犯罪的行为。

犯罪构成。本罪侵害的客体是国家对固体废物的污染防治管理秩序。本罪的客观方面表现为违反国家规定，将境外的固体废物在我国境内进行倾倒、堆放、处置的行为。本罪的犯罪主体为一般主体，凡达到刑事责任年龄、具有刑事责任能力的人，均可构成本罪。单位可以成为本罪主体。本罪的主观方面表现为故意。

刑事责任。构成本罪的，处五年以下有期徒刑或者拘役，并处罚金；造成重大环境污染事故，致使公私财产遭受重大损失或者严重危害人体健康的，处五年以上十年以下有期徒刑，并处罚金；后果特别严重的，处十年以上有期徒刑，并处罚金。[3]

（十二）擅自进口固体废物罪

擅自进口固体废物罪，是指未经国务院有关主管部门许可，擅自进口固体废物用作原料，造成重大环境污染事故，致使公私财产遭受重大损失或者严重危害人体健康，触犯《刑法》构成犯罪的行为。

犯罪构成。本罪侵害的客体是国家对固体废物的污染防治管理秩序。本罪的客观方面表现为未经国务院有关主管部门许可，擅自进口固体废物用作原料，造成重大环境污染事故，致使公私财产遭受重大损失或者严重危害人体健康的行为。本罪的犯罪主体为一般主体，凡达到刑事责任年龄、具有刑事责任能力的人，均可构成本罪。单位可以成为本罪主体。本罪的主观方面表现为过失。对造成的严重危害后果主观是过失的，但对行为的违法性，行为人则是明知。

刑事责任。构成本罪的，处五年以下有期徒刑或者拘役，并处罚金；后果特别严重的，处五年以上十年以下有期徒刑，并处罚金。[4]

---

〔1〕 参见《刑法》第 345 条第 3 款。

〔2〕 倾倒，是指通过船舶、汽车等运载工具倾卸固体废物的行为。堆放，是指堆存固体废物的行为。处置，是指将固体废物进行焚烧和用其他方法改变固体废物物理、化学、生物特性的方法，达到减少已产生的固体废物数量，缩小固体废物体积，减少或者消除其危险成分的活动，或者将固体废物最终置于符合环境保护规定要求的场所或者设施不再回取的活动。

〔3〕 参见《刑法》第 339 条第 1 款。

〔4〕 参见《刑法》第 339 条第 2 款。

（十三）非法占用农用地罪

非法占用农用地罪，是指违反《土地管理法》《基本农田保护条例》等土地管理法规，非法占用耕地、林地等农用地，改变被占用土地用途，数量较大，造成耕地、林地等农用地大量毁坏，触犯《刑法》构成犯罪的行为。

犯罪构成。本罪侵害的客体是国家对耕地资源的管理秩序。本罪的客观方面表现为违反土地管理法规，非法占用耕地、林地等农用地，改变被占用土地用途的行为。本罪的犯罪主体为一般主体，凡达到刑事责任年龄、具有刑事责任能力的人，均可构成本罪。本罪的主观方面表现为故意。

刑事责任。构成本罪的，处五年以下有期徒刑或者拘役，并处或者单处罚金。[1]

（十四）破坏自然保护地罪

破坏自然保护地罪，是指违反自然保护地管理法规，在国家公园、国家级自然保护区进行开垦、开发活动或者修建建筑物，造成严重后果或者有其他恶劣情节的行为。

犯罪构成。本罪侵害的客体是国家对自然保护地的管理秩序。本罪的客观方面表现为违反自然保护地管理法规，在国家公园、国家级自然保护区进行开垦、开发活动或者修建建筑物，造成严重后果或者有其他恶劣情节的行为。本罪的犯罪主体为一般主体，凡达到刑事责任年龄、具有刑事责任能力的人，均可构成本罪。本罪的主观方面表现为故意。

刑事责任。构成本罪的，处五年以下有期徒刑或者拘役，并处或者单处罚金。[2]

（十五）非法采矿罪

非法采矿罪，是指违反《矿产资源法》的规定，未取得采矿许可证擅自采矿，擅自进入国家规划矿区、对国民经济具有重要价值的矿区和他人矿区范围采矿，或者擅自开采国家规定实行保护性开采的特定矿种，情节严重，触犯《刑法》构成犯罪的行为。

犯罪构成。本罪侵害的客体是国家对矿产资源的管理秩序。本罪的客观方面表现为未取得采矿许可证擅自采矿，擅自进入国家规划矿区、对国民经济具有重要价值的矿区和他人矿区范围采矿，或者擅自开采国家规定实行保护性开采的特定矿种的行为。本罪的犯罪主体为一般主体，凡达到刑事责任年龄、具有刑事责任能力的人，均可构成本罪。本罪的主观方面表现为故意。

刑事责任。构成本罪的，情节严重的，处三年以下有期徒刑、拘役或者管制，并处或者单处罚金；情节特别严重的，处三年以上七年以下有期徒刑，并处罚金。[3]

---

〔1〕 参见《刑法》第342条。
〔2〕 参见《刑法》第342条之一第1款。
〔3〕 《刑法》第343条第1款。

（十六）破坏性采矿罪

破坏性采矿罪，是指违反《矿产资源法》的规定，采取破坏性的方法开采矿产资源，造成矿产资源严重破坏，触犯《刑法》构成犯罪的行为。

犯罪构成。本罪侵害的客体是国家对矿产资源的管理秩序。本罪的客观方面表现为采取破坏性的方法开采矿产资源，造成矿产资源严重破坏的行为。本罪的犯罪主体为一般主体，凡达到刑事责任年龄、具有刑事责任能力的人，均可构成本罪。本罪的主观方面表现为故意。

刑事责任。构成本罪的，处五年以下有期徒刑或者拘役，并处罚金。[1]

---

[1]《刑法》第343条第2款。

第九章

环境纠纷及其解决

环境纠纷，是指环境法律主体之间就其环境权利和环境义务而产生的争议。[1] 环境纠纷涉及的法律主体广泛，内容复杂。在我国，环境纠纷的解决途径包括非诉和诉讼两种。本章主要介绍具有显著的环境法特点的非诉解决机制、环境民事诉讼和环境行政诉讼。

第一节 环境纠纷的非诉解决

环境纠纷的非诉解决途径包括和解、调解、行政处理、行政复议、仲裁等。与诉讼途径相比，非诉途径具有方便、快捷、成本相对较低等优势。

一、和解和调解

环境纠纷的和解，是指在环境民事纠纷中，争议双方就争议的解决自行协商，达成一致意见解决争议的方式。依照达成和解的时间划分，可将和解分为诉讼前的和解和诉讼中的和解。和解如果以书面方式达成，一般称之为"和解协议"。诉讼前的和解无需人民法院审查，只要双方达成和解协议，和解即告成立。当事人在诉讼过程中自行达成和解协议的，人民法院可以根据当事人的申请依法确认和解协议并制作调解书。[2]一般而言，环境纠纷的诉中和解，既不具有法律上的强制执行力，也不具有合同上的约束力。一方当事人不履行和解协议的，人民法院可以根据对方当事人的申请，恢复对原生效法律文书的执行。[3] 但是，如果人民法院根据当事人的和解协议制作了调解书，并且当事人也签收了调解书，则该调解书具有强制执行力。

环境纠纷的调解，是指由第三方主持并促成争议双方互相协商、解决环境纠纷的活动。在我国，调解在第三方的主持下进行，所依据的规范包括法律规范和伦理道德规范，不具有法律上的强制性。调解是我国解决环境纠纷普遍采用的方式。根据调解主体的不同，环境纠纷调解主要可分为民间调解、

---

〔1〕 王灿发：《环境法学教程》，中国政法大学出版社 1997 年版，第 149 页。

〔2〕 参见《最高人民法院关于人民法院民事调解工作若干问题的规定》第 2 条第 1 款。

〔3〕 参见《民事诉讼法》第 241 条第 2 款。

行政调解、司法调解等。[1] 其中，民间调解是指由行政机关和司法机关之外的个人或者单位对环境纠纷进行的调解，包括自行调解和人民调解委员会调解；行政调解，是指行政机关依法在其职权范围内对环境纠纷进行的调解；司法调解，是指在人民法院审判人员的主持下，促使双方当事人自愿达成协议、解决环境纠纷。司法机关制作的调解书经双方当事人签收后，即具有法律效力。[2] 调解未达成协议或者调解书送达前一方反悔的，人民法院应当及时判决。[3]《最高人民法院关于适用简易程序审理民事案件的若干规定》和《最高人民法院关于人民法院民事调解工作若干问题的规定》对于司法调解的法律效力作出了进一步的规定，调解达成协议并经审判人员审核后，双方当事人同意该调解协议经双方签名或者按指印生效的，该调解协议自双方签名或者按指印之日起发生法律效力。调解协议生效后一方拒不履行的，另一方可以持民事调解书申请强制执行。[4] 但是，对调解书的内容既不享有权利又不承担义务的当事人不签收调解书的，不影响调解书的效力。[5]

二、行政处理

环境纠纷的行政处理，是指行政主体应纠纷当事人的请求，依法对环境纠纷作出处理决定的活动。

（一）处理范围和处理机关

在我国，环境纠纷行政处理的范围包括如下三个方面：

跨行政区域的环境污染和生态破坏纠纷。根据《环境保护法》的规定，前款规定以外的跨行政区域的环境污染和生态破坏的防治，由上级人民政府协调解决，或者由有关地方人民政府协商解决。[6]

自然资源权属纠纷。对于土地所有权和使用权争议，由当事人协商解决；协商不成的，由人民政府处理。单位之间的争议，由县级以上人民政府处理；个人之间、个人与单位之间的争议，由乡级人民政府或者县级以上人民政府处理。[7] 对于单位之间发生的林木、林地所有权和使用权争议，由县级以上人民政府依法处理；个人之间、个人与单位之间发生的林木所有权和林地使用权争议，由乡镇人民政府或者县级以上人民政府依法处理。[8]

其他环境资源纠纷。在实践中，停止侵害、排除妨碍、消除危险等环境纠纷的当事人也往往请求行政处理，主管部门一般也予受理。[9]

---

〔1〕　王灿发：《环境法学教程》，中国政法大学出版社1997年版，第153-155页。

〔2〕　参见《民事诉讼法》第100条第3款。

〔3〕　参见《民事诉讼法》第102条。

〔4〕　参见《最高人民法院关于适用简易程序审理民事案件的若干规定》第15条。

〔5〕　参见《最高人民法院关于人民法院民事调解工作若干问题的规定》第12条。

〔6〕　参见《环境保护法》第20条第2款。

〔7〕　参见《土地管理法》第14条第1款、第2款。

〔8〕　参见《森林法》第22条第1款、第2款。

〔9〕　参见王灿发：《环境法学教程》，中国政法大学出版社1997年版，第156页。

（二）处理效力

发生环境纠纷后，争议双方可不经过行政处理而直接向人民法院提起诉讼。环境纠纷经过行政处理后，当事人如果对行政处理决定不服，可以向人民法院提起诉讼；如果一方当事人对处理决定不服，但既不向人民法院起诉，又不履行义务，另一方当事人可以向人民法院提起诉讼；如果当事人一方不执行处理决定，作出处理决定的行政机关无权自行强制执行，且无权申请人民法院强制执行，另一方当事人也无权申请强制执行，而只能向人民法院提起诉讼。

需要注意的是，在有关自然资源所有权或者使用权的争议中，行政处理为必经程序；只有对行政处理决定不服，争议方才可向人民法院提起诉讼；如果一方当事人对处理决定不服，但既不向人民法院起诉、也不履行义务，则另一方当事人可以申请人民法院强制执行。不同的行政区域之间发生水事纠纷的，应当协商处理；协商不成的，由上一级人民政府裁决，有关各方必须遵照执行。

三、行政复议

环境行政复议，是指公民、法人或者其他组织认为主管部门的具体环境行政行为侵犯其合法的环境权益，依法向行政复议机关提出复查该具体环境行政行为的申请，行政复议机关依法对被申请的具体环境行政行为的合法性和适当性进行审查，并作出行政复议决定的环境纠纷解决途径。

环境行政复议决定一经送达，即发生法律效力。在此应特别注意环境行政复议与环境行政诉讼之间的衔接关系。概言之，两者的衔接关系包括如下三种情形：

选择适用。在一般情况下，公民、法人或者其他组织对环境行政处理决定不服的，当事人可以选择申请环境行政复议或者向人民法院提起环境行政诉讼。当事人可以先申请环境行政复议，如果对复议决定不服，可以提起环境行政诉讼；也可以不经过行政复议而直接提起环境行政诉讼。但是，公民、法人或者其他组织申请行政复议，行政复议机关已经依法受理的，在行政复议期间不得向人民法院提起行政诉讼。公民、法人或者其他组织向人民法院提起行政诉讼，人民法院已经依法受理的，不得申请行政复议。[1]

复议前置。如果法律、行政法规规定应当先向行政复议机关申请环境行政复议、对环境行政复议决定不服再向人民法院提起环境行政诉讼的，公民、法人或者其他组织应当先申请环境行政复议，并且在法定复议期限内不得向人民法院提起行政诉讼。[2] 例如，如果公民、法人或者其他组织认为行政机关的具体行政行为侵犯其已经依法取得的土地、矿藏、水流、森林、山岭、

---

〔1〕 参见《行政复议法》第 29 条。
〔2〕 参见《行政复议法》第 34 条。

草原、荒地、滩涂、海域等自然资源的所有权或者使用权，就应当先申请行政复议；对行政复议决定不服的，可以依法向人民法院提起行政诉讼。[1]

复议后起诉或申请裁决。对国务院部门或者省、自治区、直辖市人民政府的具体环境行政行为不服的，应当向作出该具体环境行政行为的国务院部门或者省、自治区、直辖市人民政府申请环境行政复议；对该行政复议决定不服的，可以向人民法院提起环境行政诉讼；也可以向国务院申请裁决，国务院依法作出最终裁决。[2]

四、仲裁

环境纠纷仲裁，是指环境纠纷的争议双方根据仲裁协议，将该争议提交仲裁机构进行裁决的争议解决方式。《中华人民共和国仲裁法》第2条规定："平等主体的公民、法人和其他组织之间发生的合同纠纷和其他财产权益纠纷，可以仲裁。"[3] 据此，环境损害赔偿纠纷即可通过仲裁方式解决。当事人可以通过仲裁协议约定处理纠纷的仲裁机构，并据以向该机构申请仲裁。申请仲裁的条件有：申请人与被申请人之间存在仲裁协议；有具体的仲裁请求和事实、理由；属于仲裁委员会的受理范围。

关于环境纠纷仲裁的法律效力，我国实行"一裁终局"制，即：对于环境纠纷仲裁案件，经过一次仲裁并作出仲裁裁决，该案即告终结；除非该裁决依法被撤销或者不予执行，否则当事人不得申请再次仲裁或者起诉、上诉。

在此应当注意环境纠纷仲裁与环境纠纷调解的关系。仲裁庭在作出裁决前，可以先行调解。当事人自愿调解的，仲裁庭应当调解。调解不成的，应当及时作出裁决。调解达成协议的，仲裁庭应当制作调解书或者根据调解协议的结果制作裁决书。调解书与裁决书具有同等法律效力。调解书应当写明仲裁请求和当事人协议的结果。调解书由仲裁员签名，加盖仲裁委员会印章，送达双方当事人。调解书经双方当事人签收后，即发生法律效力。在调解书签收前当事人反悔的，仲裁庭应当及时作出裁决。[4]

我国尚未设立专门的环境纠纷仲裁机构，但在一些领域内（如海事领域）可向该领域的仲裁机构申请仲裁。

☞ 第二节　环境民事诉讼

环境民事诉讼，是指环境法律主体在其环境权益受到或者可能受到损害时，依法向人民法院提出诉讼请求，人民法院依法审理的活动。环境民事诉

---

〔1〕　参见《行政复议法》第23条第1款。
〔2〕　参见《行政复议法》第24-26条。
〔3〕　《中华人民共和国仲裁法》第2条。
〔4〕　参见《中华人民共和国仲裁法》第51条、第52条。

讼是解决环境纠纷的重要途径。

一、起诉条件

提起民事诉讼需要符合四方面条件：原告是与本案有直接利害关系的公民、法人和其他组织；有明确的被告；有具体的诉讼请求和事实、理由；属于人民法院受理民事诉讼的范围和受诉人民法院管辖。[1]

二、举证责任倒置和因果关系推定

举证责任，是指在诉讼过程中，当事人为支持其主张而依法向人民法院提供证据的责任。民事诉讼举证责任的一般原则是"谁主张、谁举证"，即"当事人对自己提出的主张，有责任提供证据。"[2] 但环境法适用"举证责任倒置"规则。

一些国家也采用"因果关系推定"规则确定污染行为与损害后果之间的因果关系。例如，日本《关于危害人体健康公害犯罪处罚法》规定："如果某人在工商企业的经营活动中已排放有可能危害人体健康的物质，且其单独排放量已达到了足以危害公众健康的程度，而公众的健康在排污后已经受到或者正在受到危害，则可推定，这种危害是由该排污者引起的。"[3] 日本 20 世纪"四大公害案件"的因果关系确定即采用了因果关系推定的方法。因果关系推定采用"流行病统计学"方法，只要符合下列条件，便推定污染行为与损害结果之间存在因果关系：该因素在发病一定期间之前曾发生作用；该因素作用的提高与发病率的上升有关系；该因素作用的降低与发病率的下降有关系；该因素足以导致该疾病的结论可以被生物学合理说明。[4]

在实践中，可以证明因果关系不存在的情形可能包括：未排放可导致损害发生的污染物，或者排放污染物无导致损害发生可能性的；排放可导致损害发生的污染物未到达损害发生地，或者受害人未接触污染物的；损害于排放该污染物之前已发生，并且该损害未因排放行为加重的；原告故意隐瞒证据，致使排污者不能进行因果关系不存在的证明的。原告的初步证明责任包括：排污者排放了有可能造成污染的污染物；该污染物到达损害发生地，或者受害人接触了该污染物；该污染物到达之后或者受害人接触该污染物之后，受害人人身、财产权益损害或者环境损害才发生或者加重等。

三、诉讼时效

根据《环境保护法》和《民法典》的规定，提起环境损害赔偿诉讼的时

---

〔1〕 参见《民事诉讼法》第 122 条。
〔2〕 参见《民事诉讼法》第 67 条第 1 款。
〔3〕 日本《关于危害人体健康公害犯罪处罚法》第 5 条。
〔4〕 陈泉生：《环境法原理》，法律出版社 1997 年版，第 236 页。

效期间为三年，从当事人知道或者应当知道其受到损害时起计算；环境民事诉讼的最长诉讼时效为二十年，自环境权利受到损害之日起计算。[1]

四、环境民事公益诉讼

环境民事公益诉讼，是指法律规定的机关和有关组织对损害社会公共利益或者具有损害社会公共利益重大风险的污染环境、破坏生态的行为提起诉讼，人民法院依法审理的活动。人民法院受理公益诉讼案件，不影响同一侵权行为的受害人提起民事私益诉讼。[2]

在我国，关于环境民事公益诉讼的法律规定始于 2012 年修正的《民事诉讼法》。该法第 55 条规定："对污染环境、侵害众多消费者合法权益等损害社会公共利益的行为，法律规定的机关和有关组织可以向人民法院提起诉讼。"2014 年修订的《环境保护法》第 58 条第 1 款规定："对污染环境、破坏生态，损害社会公共利益的行为，符合下列条件的社会组织可以向人民法院提起诉讼：（一）依法在设区的市级以上人民政府民政部门登记；（二）专门从事环境保护公益活动连续五年以上且无违法记录。"2015 年，最高人民法院公布了《最高人民法院关于审理环境民事公益诉讼案件适用法律若干问题的解释》，对符合起诉条件的有关组织作出了更为详细的规定。2017 年修正的《民事诉讼法》将提起环境公益诉讼纳入检察机关的法定职责，检察机关可以依法提起环境民事、行政公益诉讼。2018 年，最高人民法院、最高人民检察院公布了《最高人民法院、最高人民检察院关于检察公益诉讼案件适用法律若干问题的解释》，进一步完善了环境公益民事诉讼制度。

法律规定的机关和有关组织对污染环境损害社会公共利益的行为，根据《民事诉讼法》第 58 条规定提起公益诉讼，符合下列条件的，人民法院应当受理：有明确的被告；有具体的诉讼请求；有社会公共利益受到损害的初步证据；属于人民法院受理民事诉讼的范围和受诉人民法院管辖。[3]

环境民事公益诉讼的起诉主体包括社会组织、其他机关和有关组织、检察机关。在其中，社会组织是指在设区的市级以上人民政府民政部门登记的社会团体、民办非企业单位以及基金会等。社会组织章程确定的宗旨和主要业务范围是维护社会公共利益，且从事环境保护公益活动连续五年以上且无违法记录的，可以认定为"专门从事环境保护公益活动"。人民法院受理公益诉讼案件后，依法可以提起诉讼的其他机关和有关组织，可以在开庭前向人民法院申请参加诉讼。人民法院准许参加诉讼的，列为共同原告。

第一审环境民事公益诉讼案件由污染环境、破坏生态行为发生地、损害结果地或者被告住所地的中级以上人民法院管辖。中级人民法院认为确有必

---

[1]　参见《环境保护法》第 66 条、《民法典》第 188 条。
[2]　参见《最高人民法院关于适用〈中华人民共和国民事诉讼法〉的解释》第 286 条。
[3]　参见《最高人民法院关于适用〈中华人民共和国民事诉讼法〉的解释》第 282 条。

要的，可以在报请高级人民法院批准后，裁定将本院管辖的第一审环境民事公益诉讼案件交由基层人民法院审理。2022 年修正的《最高人民法院关于适用〈中华人民共和国民事诉讼法〉的解释》第 283 条也规定："公益诉讼案件由侵权行为地或者被告住所地中级人民法院管辖，但法律、司法解释另有规定的除外。因污染海洋环境提起的公益诉讼，由污染发生地、损害结果地或者采取预防污染措施地海事法院管辖。对同一侵权行为分别向两个以上人民法院提起公益诉讼的，由最先立案的人民法院管辖，必要时由它们的共同上级人民法院指定管辖。"[1] 此外，对于跨行政区划的案件，经最高人民法院批准，高级人民法院可以根据本辖区环境和生态保护的实际情况，在辖区内确定部分中级人民法院受理第一审环境民事公益诉讼案件；中级人民法院管辖环境民事公益诉讼案件的区域由高级人民法院确定。

第三节　环境行政诉讼

环境行政诉讼，是指公民、法人、其他组织和法律规定的机关认为环境行政机关及其工作人员的具体行政行为侵犯其合法环境权益，依法向人民法院提起诉讼，人民法院依法审理的活动。[2]

一、受案范围

环境行政诉讼的受案范围，是指法院可以审理的环境行政诉讼案件的范围。根据《行政诉讼法》和相关法律、法规规定，环境行政诉讼的受案范围主要包括：①对行政机关作出的行政拘留、暂扣或者吊销许可证和执照、责令停产停业、没收违法所得、没收非法财物、罚款、警告等环境行政处罚不服的；②对行政机关的环境行政不作为不服的；③认为行政机关违法行使职权或违反要求履行环境保护义务的；④对行政机关限制人身自由、财产权和自主经营权等侵犯其他人身权、财产权等合法权益不服的；⑤法律、法规规定的其他情形。[3]

二、管辖规则

级别管辖。在环境行政诉讼中，基层人民法院管辖一般的第一审环境行政案件；中级人民法院对国务院部门和县级以上地方人民政府的具体环境行政行为不服，或者在辖区内重大、复杂的第一审环境行政案件进行管辖；高级人民法院管辖本辖区内重大、复杂的第一审环境行政案件；最高人民法院

---

〔1〕《最高人民法院关于适用〈中华人民共和国民事诉讼法〉的解释》第 283 条。
〔2〕蔡守秋：《环境行政执法和环境行政诉讼》，武汉大学出版社 1992 年版，第 223 页。
〔3〕参见《行政诉讼法》第 12 条。

管辖全国范围内重大、复杂的第一审环境行政案件。[1]

地域管辖。一般情况下，环境行政案件由最初作出具体行政行为的环境行政机关所在地的人民法院管辖，或者复议机关所在地的人民法院管辖；对限制人身自由的行政强制措施不服的，由被告或者原告所在地人民法院管辖；因不动产提起的环境诉讼，由不动产所在地人民法院管辖。[2]

指定管辖，即有管辖权的人民法院由于特殊原因不能行使管辖权的，或两个以上人民法院对管辖权发生争议，协商不成时，由上级人民法院指定管辖；下级人民法院对其管辖的第一审环境行政案件，认为需要由上级人民法院审理的，可以报请上级人民法院审理。[3]

移送管辖，即人民法院发现受理的环境行政案件不属于本院管辖的，应当移送有管辖权的人民法院。受移送的人民法院认为受移送的环境行政案件按照规定不属于本院管辖的，应当报请上级人民法院指定管辖，不得再自行移送。[4]

三、举证责任

作为被告的行政主体对其作出的具体环境行政行为负有举证责任。行政主体应当提供作出该行政行为的证据和所依据的规范性文件，以证明自己所作出的具体环境行政行为合法且适当。在诉讼过程中，被告及其诉讼代理人不得自行向原告、第三人和证人收集证据。[5]

四、诉讼时效

《行政诉讼法》规定了两种诉讼时效：一是由公民、法人或者其他组织直接向人民法院提起诉讼的，应当自知道或者应当知道作出具体环境行政行为之日起6个月内提出。二是复议申请人对复议决定不服而提起诉讼的，可以在收到复议决定书之日起15日内向人民法院提起诉讼。复议机关逾期不作决定的，申请人可以在复议期满之日起15日内向人民法院提起诉讼。[6]

五、环境行政公益诉讼

《行政诉讼法》《检察机关提起公益诉讼改革试点方案》《最高人民法院、最高人民检察院关于检察公益诉讼案件适用法律若干问题的解释》明确了人民检察院为提起环境行政公益诉讼的适格主体。人民检察院在履行职责中发现生态环境和资源保护领域负有监督管理职责的行政机关违法行使职权或者

---

〔1〕 参见《行政诉讼法》第14-17条。

〔2〕 参见《行政诉讼法》第18-20条。

〔3〕 参见《行政诉讼法》第23条第1款、第24条。

〔4〕 参见《行政诉讼法》第22条。

〔5〕 参见《行政诉讼法》第34条第1款、第35条。

〔6〕 参见《行政诉讼法》第45条、第46条第1款。

不作为，致使国家利益或者社会公共利益受到侵害的，应当向环境行政机关提出检察建议，督促其依法履行职责。环境行政机关不依法履行职责的，人民检察院依法向人民法院提起诉讼。基层人民检察院提起的第一审行政公益诉讼案件，由被诉行政机关所在地基层人民法院管辖。环境行政公益诉讼的内容主要包括以下方面：

受案范围。检察机关在履行职责中发现生态环境和资源保护领域负有监督管理职责的环境行政机关违法行使职权或者不作为，造成国家和社会公共利益受到侵害，可以向人民法院提起环境行政公益诉讼。

诉讼参加人。检察机关以公益诉讼人身份提起环境行政公益诉讼。环境行政公益诉讼的被告，是指在生态环境和资源保护领域违法行使职权或者不作为的环境行政机关，以及未经法律、法规、规章授权的组织。

诉前程序。在提起环境行政公益诉讼之前，检察机关应当先行向环境行政机关提出检察建议，督促其纠正违法行政行为或者依法履行职责。环境行政机关应当在收到检察建议书后一个月内依法办理，并将办理情况及时书面回复检察机关。

起诉要求。经过诉前程序，环境行政机关拒不纠正违法行为或者不履行法定职责，国家和社会公共利益仍处于受侵害状态的，检察机关可以提起环境行政公益诉讼。检察机关提起环境行政公益诉讼，应当有明确的被告、具体的诉讼请求、国家和社会公共利益受到侵害的初步证据，并应当制作环境公益诉讼起诉状。

诉讼请求。检察机关可以向人民法院提出撤销或者部分撤销违法行政行为、在一定期限内履行法定职责、确认行政行为违法或者无效等诉讼请求。[1]

---

〔1〕 参见《检察机关提起公益诉讼改革试点方案》。

第二编

污染防治法

第十章

大气污染防治法

　　大气，即包围地球的气体层。大气由氮、氧、氩、氖、氦、氪、氢、臭氧、水汽、二氧化碳等气体混合组成。大气层由对流层、平流层、中层、热层和外大气层组成，其总质量约为 5.14×10^{15} 吨，对地面气候有直接影响的大气层厚度约为 20 千米～30 千米。[1] 大气是人类赖以生存的环境要素。大气污染是对人类社会影响最大的环境污染。为了防治大气污染，我国制定了《大气污染防治法》，对防治大气污染的措施作出规定。

第一节　大气污染概述

　　大气污染，是指大气中污染物质的浓度达到有害程度，以至破坏生态系统和影响人类正常生存和发展条件的现象。[2] 大气污染的产生既有自然原因，也有人为因素。大气污染物由天然源或者人为源进入大气（输入），参与大气的循环过程，经过一定的滞留时间之后，又通过大气中的化学反应、生物活动和物理沉降等方式从大气中去除（输出）。如果输出的速率小于输入的速率，就会在大气中相对集聚，造成大气中某种物质的浓度升高。当浓度升高到一定程度时，就会造成大气污染。[3] 大气污染对人体健康、动植物、建筑材料等都会产生危害。

　　对人体健康的影响。大气污染对人体健康的危害主要是引起呼吸道疾病。长时间的低浓度大气污染可能引起慢性支气管炎、支气管哮喘、肺气肿、肺癌等疾病，高浓度的大气污染甚至可能造成急性中毒甚至死亡。有些大气污染物还会损害肺的换气机能和血色素的输氧机能，对皮肤、眼睛也会产生损害。

　　对动植物的影响。大气污染抑制植物酶的功能组织，在输送与消除污染物过程中导致植物新陈代谢超负荷，破坏原生质的完整性和细胞膜，抑制细胞繁殖和根系生长及其功能，削弱输送作用，导致生物产量减少。

---

〔1〕方如康主编：《环境学词典》，科学出版社 2003 年版，第 168 页。
〔2〕方如康主编：《环境学词典》，科学出版社 2003 年版，第 113 页。
〔3〕刘培桐主编：《环境学概论》，高等教育出版社 1995 年版，第 17 页。

对建筑材料的影响。大气污染会直接损坏建筑物等材料。二氧化硫和其他酸性气体会腐蚀金属、建筑石料和玻璃表面。北半球的许多历史建筑和古迹由于暴露在大气污染而遭到破坏。[1]

第二节 大气污染防治法律体系

我国于 1987 年颁布《大气污染防治法》，后经几次修订和修正。以该法为基础，我国目前已形成由大气污染防治专门立法、与大气污染防治有关的法律、法规和规章构成的大气污染防治法律体系。

《大气污染防治法》作为我国大气污染防治的专门立法，旨在保护和改善环境，防治大气污染，保障公众健康，推进生态文明建设，促进经济社会可持续发展。[2] 该法就大气污染防治的原则、大气污染防治标准和限期达标规划、大气污染防治的监督管理、各领域大气污染防治措施、重点区域大气污染联合防治、重污染天气应对以及法律责任等内容作出了详细规定。同时，我国在相关领域也制定了与大气污染防治有关的立法，如《环境保护法》《环境保护税法》等，这些立法中也规定了与大气污染防治有关的内容。

我国还制定了与大气污染防治相关的法规和规章。涉及大气污染防治的行政法规主要有《消耗臭氧层物质管理条例》《排污许可管理条例》《中华人民共和国环境保护税法实施条例》等。我国一些省市制定了本辖区内防治大气污染的地方性法规，例如，《北京市大气污染防治条例》《广东省大气污染防治条例》等。涉及大气污染防治的部门规章主要有《环境监管重点单位名录管理办法》《港口和船舶岸电管理办法》《机动车排放召回管理规定》《大气污染防治资金管理办法》《排污许可管理办法》等。这些法规和规章是大气污染防治法律体系的重要组成部分。

第三节 大气污染防治的主要措施

一、管理体制

生态环境主管部门负责对大气污染防治实施统一监督管理；负责大气污染源监测，统一发布大气环境质量状况信息；负责确定重点大气污染物排放总量控制目标，划定国家大气污染防治重点区域；负责建立和完善大气污染损害评估制度；负责监督检查新生产、销售机动车和非道路移动机械大气污

---

〔1〕 付保荣、惠秀娟主编：《生态环境安全与管理》，化学工业出版社 2005 年版，第 116–118 页。

〔2〕 参见《大气污染防治法》第 1 条。

染物排放状况；及时对突发环境事件产生的大气污染物进行监测，并向社会公布监测信息；会同交通运输、住房和城乡建设、农业农村、水行政等有关部门对非道路移动机械的大气污染物排放状况进行监督检查；和认证认可监督管理部门一道对机动车排放检验机构的排放检验情况进行监督检查；会同卫生行政部门公布有毒有害大气污染物名录；会同国务院有关部门、国家大气污染防治重点区域内有关省级人民政府，制订重点区域大气污染联合防治行动计划；会同气象主管机构等有关部门、国家大气污染防治重点区域内有关省级人民政府建立重点区域重污染天气监测预警机制等。[1]

同时，国务院发展改革部门会同国务院有关部门确定严重污染大气环境的工艺、设备和产品淘汰期限，并纳入国家综合性产业政策目录，会同国务院生态环境主管部门进一步提高环境保护、能耗、安全、质量等要求。[2] 国务院交通主管部门可以在沿海海域划定船舶大气污染物排放控制区。住房和城乡建设、市容环境卫生、交通运输、自然资源等有关部门，应当根据本级人民政府确定的职责，做好扬尘污染防治工作。

在地方层面，地方各级人民政府应当对本行政区域的大气环境质量负责，制定规划，采取措施，控制或者逐步削减大气污染物的排放量，使大气环境质量达到规定标准并逐步改善。[3] 未达到国家大气环境质量标准城市的人民政府应当及时编制大气环境质量限期达标规划，采取措施，按照国务院或者省级人民政府规定的期限达到大气环境质量标准。编制城市大气环境质量限期达标规划，应当征求有关行业协会、企业事业单位、专家和公众等方面的意见。城市大气环境质量限期达标规划应当向社会公开。直辖市和设区的市的大气环境质量限期达标规划应当报国务院生态环境主管部门备案。[4]

为了强化地方政府的责任，加强对地方政府的监督，《大气污染防治法》规定了如下监督措施：①国务院生态环境主管部门会同国务院有关部门，按照国务院的规定，对省、自治区、直辖市大气环境质量改善目标、大气污染防治重点任务完成情况进行考核。省、自治区、直辖市人民政府制定考核办法，对本行政区域内地方大气环境质量改善目标、大气污染防治重点任务完成情况实施考核。考核结果应当向社会公开。[5] ②城市人民政府每年在向本级人民代表大会或者其常务委员会报告环境状况和环境保护目标完成情况时，应当报告大气环境质量限期达标规划执行情况，并向社会公开。[6] ③对超过国家重点大气污染物排放总量控制指标或者未完成国家下达的大气环境质量改善目标的地区，省级以上人民政府生态环境主管部门应当会同有关部门约

---

〔1〕 参见《大气污染防治法》第4条、第9条、第20-23条、第28条、第50条。

〔2〕 参见《大气污染防治法》第27条第2款、第88条第1款。

〔3〕 参见《大气污染防治法》第3条第1款。

〔4〕 参见《大气污染防治法》第14条、第15条。

〔5〕 参见《大气污染防治法》第4条。

〔6〕 参见《大气污染防治法》第16条。

谈该地区人民政府的主要负责人，并暂停审批该地区新增重点大气污染物排放总量的建设项目环境影响评价文件。约谈情况应当向社会公开。[1]

二、大气污染防治标准

国务院生态环境主管部门或者省、自治区、直辖市人民政府制定大气环境质量标准，应当以保障公众健康和保护生态环境为宗旨，与经济社会发展相适应，做到科学合理。[2] 制定燃煤、石油焦和生物质燃料、涂料等含挥发性有机物的产品、烟花爆竹以及锅炉等产品的质量标准，应当明确大气环境保护要求；制定燃油质量标准，应当符合国家大气污染物控制要求。

未达到国家大气环境质量标准城市的人民政府应当及时编制大气环境质量限期达标规划并采取措施，按照国务院或省级人民政府规定的期限达到大气环境质量标准。城市人民政府每年在向本级人民代表大会或者其常务委员会报告环境状况和环境保护目标完成情况时，应当报告大气环境质量限期达标规划执行情况，并向社会公开。[3]

三、重点区域大气污染联合防治

重点区域是指功能相对敏感，大气污染又相当严重的地区。国家建立重点区域大气污染联防联控机制，统筹协调重点区域内大气污染防治工作。国务院生态环境主管部门根据主体功能区划、区域大气环境质量状况和大气污染传输扩散规律，划定国家大气污染防治重点区域，报国务院批准。重点区域内有关省、自治区、直辖市人民政府应当确定牵头的地方人民政府，定期召开联席会议，按照统一规划、统一标准、统一监测、统一的防治措施的要求，开展大气污染联合防治，落实大气污染防治目标责任。国务院生态环境主管部门应当加强指导、督促。[4]

国务院生态环境主管部门会同国务院有关部门、国家大气污染防治重点区域内有关省、自治区、直辖市人民政府，根据重点区域经济社会发展和大气环境承载力，制定重点区域大气污染联合防治行动计划，明确控制目标，优化区域经济布局，统筹交通管理，发展清洁能源，提出重点防治任务和措施，促进重点区域大气环境质量改善。[5]

四、重污染天气应对

国家建立重污染天气监测预警体系。国务院生态环境主管部门会同国务院气象主管机构等有关部门、国家大气污染防治重点区域内有关省、自治区、

---

〔1〕 参见《大气污染防治法》第 22 条。
〔2〕 参见《大气污染防治法》第 8 条。
〔3〕 参见《大气污染防治法》第 16 条。
〔4〕 参见《大气污染防治法》第 86 条第 1 款、第 2 款。
〔5〕 参见《大气污染防治法》第 87 条。

直辖市人民政府，建立重点区域重污染天气监测预警机制，统一预警分级标准。可能发生区域重污染天气的，应当及时向重点区域内有关省、自治区、直辖市人民政府通报。省、自治区、直辖市、设区的市人民政府生态环境主管部门会同气象主管机构等有关部门建立本行政区域重污染天气监测预警机制。[1]

县级以上地方人民政府应当将重污染天气应对纳入突发事件应急管理体系。省、自治区、直辖市、设区的市人民政府以及可能发生重污染天气的县级人民政府，应当制定重污染天气应急预案，向上一级人民政府生态环境主管部门备案，并向社会公布。[2]

省、自治区、直辖市、设区的市人民政府生态环境主管部门应当会同气象主管机构建立会商机制，进行大气环境质量预报。可能发生重污染天气的，应当及时向本级人民政府报告。省、自治区、直辖市、设区的市人民政府依据重污染天气预报信息，进行综合研判，确定预警等级并及时发出预警。预警等级根据情况变化及时调整。任何单位和个人不得擅自向社会发布重污染天气预报预警信息。预警信息发布后，人民政府及其有关部门应当通过电视、广播、网络、短信等途径告知公众采取健康防护措施，指导公众出行和调整其他相关社会活动。[3]

五、重点领域的大气污染防治措施

（一）工业污染防治

钢铁、建材、有色金属、石油、化工等企业生产过程中排放粉尘、硫化物和氮氧化物的，应当采用清洁生产工艺，配套建设除尘、脱硫、脱硝等装置，或者采取技术改造等其他控制大气污染物排放的措施。生产、进口、销售和使用含挥发性有机物的原材料和产品的，其挥发性有机物含量应当符合质量标准或者要求。国家鼓励生产、进口、销售和使用低毒、低挥发性有机溶剂。产生含挥发性有机物废气的生产和服务活动，应当在密闭空间或者设备中进行，并按照规定安装、使用污染防治设施；无法密闭的，应当采取措施减少废气排放。石油、化工以及其他生产和使用有机溶剂的企业，应当采取措施对管道、设备进行日常维护、维修，减少物料泄漏，对泄漏的物料应当及时收集处理。储油储气库、加油加气站、原油成品油码头、原油成品油运输船舶和油罐车、气罐车等，应当按照国家有关规定安装油气回收装置并保持正常使用。工业生产、垃圾填埋或者其他活动产生的可燃性气体应当回收利用，不具备回收利用条件的，应当进行污染防治处理。可燃性气体回收利用装置不能正常作业的，应当及时修复或者更新。在回收利用装置不能正

---

[1] 参见《大气污染防治法》第93条。
[2] 参见《大气污染防治法》第94条。
[3] 参见《大气污染防治法》第95条。

常作业期间确需排放可燃性气体的，应当将排放的可燃性气体充分燃烧或者采取其他控制大气污染物排放的措施，并向当地生态环境主管部门报告，按照要求限期修复或者更新。[1]

（二）机动车船等污染防治

机动车船在使用的过程中，会排放有毒有害物质，如氮氧化物、二氧化硫、一氧化碳、铅化物等。移动源污染已成为我国大中城市大气污染的重要来源，是造成细颗粒物、光化学烟雾等污染的重要原因，移动源污染防治的紧迫性日益凸显。

《大气污染防治法》严格对新生产机动车、在用机动车、非道路移动机械、船舶以及油品质量环保达标进行监督管理。对超过标准排放大气污染物的机动车和非道路移动机械，实施环境保护召回制度；对在用机动车排放大气污染物超过标准的，要求维修，经维修仍超标的，要求强制报废。[2]

国家倡导低碳、环保出行，大力发展城市公共交通，提高公共交通出行比例；推广应用节能环保型和新能源机动车船、非道路移动机械。[3] 国家倡导环保驾驶，鼓励燃油机动车驾驶人在不影响道路通行且需停车 3 分钟以上的情况下熄灭发动机，减少大气污染物的排放。[4] 国家积极推进民用航空器的大气污染防治，鼓励在设计、生产、使用过程中采取有效措施减少大气污染物排放。[5]

（三）扬尘污染防治

地方各级人民政府应当加强对建设施工和运输的管理，保持道路清洁，控制料堆和渣土堆放，扩大绿地、水面、湿地和地面铺装面积，防治扬尘污染。住房和城乡建设、市容环境卫生、交通运输、自然资源等有关部门，应当根据本级人民政府确定的职责，做好扬尘污染防治工作。[6]

建设单位应当将防治扬尘污染的费用列入工程造价，并在施工承包合同中明确施工单位扬尘污染防治责任。施工单位应当制定具体的施工扬尘污染防治实施方案。从事房屋建筑、市政基础设施建设、河道整治以及建筑物拆除等施工单位，应当向负责监督管理扬尘污染防治的主管部门备案。施工单位应当在施工工地设置硬质围挡，并采取覆盖、分段作业、择时施工、洒水抑尘、冲洗地面和车辆等有效防尘降尘措施。建筑土方、工程渣土、建筑垃圾应当及时清运；在场地内堆存的，应当采用密闭式防尘网遮盖。工程渣土、建筑垃圾应当进行资源化处理。施工单位应当在施工工地公示扬尘污染防治措施、负责人、扬尘监督管理主管部门等信息。暂时不能开工的建设用地，

---

〔1〕 参见《大气污染防治法》第 43-45 条、第 47 条、第 49 条。
〔2〕 参见《大气污染防治法》第 58 条、第 60 条。
〔3〕 参见《大气污染防治法》第 50 条第 1 款、第 2 款。
〔4〕 参见《大气污染防治法》第 57 条。
〔5〕 参见《大气污染防治法》第 67 条第 1 款。
〔6〕 参见《大气污染防治法》第 68 条。

建设单位应当对裸露地面进行覆盖；超过 3 个月的，应当进行绿化、铺装或者遮盖。[1]

（四）燃煤污染防治

国务院有关部门和地方各级人民政府应当采取措施，调整能源结构，推广清洁能源的生产和使用；优化煤炭使用方式，推广煤炭清洁高效利用，逐步降低煤炭在一次能源消费中的比重，减少煤炭生产、使用、转化过程中的大气污染物排放。[2]

（五）农业和其他污染防治

地方各级人民政府应当推动转变农业生产方式，发展农业循环经济，加大对废弃物综合处理的支持力度，加强对农业生产经营活动排放大气污染物的控制；农业生产经营者应科学合理施肥，减少氨、挥发性有机物等大气污染物的排放；推进秸秆、落叶等的综合利用，禁止露天焚烧秸秆、落叶等产生烟尘污染的物质。

在恶臭气体污染防治方面。畜禽养殖场、养殖小区应当及时对污水、畜禽粪便和尸体等进行收集、贮存、清运和无害化处理，防止排放恶臭气体。企业事业单位和其他生产经营者在生产经营活动中产生恶臭气体的，应当科学选址，设置合理的防护距离，并安装净化装置或者采取其他措施，防止排放恶臭气体。此外，根据《大气污染防治法》的规定，禁止在人口集中地区和其他依法需要特殊保护的区域内焚烧沥青、油毡、橡胶、塑料、皮革、垃圾以及其他产生有毒有害烟尘和恶臭气体的物质。[3]

---

[1] 参见《大气污染防治法》第 69 条。
[2] 参见《大气污染防治法》第 32 条。
[3] 参见《大气污染防治法》第 82 条第 1 款。

第十一章

水污染防治法

水是由氢和氧组成的无色无味的透明液体。水体是指以相对稳定的陆地为边界的水域，包括有一定流速的沟渠、江河和相对静止的塘堰、水库、湖泊、沼泽以及受潮汐影响的三角洲与海洋，是地表水圈的重要组成部分。[1] 水是重要的自然资源，也是人类和其他一切生物赖以生存和发展的不可或缺的基本环境要素。为了防治水污染，我国专门制定了《水污染防治法》，就水污染防治的法律措施作出规定。

第一节 水污染概述

水污染，是指污染物进入河流、湖泊、海洋或地下水体后，使水体的水质和水体底泥的物理、化学性质或生物群落组成成分发生变化，从而降低了水体的使用价值和使用功能的现象。[2] 水污染物一般分为物理性污染物、化学性污染物和生物性污染物，这些污染物会对人体健康、生态系统、自然景观造成不同程度的危害。

对人体健康的影响。对人体健康造成危害的水污染物主要包括放射性污染物、有毒重金属污染物以及生物性污染物。其中，水体中的放射性污染物具有一定能量的射线，使生物和人体组织受电离而损伤。汞、镉、铅等有毒重金属污染物难以被生物降解，并有可能引发人体病变。生物污染主要指由致病细菌及病毒和寄生虫等引起的污染，生活污水、医院污水和垃圾都可能携带大量病原体，通过水流而传播，对于人体健康造成威胁。

对生态系统的影响。对生态系统造成危害的水污染物主要有氮磷污染和需氧有机污染物等。其中，氮磷等有机物是植物生长发育所需的养料，但是这类营养物质过量排入湖泊、水库等水流缓慢的水体，会造成藻类大量繁殖并形成富营养化，造成水质恶化，危害水生生物生存，破坏生态系统。需氧有机污染物主要包括碳水化合物、蛋白质、脂肪等，这类物质易于被生物降

---

〔1〕 郭怀成、刘永主编：《环境科学基础教程》，中国环境出版社 2015 年版，第 156 页。
〔2〕 方如康主编：《环境学词典》，科学出版社 2003 年版，第 35 页。

解。需氧有机污染物在好氧降解过程中，会造成水中溶解氧的含量下降，导致水生生物死亡；在厌氧分解过程中，则会产生硫醇等恶臭气体，使水质变黑发臭，造成水生态环境恶化。[1]

对自然景观的影响。污水会导致的水体色泽变化、浊度变化、泡状物和恶臭等。其中，印染废水、炼油废水往往使水体呈现红色或黑褐色，不仅影响感官、破坏景观，而且很难恢复；污水中的泥沙、有机质、微生物、悬浮物和胶体物等会使水体产生浑浊现象，降低水体透明度，影响感官并破坏自然景观。此外，水体恶臭也是一种常见的污染现象，多属于有机质在嫌气状态下腐败发臭，并使水体失去景观功能。[2]

第二节　水污染防治法律体系

我国于 1984 年颁布《水污染防治法》。以该法为基础，目前我国已形成由水污染防治专门立法、与水污染防治有关的法律、法规和规章构成的水污染防治法律体系。

《水污染防治法》作为我国大气污染防治的专门立法，旨在保护和改善环境，防治水污染，保护水生态，保障饮用水安全，维护公众健康，推进生态文明建设，促进经济社会可持续发展。[3] 该法就大气污染防治的原则、水污染防治的标准和规划、水污染防治的监督管理、各领域的水污染防治措施、饮用水水源和其他特殊水体保护、水污染事故处置以及法律责任等内容作出了详细规定。

同时，我国在相关领域也制定了与水污染防治有关的立法，主要包括《海洋环境保护法》《黄河保护法》《湿地保护法》《长江保护法》《土壤污染防治法》等。此外，《环境保护法》等法律中也规定了与水污染防治有关的内容。这些法律从海洋水污染防治、特殊流域和生态系统的水污染防治等方面，为水体环境保护和污染物治理提供了法律依据。

我国还制定了相关法规和规章加强水污染防治。涉及水污染防治的行政法规主要有《排污许可管理条例》《地下水管理条例》《河道管理条例》《中华人民共和国环境保护税法实施条例》《南水北调工程供用水管理条例》《城镇排水与污水处理条例》《太湖流域管理条例》《淮河流域水污染防治暂行条例》《黄河水量调度条例》等。一些省市制定了本辖区内防治水污染的地方性法规，例如《北京市水污染防治条例》《广东省水污染防治条例》等。

涉及水污染防治的部门规章主要有《城镇污水排入排水管网许可管理办法》《环境监管重点单位名录管理办法》《内河海事行政处罚规定》《防治船

---

〔1〕　方淑荣、姚红主编：《环境科学概论》，清华大学出版社 2016 年版，第 80 页。
〔2〕　郭怀成、刘永主编：《环境科学基础教程》，中国环境出版社 2015 年版，第 162 页。
〔3〕　参见《水污染防治法》第 1 条。

舶污染内河水域环境管理规定》《尾矿污染环境防治管理办法》《排污许可管理办法（试行）》《三峡水库调度和库区水资源与河道管理办法》《生活饮用水卫生监督管理办法》《松辽流域水污染防治暂行办法》等。

第三节　水污染防治的主要措施

一、管理体制

县级以上生态环境主管部门对水污染防治实施统一监督管理。交通主管部门及其海事管理机构对船舶污染水域的防治实施监督管理。县级以上人民政府水行政、自然资源、卫生健康、建设、农业农村、渔业等部门以及重要江河、湖泊的流域水资源保护机构，在各自的职责范围内，对有关水污染防治实施监督管理。

县级以上人民政府应当将水环境保护工作纳入国民经济和社会发展规划。地方各级人民政府对本行政区域的水环境质量负责，应当及时采取措施防治水污染。省、市、县、乡应建立河长制，分级分段组织领导本行政区域内江河、湖泊的水资源保护、水域岸线管理、水污染防治、水环境治理等工作。

二、基本制度

（一）水污染防治规划

防治水污染应当按流域或者按区域进行统一规划。国家确定的重要江河、湖泊的流域水污染防治规划，由国务院生态环境主管部门会同国务院经济综合宏观调控、水行政等部门和有关省、自治区、直辖市人民政府编制，报国务院批准。其他跨省、自治区、直辖市江河、湖泊的流域水污染防治规划，根据国家确定的重要江河、湖泊的流域水污染防治规划和本地实际情况，由有关省、自治区、直辖市生态环境主管部门会同同级水行政等部门和有关市、县人民政府编制，经有关省、自治区、直辖市人民政府审核，报国务院批准。省、自治区、直辖市内跨县江河、湖泊的流域水污染防治规划，根据国家确定的重要江河、湖泊的流域水污染防治规划和本地实际情况，由省、自治区、直辖市生态环境主管部门会同同级水行政等部门编制，报省、自治区、直辖市人民政府批准，并报国务院备案。县级以上地方人民政府应当根据依法批准的江河、湖泊的流域水污染防治规划，组织制定本行政区域的水污染防治规划。

（二）水环境保护标准

国务院生态环境主管部门制定国家水环境质量标准。省、自治区、直辖市人民政府可以对国家水环境质量标准中未作规定的项目，制定地方标准，并报国务院生态环境主管部门备案。国务院生态环境主管部门会同国务院水行政主管部门和有关省、自治区、直辖市人民政府，可以根据国家确定的重要江河、湖泊流域水体的使用功能以及有关地区的经济、技术条件，确定该重要江河、湖泊流域的省界水体适用的水环境质量标准，报国务院批准后施行。

依照《中华人民共和国地表水环境质量标准》（GB3838-2002）中规定，我国地表水分五类：Ⅰ类主要适用于源头水、国家自然保护区；Ⅱ类主要适用于集中式生活饮用水地表水源地一级保护区、珍稀水生生物栖息地、鱼虾类产卵场、仔稚幼鱼的索饵场等；Ⅲ类主要适用于集中式生活饮用水地表水源地二级保护区、鱼虾类越冬场、洄游通道，水产养殖区等渔业水域及游泳区；Ⅳ类主要适用于一般工业用水区及人体非直接接触的娱乐用水区；Ⅴ类主要适用于农业用水区及一般景观要求水域。

国务院生态环境主管部门根据国家水环境质量标准和国家经济、技术条件，制定国家水污染物排放标准。省、自治区、直辖市人民政府对国家水污染物排放标准中未作规定的项目，可以制定地方水污染物排放标准；对国家水污染物排放标准中已作规定的项目，可以制定严于国家水污染物排放标准的地方水污染物排放标准。地方水污染物排放标准须报国务院生态环境主管部门备案。向已有地方水污染物排放标准的水体排放污染物的，应当执行地方水污染物排放标准。

国务院生态环境主管部门和省、自治区、直辖市人民政府，应当根据水污染防治的要求和国家或者地方的经济、技术条件，适时修订水环境质量标准和水污染物排放标准。

（三）重点水污染物排放总量控制

重点水污染物排放总量控制制度，是指在特定的时期内，综合经济、技术、社会等条件，采取通过向排污源分配水污染排放量的形式，将一定空间范围内排污源产生的水污染物的数量控制在水环境容许限度内而实行的污染控制方式及其管理规范的总称。[1] 国家对重点水污染物排放实施总量控制制度。重点水污染物排放总量控制指标，由国务院生态环境主管部门在征求国务院有关部门和各省、自治区、直辖市人民政府意见后，会同国务院发展改革部门报国务院批准并下达实施。省、自治区、直辖市人民政府应当按照国务院的规定削减和控制本行政区域的重点水污染物排放总量。省、自治区、直辖市人民政府可以根据本行政区域水环境质量状况和水污染防治工作的需要，对国家重点水污染物之外的其他水污染物排放实行总量控制。《水污染防治法》在总量控制制度的基础上规定了"区域限批"制度。对超过重点水污染物排放总量控制指标或者未完成水环境质量改善目标的地区，省级以上人民政府环境保护主管部门应当会同有关部门约谈该地区人民政府的主要负责人，并暂停审批新增重点水污染物排放总量的建设项目的环境影响评价文件。

---

〔1〕 全国人大常委会法制工作委员会经济法室编著，黄建初主编：《〈中华人民共和国水污染防治法〉释义及实用指南》，中国民主法制出版社2008年版，第97-98页。

约谈情况应当向社会公开。[1]

（四）排污许可制度

在水污染防治领域，排污许可制度对污染物排放总量控制制度的落实、水污染物排放的监督、排污权交易的推行具有重要意义。[2] 直接或者间接向水体排放工业废水和医疗污水以及其他按照规定应当取得排污许可证方可排放的废水、污水的企业事业单位和其他生产经营者，应当取得排污许可证；城镇污水集中处理设施的运营单位，也应当取得排污许可证。排污许可证应当明确排放水污染物的种类、浓度、总量和排放去向等要求。排污许可的具体办法由国务院规定。禁止企业事业单位和其他生产经营者无排污许可证或者违反排污许可证的规定向水体排放法律规定的废水、污水。[3]

（五）水质监测和污染排放监测制度

国家建立水质监测和污染排放监测制度。国务院生态环境主管部门负责制定水环境监测规范，统一发布国家水环境状况信息，会同国务院水行政等部门组织监测网络，统一规划国家水环境质量监测站（点）的设置，建立监测数据共享机制，加强对水环境监测的管理。国家确定的重要江河、湖泊流域的水资源保护工作机构负责监测其所在流域的省界水体的水环境质量状况，并将监测结果及时报国务院生态环境主管部门和国务院水行政主管部门；有经国务院批准成立的流域水资源保护领导机构的，应当将监测结果及时报告流域水资源保护领导机构。[4]

三、特殊水体保护

国家建立饮用水水源保护区制度。饮用水水源保护区分为一级保护区和二级保护区；必要时，可以在饮用水水源保护区外围划定一定的区域作为准保护区。在饮用水水源保护区内，禁止设置排污口。饮用水水源保护区的划定，由有关市、县人民政府提出划定方案，报省、自治区、直辖市人民政府批准；跨市、县饮用水水源保护区的划定，由有关市、县人民政府协商提出划定方案，报省、自治区、直辖市人民政府批准；协商不成的，由省、自治区、直辖市生态环境主管部门会同同级水行政、自然资源、卫生健康、住房和城乡建设等部门提出划定方案，征求同级有关部门的意见后，报省、自治区、直辖市人民政府批准。

饮用水水源一级保护区的保护。禁止在饮用水水源一级保护区内新建、改建、扩建与供水设施和保护水源无关的建设项目；已建成的与供水设施和保护水源无关的建设项目，由县级以上人民政府责令拆除或者关闭。禁止在

---

[1] 参见《水污染防治法》第20条第5款。
[2] 韩德培主编：《环境保护法教程》，法律出版社2018年版，第224页。
[3] 参见《水污染防治法》第21条。
[4] 参见《水污染防治法》第25条、第26条。

饮用水水源一级保护区内从事网箱养殖、旅游、游泳、垂钓或者其他可能污染饮用水水体的活动。[1]

饮用水水源二级保护区的保护。禁止在饮用水水源二级保护区内新建、改建、扩建排放污染物的建设项目;已建成的排放污染物的建设项目,由县级以上人民政府责令拆除或者关闭。在饮用水水源二级保护区内从事网箱养殖、旅游等活动的,应当按照规定采取措施,防止污染饮用水水体。[2]

饮用水水源准保护区的保护。禁止在饮用水水源准保护区内新建、扩建对水体污染严重的建设项目;改建建设项目,不得增加排污量。县级以上地方人民政府应当根据保护饮用水水源的实际需要,在准保护区内采取工程措施或者建造湿地、水源涵养林等生态保护措施,防止水污染物直接排入饮用水水体,确保饮用水安全。[3]

县级以上人民政府可以对风景名胜区水体、重要渔业水体和其他具有特殊经济文化价值的水体划定保护区,并采取措施,保证保护区的水质符合规定用途的水环境质量标准。在风景名胜区水体、重要渔业水体和其他具有特殊经济文化价值的水体的保护区内,不得新建排污口。在保护区附近新建排污口,应当保证保护区水体不受污染。[4]

四、水污染事故处置

各级人民政府及其有关部门,可能发生水污染事故的企业事业单位,应当依照《突发事件应对法》的规定,做好突发水污染事故的应急准备、应急处置和事后恢复等工作。[5] 根据《突发事件应对法》的规定,国家建立健全突发事件应急预案体系,制定预案应当针对突发事件的性质、特点和可能造成的社会危害,具体规定突发事件应对管理工作。[6]

市、县级人民政府应当组织编制饮用水安全突发事件应急预案。饮用水供水单位应当根据所在地饮用水安全突发事件应急预案,制定相应的突发事件应急方案,报所在地市、县级人民政府备案,并定期进行演练。[7]

可能发生水污染事故的企业事业单位,应当制定有关水污染事故的应急方案,做好应急准备,并定期进行演练。生产、储存危险化学品的企业事业单位,应当采取措施,防止在处理安全生产事故过程中产生的可能严重污染水体的消防废水、废液直接排入水体。[8]

---

[1] 参见《水污染防治法》第 65 条。
[2] 参见《水污染防治法》第 66 条。
[3] 参见《水污染防治法》第 67 条、第 68 条。
[4] 参见《水污染防治法》第 74 条、第 75 条。
[5] 参见《水污染防治法》第 76 条。
[6] 参见《突发事件应对法》第 26 条第 1 款、第 28 条第 1 款。
[7] 参见《水污染防治法》第 79 条第 1 款、第 2 款。
[8] 参见《水污染防治法》第 77 条。

企业事业单位发生事故或者其他突发性事件，造成或者可能造成水污染事故的，应当立即启动本单位的应急方案，采取隔离等应急措施，防止水污染物进入水体，并向事故发生地的县级以上地方人民政府或者生态环境主管部门报告。生态环境主管部门接到报告后，应当及时向本级人民政府报告，并抄送有关部门。造成渔业污染事故或者渔业船舶造成水污染事故的，应当向事故发生地的渔业主管部门报告，接受调查处理。其他船舶造成水污染事故的，应当向事故发生地的海事管理机构报告，接受调查处理；给渔业造成损害的，海事管理机构应当通知渔业主管部门参与调查处理。[1]

---

[1] 参见《水污染防治法》第78条。

第十二章

土壤污染防治法

土壤是地球陆地表面能生长植物的疏松表层，由矿物质、有机质以及水分、空气等组成。土壤是提供植物养分、水分、空气和其他条件的基质，是农业生产的基本资料，也是人类生存的重要环境因素。[1] 土壤环境直接关系到农产品质量安全、人民群众身体健康和经济社会的可持续发展。为了防治土壤污染，我国专门制定了《土壤污染防治法》。

第一节　土壤污染概述

土壤污染，是指因人为因素导致某种物质进入陆地表层土壤，引起土壤化学、物理、生物等方面特性的改变，影响土壤功能和有效利用，危害公众健康或者破坏生态环境的现象。[2] 工矿企业排出的废水、烟尘和残渣中所含重金属元素和有机物，农用化学药剂中的有害成分，以及有害微生物、寄生虫卵等污染物质，通过灌溉、施用农药、施肥及大气沉降等途径，接触土壤，使土壤中有害物质含量超过一定的标准，影响作物生长发育，并通过粮食和蔬菜等，直接或间接地影响人类的健康。土壤污染物，可分为有机物和无机物两大类。前者包括有机农药、酚、石油、洗涤剂、有害微生物等；后者包括重金属元素（汞、镉、铜、锌、铬、铅等）、放射性元素（铯、锶等），以及盐、碱、酸等。[3] 土壤污染的危害主要表现为三个方面：

对农产品产量和质量的影响。土壤污染会影响作物生长，造成减产；农作物可能会吸收和富集某种污染物，影响农产品质量，给农业生产带来巨大的经济损失，例如，农产品重金属超标就与土壤污染之间关系密切。

对人体健康的影响。住宅、商业、工业等建设用地土壤污染还可能通过经口摄入、呼吸吸入和皮肤接触等多种方式危害人体健康。污染场地未经治

---

〔1〕　夏征农、陈至立主编，蒋长瑜、毛汉英编著：《大辞海·世界地理卷》，上海辞书出版社2014年版，第59页。

〔2〕　参见《土壤污染防治法》第2条第2款。

〔3〕　夏征农主编，陈江涛等编著：《大辞海·环境科学卷》，上海辞书出版社2006年版，第51页。

理直接开发建设，会造成长期的危害。

对生态安全和环境安全的影响。土壤污染会影响植物、土壤动物（如蚯蚓）和微生物（如根瘤菌）的生长和繁衍，危及正常的土壤生态过程和生态服务功能，不利于土壤养分转化和肥力保持，影响土壤的正常功能。当土壤受到挥发性有机污染物污染后，土壤中挥发性有机污染物会先从土壤中解吸至土壤气中，然后以分子扩散的形式，从土壤气中迁移至地表空气或室内空气中，造成大气污染。[1]

第二节 土壤污染防治法律体系

1979 年《环境保护法（试行）》是我国最早明确提出防治土壤污染的法律，原则性地要求防治土壤和农作物的污染。1989 年《环境保护法》延续了此规定。2018 年，我国颁布《土壤污染防治法》，该法是我国规范土壤污染防控和治理活动的专门立法。以该法为基础，目前我国已形成了由土壤污染防治专门立法、与土壤污染防治有关的法律、法规和规章构成的土壤污染防治法律体系。

《土壤污染防治法》旨在保护和改善生态环境，防治土壤污染，保障公众健康，推动土壤资源永续利用，推进生态文明建设，促进经济社会可持续发展。[2] 该法就土壤污染防治的原则，土壤污染防治相关规划、标准、普查和监测，土壤污染预防和保护，土壤风险管控和修复，保障和监督以及法律责任等内容作出了详细规定。同时，我国在相关领域也制定了与土壤污染防治有关的立法，主要包括《黑土地保护法》《黄河保护法》《中华人民共和国乡村振兴促进法》《土地管理法》等。此外，《环境保护法》等法律中也规定了与土壤污染防治有关的内容。这些法律从特殊土层类型的土壤污染防治、流域土壤污染防治、农用地土壤污染防治等方面，为土壤环境保护和污染物治理提供了法律依据。

我国还制定了相关法规和规章加强土壤污染防治。涉及土壤污染防治的行政法规主要有《地下水管理条例》《土地管理法实施条例》等。一些省市制定了本辖区内防治土壤污染的地方性法规，例如，《北京市土壤污染防治条例》《江苏省水污染防治条例》等。涉及土壤污染防治的部门规章主要有《环境监管重点单位名录管理办法》《尾矿污染环境防治管理办法》《生态环境标准管理办法》《农药包装废弃物回收处理管理办法》《农用薄膜管理办法》《工矿用地土壤环境管理办法（试行）》《农用地土壤环境管理办法（试

---

[1] 参见中华人民共和国生态环境部：《环境保护部和国土资源部等相关负责人就全国土壤污染状况调查答记者问》，载 https://www.mee.gov.cn/gkml/sthjbgw/qt/201404/t20140417_270671.htm，最后访问日期：2025 年 4 月 8 日。

[2] 参见《土壤污染防治法》第 1 条。

行）》《污染地块土壤环境管理办法（试行）》等。

第三节 土壤污染防治的主要措施

一、管理体制

国务院生态环境主管部门对全国土壤污染防治工作实施统一监督管理；农业农村、自然资源、住房和城乡建设、林业和草原等主管部门在各自职责范围内对土壤污染防治工作实施监督管理的管理体制。在地方层面，地方人民政府生态环境主管部门对本行政区域土壤污染防治工作实施统一监督管理；地方人民政府农业农村、自然资源、住房和城乡建设、林业和草原等主管部门在各自职责范围内对土壤污染防治工作实施监督管理。

地方各级人民政府应当对本行政区域土壤污染防治和安全利用负责，加强对土壤污染防治工作的领导，组织、协调、督促有关部门依法履行土壤污染防治监督管理职责并实行土壤污染防治目标责任制和考核评价制度，将土壤污染防治目标完成情况作为考核评价地方各级人民政府及其负责人、县级以上人民政府负有土壤污染防治监督管理职责的部门及其负责人的内容。

在黑土地保护方面，我国实行中央统一管理和特定四省区（黑龙江省、吉林省、辽宁省、内蒙古自治区）分别管理相结合的管理体制。根据《黑土地保护法》的规定，国务院和四省区人民政府加强对黑土地保护工作的领导、组织、协调、监督管理，统筹制定黑土地保护政策。四省区人民政府对本行政区域内的黑土地数量、质量、生态环境负责。县级以上地方人民政府应当建立由农业农村、自然资源、水行政、发展改革、财政、生态环境等有关部门组成的黑土地保护协调机制，加强协调指导，明确工作责任，推动黑土地保护工作落实。乡镇人民政府应当协助组织实施黑土地保护工作，向农业生产经营者推广适宜其所经营耕地的保护、治理、修复和利用措施，督促农业生产经营者履行黑土地保护义务。[1]

二、基本制度

规划制度。县级以上人民政府应当将土壤污染防治工作纳入国民经济和社会发展规划、环境保护规划。设区的市级以上地方人民政府生态环境主管部门应当会同发展改革、农业农村、自然资源、住房城乡建设、林业和草原等主管部门，根据环境保护规划要求、土地用途、土壤污染状况普查和监测结果等，编制土壤污染防治规划，报本级人民政府批准后公布实施。[2]

土壤污染风险管控标准制度。国务院生态环境主管部门根据土壤污染状

---

〔1〕 参见《黑土地保护法》第6条。
〔2〕 参见《土壤污染防治法》第11条。

况、公众健康风险、生态风险和科学技术水平，并按照土地用途，制定国家土壤污染风险管控标准，加强土壤污染防治标准体系建设。省级人民政府对国家土壤污染风险管控标准中未作规定的项目，可以制定地方土壤污染风险管控标准；对国家土壤污染风险管控标准中已作规定的项目，可以制定严于国家土壤污染风险管控标准的地方土壤污染风险管控标准。地方土壤污染风险管控标准应当报国务院生态环境主管部门备案。[1]

普查制度。国务院统一领导全国土壤污染状况普查。国务院生态环境主管部门会同国务院农业农村、自然资源、住房和城乡建设、林业和草原等主管部门，每十年至少组织开展一次全国土壤污染状况普查。国务院有关部门、设区的市级以上地方人民政府可以根据本行业、本行政区域实际情况组织开展土壤污染状况详查。[2]

监测制度。国家实行土壤环境监测制度。国务院生态环境主管部门制定土壤环境监测规范，会同国务院农业农村、自然资源、住房和城乡建设、水利、卫生健康、林业和草原等主管部门组织监测网络，统一规划国家土壤环境监测站（点）的设置。[3]

三、土壤污染预防和保护

《土壤污染防治法》设专章，要求采取有效措施，减少和防治土壤污染。在土壤有毒有害物质名录制度和重点监管单位管理制度的基础上，按照产业活动的特点，重点规定了农业方面土壤污染的防治，并要求加强对未污染土壤的保护。

（一）有毒有害物质名录

为了从源头上预防土壤污染的产生，《土壤污染防治法》建立了土壤有毒有害物质的防控制度，第20条规定："国务院生态环境主管部门应当会同国务院卫生健康等主管部门，根据对公众健康、生态环境的危害和影响程度，对土壤中有毒有害物质进行筛查评估，公布重点控制的土壤有毒有害物质名录，并适时更新。"[4]

（二）重点监管单位管理

在重点监管单位的确定方面，《土壤污染防治法》确立了名录制度，第21条第1款规定："设区的市级以上地方人民政府生态环境主管部门应当按照国务院生态环境主管部门的规定，根据有毒有害物质排放等情况，制定本行政区域土壤污染重点监管单位名录，向社会公开并适时更新。"[5]

土壤污染重点监管单位应该严格控制有毒有害物质排放，并按年度向生

---

〔1〕 参见《土壤污染防治法》第12条第1款、第2款。

〔2〕 参见《土壤污染防治法》第14条。

〔3〕 参见《土壤污染防治法》第15条。

〔4〕 《土壤污染防治法》第20条。

〔5〕 《土壤污染防治法》第21条第1款。

态环境主管部门报告排放情况；建立土壤污染隐患排查制度，保证持续有效防止有毒有害物质渗漏、流失、扬散；制定、实施自行监测方案，并将监测数据报生态环境主管部门。对监测数据的真实性和准确性负责。[1] 土壤污染重点监管单位拆除设施、设备或者建筑物、构筑物的，应当制定包括应急措施在内的土壤污染防治工作方案，报地方人民政府生态环境、工业和信息化主管部门备案并实施。[2]

2021 年 1 月，生态环境部公布并施行《重点监管单位土壤污染隐患排查指南（试行）》（简称《指南》）。该《指南》主要适用于重点监管单位为保证持续有效防止重点场所或者重点设施设备发生有毒有害物质渗漏、流失、扬散造成土壤污染，而依法自行组织开展的土壤污染隐患排查工作。通过建立相应机构和人员队伍、确定组织实施形式，制定并实施排查工作计划、隐患整改方案，建立隐患排查档案并按要求保存和上报等措施，以指导企业通过土壤污染隐患排查，及时发现土壤污染隐患或者土壤污染，及早采取措施消除隐患，管控风险，防止污染或者污染扩散和加重，降低后期风险管控或修复成本。

（三）农业领域的土壤污染防治

国务院农业农村、林业和草原主管部门应当制定规划，完善相关标准和措施，加强农用地农药、化肥使用指导和使用总量控制，加强农用薄膜使用控制。国务院农业农村主管部门应当加强农药、肥料登记，组织开展农药、肥料对土壤环境影响的安全性评价。制定农药、兽药、肥料、饲料、农用薄膜等农业投入品及其包装物标准和农田灌溉用水水质标准，应当适应土壤污染防治的要求。[3]

禁止向农用地排放重金属或者其他有毒有害物质含量超标的污水、污泥，以及可能造成土壤污染的清淤底泥、尾矿、矿渣等。县级以上人民政府有关部门应当加强对畜禽粪便、沼渣、沼液等收集、贮存、利用、处置的监督管理，防治土壤污染。农田灌溉用水应当符合相应的水质标准，防治土壤、地下水和农产品污染。地方人民政府生态环境主管部门应当会同农业农村、水利主管部门加强对农田灌溉用水水质的管理，对农田灌溉用水水质进行监测和监督检查。[4] 禁止生产、销售、使用国家明令禁止的农业投入品。农业投入品生产者、销售者和使用者应当及时回收农药、肥料等农业投入品的包装废弃物和农用薄膜，并将农药包装废弃物交由专门的机构或者组织进行无害化处理。[5]

---

〔1〕　参见《土壤污染防治法》第 21 条第 2 款。

〔2〕　参见《土壤污染防治法》第 22 条第 2 款。

〔3〕　参见《土壤污染防治法》第 26 条。

〔4〕　参见《土壤污染防治法》第 28 条。

〔5〕　参见《土壤污染防治法》第 30 条第 1 款、第 2 款。

（四）对未污染土壤和未利用土地的保护

国家加强对未污染土壤的保护。地方各级人民政府应当重点保护未被污染的耕地、林地、草地和饮用水水源地。各级人民政府应当加强对国家公园等自然保护地的保护，维护其生态功能。对未利用地应当予以保护，不得污染和破坏。[1]

（五）黑土地污染防治

我国黑土地资源十分丰富。由于近些年来对黑土地资源的不合理开发利用，我国面临着黑土地退化、黑土地污染和破坏、非法黑土买卖带来的资源流失等严峻的问题。[2]《黑土地保护法》专门规定了黑土地污染防治的相关法律制度，涉及农业废弃物回收和无害化处理、剥离黑土的再利用、污染黑土地的处罚措施等方面。具体而言，农业投入品生产者、经营者和使用者应当依法对农药、肥料、农用薄膜等农业投入品的包装物、废弃物进行回收以及资源化利用或者无害化处理，不得随意丢弃，防止黑土地污染。[3] 建设项目占用黑土地的，应当按照规定的标准对耕作层的土壤进行剥离；剥离的黑土应当就近用于新开垦耕地和劣质耕地改良、被污染耕地的治理、高标准农田建设、土地复垦等；建设项目主体应当制定剥离黑土的再利用方案，报自然资源主管部门备案。[4] 造成黑土地污染、水土流失的，分别依照污染防治、水土保持等有关法律法规的规定从重处罚。[5]

四、土壤污染风险管控和修复

《土壤污染防治法》设专章规定了风险管控和修复，根据不同类型土地的特点，规定了农用地和建设用地的土壤污染风险管控和修复。

（一）农用地土壤污染风险管控和修复

在农用地土壤污染风险管控和修复方面，《土壤污染防治法》明确了农用地分类管理制度，针对优先保护类、安全利用类和严格管控类农用地，分别规定不同的管理措施，明确相应的风险管控和修复要求。农用地划分为优先保护类、安全利用类和严格管控类，并规定不同的管理措施。符合条件的优先保护类耕地应当划为永久基本农田，实行严格保护。对安全利用类农用地地块，应当结合主要作物品种和种植习惯等情况，制定安全利用方案，采取风险管控措施。对严格管控类农用地地块，采取划定特定农产品禁止生产区域等风险管控措施，鼓励采取调整种植结构、退耕还林还草和轮作休耕、轮牧休牧等风险管控措施。

---

〔1〕 参见《土壤污染防治法》第31条。

〔2〕 孙佑海：《为黑土地保护提供有力法律保障——〈黑土地保护法〉解读》，载《环境保护》2022年第16期。

〔3〕 参见《黑土地保护法》第18条第1款。

〔4〕 参见《黑土地保护法》第21条第2款。

〔5〕 参见《黑土地保护法》第35条。

对产出的农产品污染物含量超标，需要实施修复的农用地地块，土壤污染责任人应当编制修复方案，报地方人民政府农业农村、林业和草原主管部门备案并实施。修复方案应当包括地下水污染防治的内容。风险管控、修复活动完成后，土壤污染责任人应当另行委托有关单位对风险管控效果、修复效果进行评估，并将效果评估报告报地方人民政府农业农村、林业和草原主管部门备案。

（二）建设用地土壤污染风险管控和修复

在建设用地土壤污染风险管控和修复方面，《土壤污染防治法》明确了建设用地土壤污染风险管控和修复名录制度以及效果评估制度，以确保建设用地的风险管控与修复。

建设用地土壤污染风险管控和修复名录由省级人民政府生态环境主管部门会同自然资源等主管部门制定，按照规定向社会公开，并根据风险管控、修复情况适时更新。对建设用地土壤污染风险管控和修复名录中的地块，均应根据实际情况采取相应的风险管控措施，如划定隔离区域、进行土壤及地下水污染状况监测等。对建设用地土壤污染风险管控和修复名录中需要实施修复的地块，土壤污染责任人应当结合土地利用总体规划和城乡规划编制修复方案，备案后实施。

风险管控、修复活动完成后，土壤污染责任人应当另行委托有关单位对风险管控效果、修复效果进行评估，并将效果评估报告报地方人民政府生态环境主管部门备案。对达到土壤污染风险评估报告确定的风险管控、修复目标的建设用地地块，土壤污染责任人、土地使用权人可以申请省级人民政府生态环境主管部门移出建设用地土壤污染风险管控和修复名录。

五、保障和监督

国家采取有利于土壤污染防治的财政、税收、价格、金融等经济政策和措施。各级人民政府应当加强对土壤污染的防治，安排必要的资金用于土壤污染防治的科学技术研究开发、示范工程和项目，土壤污染状况普查、监测、调查和土壤污染责任人认定、风险评估、风险管控、修复等活动，土壤污染的突发事件的应急处置等事项。使用资金应当加强绩效管理和审计监督，确保资金使用效益。[1]

国家加大土壤污染防治资金投入力度，建立土壤污染防治基金制度。设立中央土壤污染防治专项资金和省级土壤污染防治基金，主要用于农用地土壤污染防治和土壤污染责任人或者土地使用权人无法认定的土壤污染风险管控和修复以及政府规定的其他事项。对《土壤污染防治法》实施之前产生的，并且土壤污染责任人无法认定的污染地块，土地使用权人实际承担土壤污染风险管控和修复的，可以申请土壤污染防治基金，集中用于土壤污染风险管

---

〔1〕　参见《土壤污染防治法》第69条、第70条。

控和修复。国家鼓励金融机构加大对土壤污染风险管控和修复项目的信贷投放，在办理土地权利抵押业务时开展土壤污染状况调查。[1]

---

〔1〕 参见《土壤污染防治法》第71条第1款、第2款，第72条。

第十三章

噪声污染防治法

噪声，是指在工业生产、建筑施工、交通运输和社会生活中产生的干扰周围生活环境的声音。在环境科学意义上，一切妨碍人们正常休息、学习和工作的声音，以及对正常的声音产生干扰的声音，都属于噪声。[1] 噪声会妨碍人们的正常休息、学习和工作，对人体健康和社会生活造成负面影响。为了防治噪声污染，我国专门制定了《噪声污染防治法》。

第一节　噪声污染概述

噪声污染，是指超过噪声排放标准或者未依法采取防控措施产生噪声，并干扰他人正常生活、工作和学习的现象。[2] 噪声污染具有局部性、暂时性、感知性等特点。局部性，是指噪声的影响通常只限于特定的区域；暂时性，是指噪声源停止发声后，噪声便会消失；感知性，是指不同的人（群）对相同强度的噪声的感受和所受的影响可能不同。

噪声污染会对人体健康、生态环境、财产安全造成不同程度的影响。强噪声会直接对人体健康造成危害，引起耳聋和诱发各种疾病。长期暴露在噪声的环境中，会妨碍休息、睡眠，干扰语言交谈和日常社交活动，使人烦躁，工作效率和健康都会受到影响。人在噪声环境中，会感到烦恼、耳鸣，少数人可能出现晕眩、恶心、呕吐等症状，噪声还会刺激肾上腺分泌，引起心率改变和血压升高，极强的噪声会使人的听觉器官发生急性外伤，高噪声的环境还有可能造成女性的身体机能紊乱，使孕妇流产概率增高。噪声会使动物的听觉器官、视觉器官、内脏器官及中枢神经系统产生病理性变化。高强度噪声还会对物质结构造成危害，对建筑物及其组成部分造成破坏或损伤。特强噪声会损伤仪器设备，甚至使仪器设备失效。[3]

---

〔1〕 郭怀成、刘永主编：《环境科学基础教程》，中国环境出版社 2015 年版，第 190 页。
〔2〕 参见《噪声污染防治法》第 2 条第 2 款。
〔3〕 张林编著：《噪声及其控制》，科学出版社 2018 年版，第 10-16 页。

👉 第二节　噪声污染防治法律体系

我国噪声污染防治立法始于 20 世纪 50 年代，最初以工业生产和城市交通等场所的噪声污染为主要规制领域。1957 年《中华人民共和国治安管理处罚条例》（已失效）对在城市区域任意发出高大声响、影响周围居民的工作和休息且不听制止者规定了罚款和警告的法律责任。[1] 1979 年《环境保护法（试行）》（已失效）对城市区域、工业和交通运输等噪声污染的防治作出了原则性规定。[2] 1996 年，我国颁布《中华人民共和国环境噪声污染防治法》（已失效），并于 2018 年进行了修正。2021 年，我国颁布《噪声污染防治法》，这也是现行有效的规范噪声污染防控和治理活动的专门立法。

《噪声污染防治法》旨在防治噪声污染，保障公众健康，保护和改善生活环境，维护社会和谐，推进生态文明建设，促进经济社会可持续发展。[3] 该法就噪声污染防治的原则、噪声污染防治标准和规划、噪声污染防治的监督管理、工业噪声污染防治、建筑施工噪声污染防治、交通运输噪声污染防治、社会生活噪声污染防治以及相关法律责任等内容作出了详细规定。

我国在相关领域也制定了与噪声污染防治有关的立法，主要包括《建筑法》《环境保护税法》《治安管理处罚法》等。此外，《环境保护法》等法律中也规定了与噪声污染防治有关的内容。这些法律从建筑施工噪声污染防治、社会生活噪声污染防治等方面，为声环境保护和噪声污染治理提供了法律依据。

我国还制定了相关法规和规章加强噪声污染防治。涉及噪声污染防治的行政法规主要有《无人驾驶航空器飞行管理暂行条例》《娱乐场所管理条例》《民用机场管理条例》《中华人民共和国环境保护税法实施条例》《女职工劳动保护特别规定》《建设工程安全生产管理条例》《学校卫生工作条例》等。一些省市制定了本辖区内防治噪声污染的地方性法规，例如，《江苏省环境噪声污染防治条例》《山东省环境噪声污染防治条例》等。涉及噪声污染防治的部门规章主要有《航空器型号和适航合格审定噪声规定》《环境监管重点单位名录管理办法》《防治船舶污染内河水域环境管理规定》《娱乐场所管理办法》《运输机场建设管理规定》等。

---

〔1〕　参见 1957 年《中华人民共和国治安管理处罚条例》（已失效）第 7 条第 5 项。

〔2〕　参见 1979 年《环境保护法（试行）》（已失效）第 22 条。

〔3〕　参见《噪声污染防治法》第 1 条。

第三节　噪声污染防治的主要措施

一、管理体制

国务院生态环境主管部门对全国噪声污染防治实施统一监督管理。地方人民政府生态环境主管部门对本行政区域噪声污染防治实施统一监督管理。各级住房和城乡建设、公安、交通运输、铁路监督管理、民用航空、海事等部门，在各自职责范围内，对建筑施工、交通运输和社会生活噪声污染防治实施监督管理。基层群众性自治组织应当协助地方人民政府及其有关部门做好噪声污染防治工作。[1]

县级以上地方人民政府应当明确有关部门的噪声污染防治监督管理职责，根据需要建立噪声污染防治工作协调联动机制，加强部门协同配合、信息共享，推进本行政区域噪声污染防治工作。[2]

二、基本制度

（一）噪声污染防治规划

在规划中纳入噪声污染防治措施。各级人民政府及其有关部门制定、修改国土空间规划和相关规划，应当依法进行环境影响评价，充分考虑城乡区域开发、改造和建设项目产生的噪声对周围生活环境的影响，统筹规划，合理安排土地用途和建设布局，防治、减轻噪声污染。有关环境影响篇章、说明或者报告书中应当包括噪声污染防治内容。[3]

声环境质量改善规划。未达到国家声环境质量标准的区域所在的设区的市、县级人民政府，应当及时编制声环境质量改善规划及其实施方案，采取有效措施，改善声环境质量。声环境质量改善规划及其实施方案应当向社会公开。编制声环境质量改善规划及其实施方案，制定、修订噪声污染防治相关标准，应当征求有关行业协会、企业事业单位、专家和公众等的意见。[4]

（二）噪声污染防治标准

声环境质量标准。国务院生态环境主管部门制定国家声环境质量标准。县级以上地方人民政府根据国家声环境质量标准和国土空间规划以及用地现状，划定本行政区域各类声环境质量标准的适用区域；将以用于居住、科学研究、医疗卫生、文化教育、机关团体办公、社会福利等的建筑物为主的区域，划定为噪声敏感建筑物集中区域，加强噪声污染防治。声环境质量标准

---

〔1〕　参见《噪声污染防治法》第8条。
〔2〕　参见《噪声污染防治法》第7条。
〔3〕　参见《噪声污染防治法》第18条。
〔4〕　参见《噪声污染防治法》第20条、第21条。

适用区域范围和噪声敏感建筑物集中区域范围应当向社会公布。[1] 目前，我国已颁布的声环境质量标准主要是《声环境质量标准》（GB 3096-2008）。该标准将城市区域划分为 0-4 五类：0 类标准，昼间 50 分贝，夜间 40 分贝，适用于疗养区等特别需要安静的区域；1 类标准，昼间 55 分贝，夜间 45 分贝，适用于以居民住宅、医疗卫生、文化教育、科研设计、行政办公为主要功能，需要保持安静的区域；2 类标准，昼间 60 分贝，夜间 50 分贝，适用于以商业金融、集市贸易为主要功能，或者居住、商业、工业混杂，需要维持住宅安静的区域；3 类标准，昼间 65 分贝，夜间 55 分贝，适用于以工业生产、仓储物流为主要功能，需要防止工业噪声对周围环境产生严重影响的区域；4 类标准，昼间 75 分贝，夜间 55 分贝，适用于交通干线两侧一定距离之内，需要防止交通噪声对周围环境产生严重影响的区域，包括高速公路、一级公路、二级公路、城市快速路、城市主干路、城市次干路、城市轨道交通（地面段）、内河航道两侧区域和铁路干线两侧区域。机场周围区域受飞机通过（起飞、降落、低空飞越）噪声影响适用专门的《机场周围飞机噪声环境标准》（GB 9660-1988）。

环境噪声排放标准。国务院生态环境主管部门根据国家声环境质量标准和国家经济、技术条件，制定国家噪声排放标准以及相关的环境振动控制标准。省、自治区、直辖市人民政府对尚未制定国家噪声排放标准的，可以制定地方噪声排放标准；对已经制定国家噪声排放标准的，可以制定严于国家噪声排放标准的地方噪声排放标准；地方噪声排放标准应当报国务院生态环境主管部门备案。[2]

（三）声环境监测

国务院生态环境主管部门负责制定噪声监测和评价规范，会同国务院有关部门组织建立声环境质量监测网络，规划国家声环境质量监测站（点）的设置，组织开展全国声环境质量监测，推进监测自动化，统一发布全国声环境质量状况信息。地方人民政府生态环境主管部门会同有关部门按照规定设置本行政区域声环境质量监测站（点），组织开展本行政区域声环境质量监测，定期向社会公布声环境质量状况信息。地方人民政府生态环境等部门应当加强对噪声敏感建筑物周边等重点区域噪声排放情况的调查、监测。[3]

（四）落后工艺和设备淘汰

国家鼓励、支持低噪声工艺和设备的研究开发和推广应用，实行噪声污染严重的落后工艺和设备淘汰制度。国务院发展改革部门会同国务院有关部门确定噪声污染严重的工艺和设备淘汰期限，并纳入国家综合性产业政策目录。生产者、进口者、销售者或者使用者应当在规定期限内停止生产、进口、

---

[1] 参见《噪声污染防治法》第 14 条。
[2] 参见《噪声污染防治法》第 15 条。
[3] 参见《噪声污染防治法》第 23 条。

销售或者使用列入国家综合性产业政策目录的设备。工艺的采用者应当在规定期限内停止采用列入国家综合性产业政策目录的工艺。[1] 国家发展和改革委员会于 2023 年 12 月公布了《产业结构调整指导目录（2024 年本）》，作为现行的国家综合性产业政策目录。该目录由鼓励、限制和淘汰三类目录组成。其中，淘汰类主要是不符合有关法律法规规定，严重浪费资源、污染环境，安全生产隐患严重，阻碍实现碳达峰碳中和目标，需要淘汰的落后工艺技术、装备及产品，其中包括落后生产工艺装备和落后产品两大类。[2]

三、工业噪声污染防治

工业噪声，是指在工业生产活动中产生的干扰周围生活环境的声音。工业噪声污染防治的主要措施包括排污许可、噪声重点排污单位名录、工业噪声自行监测等。

排污许可。排放工业噪声的企业事业单位和其他生产经营者，应当采取有效措施，减少振动、降低噪声，依法取得排污许可证或者填报排污登记表。实行排污许可管理的单位，不得无排污许可证排放工业噪声，并应当按照排污许可证的要求进行噪声污染防治。[3]

噪声重点排污单位名录。设区的市级以上地方人民政府生态环境主管部门应当按照国务院生态环境主管部门的规定，根据噪声排放、声环境质量改善要求等情况，制定本行政区域噪声重点排污单位名录，向社会公开并适时更新。[4]

工业噪声自行监测。实行排污许可管理的单位应当按照规定，对工业噪声开展自行监测，保存原始监测记录，向社会公开监测结果，对监测数据的真实性和准确性负责。噪声重点排污单位应当按照国家规定，安装、使用、维护噪声自动监测设备，与生态环境主管部门的监控设备联网。[5]

四、建筑施工噪声污染防治

建筑施工噪声，是指在建筑施工过程中产生的干扰周围生活环境的声音。建筑施工噪声通常是因打桩机、推土机、搅拌机、电钻、电锤、电锯、切割机等机械的使用和建筑器材的装卸而产生。防治建筑施工噪声污染的主要措施包括明确施工单位义务、优先使用低噪声设备、禁止夜间施工等。

明确施工单位义务。建设单位应当按照规定将噪声污染防治费用列入工程造价，在施工合同中明确施工单位的噪声污染防治责任。施工单位应当按

---

〔1〕　参见《噪声污染防治法》第 27 条。

〔2〕　国家发展和改革委员会：《产业结构调整指导目录（2024 年本）》，载 https：//www.gov.cn/zhengce/zhengceku/202312/content_6923472.htm，最后访问日期：2025 年 4 月 9 日。

〔3〕　参见《噪声污染防治法》第 36 条。

〔4〕　参见《噪声污染防治法》第 37 条。

〔5〕　参见《噪声污染防治法》第 38 条。

照规定制定噪声污染防治实施方案，采取有效措施，减少振动、降低噪声。建设单位应当监督施工单位落实噪声污染防治实施方案。[1]

优先使用低噪声设备。在噪声敏感建筑物集中区域施工作业，应当优先使用低噪声施工工艺和设备。国务院工业和信息化主管部门会同国务院生态环境、住房和城乡建设、市场监督管理等部门，公布低噪声施工设备指导名录并适时更新。[2]

禁止夜间施工。在噪声敏感建筑物集中区域，禁止夜间进行产生噪声的建筑施工作业，但抢修、抢险施工作业，因生产工艺要求或者其他特殊需要必须连续施工作业的除外。因特殊需要必须连续施工作业的，应当取得地方人民政府住房和城乡建设、生态环境主管部门或者地方人民政府指定的部门的证明，并在施工现场显著位置公示或者以其他方式公告附近居民。[3]

五、交通运输噪声污染防治

交通运输噪声，是指机动车、铁路机车车辆、城市轨道交通车辆、机动船舶、航空器等交通运输工具在运行时产生的干扰周围生活环境的声音。交通运输噪声污染防治的主要措施包括空间规划中考虑噪声影响、设施维护和保养噪声控制、交通工具噪声控制、民用航空器噪声污染防治等方面。

空间规划应考虑噪声影响。各级人民政府及其有关部门制定、修改国土空间规划和交通运输等相关规划，应当综合考虑公路、城市道路、铁路、城市轨道交通线路、水路、港口和民用机场及其起降航线对周围声环境的影响。新建公路、铁路线路选线设计，应当尽量避开噪声敏感建筑物集中区域。新建民用机场选址与噪声敏感建筑物集中区域的距离应当符合标准要求。[4]

设施维护和保养噪声控制。公路养护管理单位、城市道路养护维修单位应当加强对公路、城市道路的维护和保养，保持减少振动、降低噪声设施正常运行。城市轨道交通运营单位、铁路运输企业应当加强对城市轨道交通线路和城市轨道交通车辆、铁路线路和铁路机车车辆的维护和保养，保持减少振动、降低噪声设施正常运行，并按照国家规定进行监测，保存原始监测记录，对监测数据的真实性和准确性负责。

交通工具噪声控制。《噪声污染防治法》对交通工具的发声装置、发声路段和时间进行管控，对特殊区域的噪声控制作出了规定。在发声装置方面，机动车的消声器和喇叭应当符合国家规定。禁止驾驶拆除或者损坏消声器、加装排气管等擅自改装的机动车以轰鸣、疾驶等方式造成噪声污染。使用机动车音响器材，应当控制音量，防止噪声污染。机动车应当加强维修和保养，

---

〔1〕 参见《噪声污染防治法》第40条。
〔2〕 参见《噪声污染防治法》第41条。
〔3〕 参见《噪声污染防治法》第43条。
〔4〕 参见《噪声污染防治法》第45条。

保持性能良好，防止噪声污染。机动车、铁路机车车辆、城市轨道交通车辆、机动船舶等交通运输工具运行时，应当按照规定使用喇叭等声响装置。警车、消防救援车、工程救险车、救护车等机动车安装、使用警报器，应当符合国务院公安等部门的规定；非执行紧急任务，不得使用警报器。在发声路段和时间方面，地方人民政府生态环境主管部门会同公安机关根据声环境保护的需要，可以划定禁止机动车行驶和使用喇叭等声响装置的路段和时间，向社会公告，并由公安机关交通管理部门依法设置相关标志、标线。在特殊区域的噪声控制方面，在车站、铁路站场、港口等地指挥作业时使用广播喇叭的，应当控制音量，减轻噪声污染。[1]

民用航空器噪声污染防治。民用机场所在地人民政府，应当根据环境影响评价以及监测结果确定的民用航空器噪声对机场周围生活环境产生影响的范围和程度，划定噪声敏感建筑物禁止建设区域和限制建设区域，并实施控制。在禁止建设区域禁止新建与航空无关的噪声敏感建筑物。在限制建设区域确需建设噪声敏感建筑物的，建设单位应当对噪声敏感建筑物进行建筑隔声设计，符合民用建筑隔声设计相关标准要求。民用航空器应当符合国务院民用航空主管部门规定的适航标准中的有关噪声要求。民用机场管理机构负责机场起降航空器噪声的管理，会同航空运输企业、通用航空企业、空中交通管理部门等单位，采取低噪声飞行程序、起降跑道优化、运行架次和时段控制、高噪声航空器运行限制或者周围噪声敏感建筑物隔声降噪等措施，防止、减轻民用航空器噪声污染。民用机场管理机构应当按照国家规定，对机场周围民用航空器噪声进行监测，保存原始监测记录，对监测数据的真实性和准确性负责，监测结果定期向民用航空、生态环境主管部门报送。[2]

六、社会生活噪声污染防治

社会生活噪声，是指人为活动产生的除工业噪声、建筑施工噪声和交通运输噪声之外的干扰周围生活环境的声音。目前，餐饮服务、娱乐场所、邻里生活等产生的环境噪声污染日益严重，是环境噪声污染防治的重点。《噪声污染防治法》规定了经营场所、公共场所、家庭场所、室内装修、设施设备等方面的噪声污染防治。

经营场所噪声污染防治。文化娱乐、体育、餐饮等场所的经营管理者应当采取有效措施，防止、减轻噪声污染。使用空调器、冷却塔、水泵、油烟净化器、风机、发电机、变压器、锅炉、装卸设备等可能产生社会生活噪声污染的设备、设施的企业事业单位和其他经营管理者等，应当采取优化布局、集中排放等措施，防止、减轻噪声污染。禁止在商业经营活动中使用高音广播喇叭或者采用其他持续反复发出高噪声的方法进行广告宣传。对商业经营

---

〔1〕 参见《噪声污染防治法》第47-50条。
〔2〕 参见《噪声污染防治法》第52-54条。

活动中产生的其他噪声，经营者应当采取有效措施，防止噪声污染。[1]

公共场所噪声污染防治。禁止在噪声敏感建筑物集中区域使用高音广播喇叭，但紧急情况以及地方人民政府规定的特殊情形除外。在街道、广场、公园等公共场所组织或者开展娱乐、健身等活动，应当遵守公共场所管理者有关活动区域、时段、音量等规定，采取有效措施，防止噪声污染；不得违反规定使用音响器材产生过大音量。公共场所管理者应当合理规定娱乐、健身等活动的区域、时段、音量，可以采取设置噪声自动监测和显示设施等措施加强管理。[2]

家庭场所噪声污染防治。家庭及其成员应当培养形成减少噪声产生的良好习惯，乘坐公共交通工具、饲养宠物和其他日常活动尽量避免产生噪声对周围人员造成干扰，互谅互让解决噪声纠纷，共同维护声环境质量。使用家用电器、乐器或者进行其他家庭场所活动，应当控制音量或者采取其他有效措施，防止噪声污染。[3]

室内装修噪声污染防治。对已竣工交付使用的住宅楼、商铺、办公楼等建筑物进行室内装修活动，应当按照规定限定作业时间，采取有效措施，防止、减轻噪声污染。[4]

设施设备噪声污染防治。居民住宅区安装电梯、水泵、变压器等共用设施设备的，建设单位应当合理设置，采取减少振动、降低噪声的措施，符合民用建筑隔声设计相关标准要求。已建成使用的居民住宅区电梯、水泵、变压器等共用设施设备由专业运营单位负责维护管理，符合民用建筑隔声设计相关标准要求。[5]

---

[1] 参见《噪声污染防治法》第61-63条。
[2] 参见《噪声污染防治法》第64条。
[3] 参见《噪声污染防治法》第65条。
[4] 参见《噪声污染防治法》第66条。
[5] 参见《噪声污染防治法》第68条。

第十四章

固体废物污染防治法

随着经济的发展，固体废物产生量与日俱增，对生态环境造成巨大压力。为了防治固体废物污染环境，我国制定了《固体废物污染环境防治法》，并制定了大量的法规和行政规章，对固体废物的生产、排放、回收利用等环节实行全流程的管理。

第一节　固体废物污染概述

固体废物，是指在生产、生活和其他活动中产生的丧失原有利用价值或者虽未丧失利用价值但被抛弃或者放弃的固态、半固态和置于容器中的气态的物品、物质以及法律、行政法规规定纳入固体废物管理的物品、物质。经无害化加工处理，并且符合强制性国家产品质量标准，不会危害公众健康和生态安全，或者根据固体废物鉴别标准和鉴别程序认定为不属于固体废物的除外。[1]

固体废物按照化学性质划分，可以分为有机废物和无机废物；按照形态划分，可以分为固态废物、半固态废物和液态（气态）废物；按照危害程度划分，可以分为有害废物和一般废物。[2] 根据《固体废物污染环境防治法》，固体废物主要包括工业固体废物、生活垃圾、建筑垃圾、农业固体废物和危险废物等。

固体废物量大面广，种类繁多，性质复杂，污染环节多，具有污染环境和可利用的双重性。[3] 固体废物污染的后果主要体现为占用土地资源、污染大气、水体和土壤，危害人体健康。

占用土地资源。随着固体废物数量的快速增长，其堆放或者填埋所占用的土地也不断增加。随着我国生产的增长和消费水平的提高，城市垃圾受纳场地日益不足，垃圾与人争地的矛盾日益尖锐。[4] 我国有许多城市处于垃圾

〔1〕　参见《固体废物污染环境防治法》第124条第1项。

〔2〕　郭怀成、刘永主编：《环境科学基础教程》，中国环境出版社2015年版，第186页。

〔3〕　胡德胜主编：《环境与资源保护法学》，西安交通大学出版社2017年版，第240页。

〔4〕　方淑荣主编：《环境科学概论》，清华大学出版社2011年版，第153页。

的包围中，数万公顷土地被固体废物占用。

大气污染。固体废物在堆放、运输和处置的过程中，其中的细微颗粒会随风进入大气，从而造成大气污染。同时，固体废物中的挥发性物质因自然降解而产生的挥发性气体也可以以分子状态的形式存在于大气中。此外，许多固体废物在堆放或者焚烧的过程中会不同程度地产生废气，污染大气环境。

污染水体。一方面，被非法投入江河、湖泊、海洋中的固体废物会严重污染水质，直接危害水生态环境。另一方面，被堆放和填埋的固体废物，经过雨水浸淋和自身分解，其中的有害物质可能随雨雪和地表径流进入河流和湖泊，污染地表水；废物中的有害物质渗入地下水后，还会造成地下水污染。

污染土壤。固体废物及其渗出液和滤沥所含的有害物质在进入土壤后，会改变土壤性质和土壤结构，并对土壤微生物的活动造成影响。工业固体废物、特别是危险废物经过风化、雨雪淋溶、地表径流冲刷，会使一些有毒液体渗入土壤，毒害土壤中的微生物，破坏土壤分解能力，导致土壤的生态功能退化。[1] 现代农业中使用的塑料瓶、地膜等高分子废弃物难以被自然降解，造成"白色污染"，这已成为农业生产中的一大难题。

危害人体健康。固体废物尤其是危险废物中含有许多对人体有害的重金属、难以降解的高分子有机化合物等成分。这些物质可以通过空气、饮水或者食物链等方式传播进入人体，对人体健康具有毒害作用，严重的可以致畸、致癌、致突变。[2]

第二节 固体废物污染防治法律体系

1995 年，我国颁布《固体废物污染环境防治法》，并于 2004 年、2013 年、2015 年、2016 年和 2020 年分别进行了三次修正和两次修订。目前，我国已形成了由固体废物污染防治专门立法、与固体废物污染防治有关的法律、法规和规章构成的固体废物污染防治法律体系。

《固体废物污染环境防治法》旨在保护和改善生态环境，防治固体废物污染环境，保障公众健康，维护生态安全，推进生态文明建设，促进经济社会可持续发展。[3] 该法就固体废物污染防治的原则，监督管理制度，工业固体废物、生活垃圾、建筑垃圾、农业固体废物、危险废物等污染环境防治的法律措施，保障措施以及相关法律责任等内容作出了详细规定。同时，我国在相关领域也制定了与固体废物污染防治有关的立法，主要包括《海洋环境保护法》《黄河保护法》《农产品质量安全法》《湿地保护法》《海南自由贸易港法》《中华人民共和国乡村振兴促进法》《长江保护法》《建筑法》《循环经济

---

〔1〕 郭怀成、刘永主编：《环境科学基础教程》，中国环境出版社 2015 年版，第 190 页。
〔2〕 方淑荣、姚红主编：《环境科学概论》，清华大学出版社 2018 年版，第 153 页。
〔3〕 参见《固体废物污染环境防治法》第 1 条。

促进法》《环境保护税法》《土壤污染防治法》《核安全法》《水污染防治法》《海岛保护法》《放射性污染防治法》等法律。此外，《环境保护法》等法律中也规定了与固体废物污染防治有关的内容。这些法律从特殊区域和流域的固体废物污染防治、放射性固体废物和建筑垃圾等特殊类型的固体废物污染防治、固体废物的循环利用和无害化处理等方面，为固体废物污染防治活动提供法律依据。

此外，我国还制定了相关法规和规章，防治固体废物污染环境。其中主要的行政法规主要有《中华人民共和国进出口商品检验法实施条例》《放射性同位素与射线装置安全和防护条例》《废弃电器电子产品回收处理管理条例》《中华人民共和国环境保护税法实施条例》《危险废物经营许可证管理办法》《畜禽规模养殖污染防治条例》《放射性废物安全管理条例》《医疗废物管理条例》《建设工程安全生产管理条例》等。一些省市制定了本辖区内防治固体废物污染环境的地方性法规，例如《广东省固体废物污染环境防治条例》《湖南省实施〈中华人民共和国固体废物污染环境防治法〉办法》等。涉及固体废物污染防治的部门规章主要有《放射性固体废物贮存和处置许可管理办法》《尾矿污染环境防治管理办法》《海关综合保税区管理办法》《危险废物转移管理办法》《邮件快件包装管理办法》《放射性同位素与射线装置安全许可管理办法》《农药包装废弃物回收处理管理办法》《报废机动车回收管理办法实施细则》《再生资源回收管理办法》《危险废物出口核准管理办法》《工矿用地土壤环境管理办法（试行）》《农用地土壤环境管理办法（试行）》《放射诊疗管理规定》《城市生活垃圾管理办法》《突发环境事件应急管理办法》《煤矸石综合利用管理办法》《粉煤灰综合利用管理办法》等。

第三节　固体废物污染防治的主要措施

一、管理体制

国务院生态环境主管部门对全国固体废物污染防治工作实施统一监督管理。国务院发展改革、工业和信息化、自然资源、住房和城乡建设、交通运输、农业农村、商务、卫生健康、海关等主管部门在各自职责范围内负责固体废物污染环境防治的监督管理工作。[1]

地方人民政府生态环境主管部门对本行政区域内固体废物污染环境防治工作实施统一监督管理。地方人民政府发展改革、工业和信息化、自然资源、住房和城乡建设、交通运输、农业农村、商务、卫生健康等主管部门在各自职责范围内负责固体废物污染环境防治的监督管理工作。[2]

---

〔1〕 参见《固体废物污染环境防治法》第9条第1款。
〔2〕 参见《固体废物污染环境防治法》第9条第2款。

地方各级人民政府对本行政区域固体废物污染防治负责。国家实行固体废物污染防治目标责任制和考核评价制度，将固体废物污染防治目标完成情况纳入考核评价的内容。各级人民政府应当加强对固体废物污染环境防治工作的领导，组织、协调、督促有关部门依法履行固体废物污染环境防治监督管理职责。省、自治区、直辖市之间可以协商建立跨行政区域固体废物污染环境的联防联控机制，统筹规划制定、设施建设、固体废物转移等工作。[1]

二、主要领域的固体废物污染防治措施

(一) 工业固体废物污染防治

工业固体废物，是指在工业生产活动中产生的固体废物。工业固体废物污染防治的主要措施包括如下几个方面：

排污许可。产生工业固体废物的单位应当取得排污许可证。产生工业固体废物的单位应当向所在地生态环境主管部门提供工业固体废物的种类、数量、流向、贮存、利用、处置等有关资料，以及减少工业固体废物产生、促进综合利用的具体措施，并执行排污许可管理制度的相关规定。[2]

限期淘汰落后工艺和设备。国务院工业和信息化主管部门应当会同国务院有关部门组织研究开发、推广减少工业固体废物产生量和降低工业固体废物危害性的生产工艺和设备，公布限期淘汰产生严重污染环境的工业固体废物的落后生产工艺、设备的名录。生产者、销售者、进口者、使用者应当在国务院工业和信息化主管部门会同国务院有关部门规定的期限内分别停止生产、销售、进口或者使用列入名录中的设备。生产工艺的采用者应当在国务院工业和信息化主管部门会同国务院有关部门规定的期限内停止采用列入名录中的工艺。列入限期淘汰名录被淘汰的设备，不得转让给他人使用。[3]

生产者责任延伸制度。国家建立电器电子、铅蓄电池、车用动力电池等产品的生产者责任延伸制度。电器电子、铅蓄电池、车用动力电池等产品的生产者应当按照规定以自建或者委托等方式建立与产品销售量相匹配的废旧产品回收体系，并向社会公开，实现有效回收和利用。国家鼓励产品的生产者开展生态设计，促进资源回收利用。[4]

固体废物委托处置承担连带责任。产生工业固体废物的单位委托他人运输、利用、处置工业固体废物的，应当对受托方的主体资格和技术能力进行核实，依法签订书面合同，在合同中约定污染防治要求。受托方运输、利用、处置工业固体废物，应当依照有关法律法规的规定和合同约定履行污染防治要求，并将运输、利用、处置情况告知产生工业固体废物的单位。产生工业

---

〔1〕 参见《固体废物污染环境防治法》第 8 条。

〔2〕 参见《固体废物污染环境防治法》第 39 条。

〔3〕 参见《固体废物污染环境防治法》第 33 条。

〔4〕 参见《固体废物污染环境防治法》第 66 条。

固体废物的单位违反本条第一款规定的，除依照有关法律法规的规定予以处罚外，还应当与造成环境污染和生态破坏的受托方承担连带责任。[1]

企业终止、变更的固体废物处置义务。产生工业固体废物的单位终止的，应当在终止前对工业固体废物的贮存、处置的设施、场所采取污染防治措施，并对未处置的工业固体废物作出妥善处置，防止污染环境。产生工业固体废物的单位发生变更的，变更后的单位应当按照国家有关环境保护的规定对未处置的工业固体废物及其贮存、处置的设施、场所进行安全处置或者采取有效措施保证该设施、场所安全运行。变更前当事人对工业固体废物及其贮存、处置的设施、场所的污染防治责任另有约定的，从其约定；但是，不得免除当事人的污染防治义务。[2]

（二）农业固体废物处理

农业固体废物，是指在农业生产活动中产生的固体废物。县级以上人民政府农业农村主管部门负责指导农业固体废物回收利用体系建设，鼓励和引导有关单位和其他生产经营者依法收集、贮存、运输、利用、处置农业固体废物，加强监督管理，防止污染环境。产生秸秆、废弃农用薄膜、农药包装废弃物等农业固体废物的单位和其他生产经营者，应当采取回收利用和其他防止污染环境的措施。从事畜禽规模养殖应当及时收集、贮存、利用或者处置养殖过程中产生的畜禽粪污等固体废物，避免造成环境污染。禁止在人口集中地区、机场周围、交通干线附近以及当地人民政府划定的其他区域露天焚烧秸秆。国家鼓励研究开发、生产、销售、使用在环境中可降解且无害的农用薄膜。[3]

（三）建筑垃圾分类处理

建筑垃圾，是指建设单位、施工单位新建、改建、扩建和拆除各类建筑物、构筑物、管网等，以及居民在装饰装修房屋过程中产生的弃土、弃料和其他固体废物。县级以上地方人民政府应当加强建筑垃圾污染环境的防治，建立建筑垃圾分类处理制度。县级以上地方人民政府应当制定包括源头减量、分类处理、消纳设施和场所布局及建设等在内的建筑垃圾污染环境防治工作规划。[4]

（四）生活垃圾污染防治

生活垃圾，是指在日常生活中或者为日常生活提供服务的活动中产生的固体废物，以及法律、行政法规规定视为生活垃圾的固体废物。生活垃圾污染防治措施主要包括分类处置、回收利用、处理收费等。

分类处置。国家推行生活垃圾分类制度。生活垃圾分类坚持政府推动、

---

〔1〕　参见《固体废物污染环境防治法》第37条。

〔2〕　参见《固体废物污染环境防治法》第41条第1款、第2款。

〔3〕　参见《固体废物污染环境防治法》第64条、第65条。

〔4〕　参见《固体废物污染环境防治法》第60条。

全民参与、城乡统筹、因地制宜、简便易行的原则。[1] 一方面，政府负有建立和完善生活垃圾分类管理系统的职责。县级以上地方人民政府应当加快建立分类投放、分类收集、分类运输、分类处理的生活垃圾管理系统，实现生活垃圾分类制度有效覆盖。县级以上地方人民政府应当建立生活垃圾分类工作协调机制，加强和统筹生活垃圾分类管理能力建设。各级人民政府及其有关部门应当组织开展生活垃圾分类宣传，教育引导公众养成生活垃圾分类习惯，督促和指导生活垃圾分类工作。[2] 另一方面，产生生活垃圾的主体负有依法分类投放生活垃圾的义务。产生生活垃圾的单位、家庭和个人应当依法履行生活垃圾源头减量和分类投放义务，承担生活垃圾产生者责任。任何单位和个人都应当依法在指定的地点分类投放生活垃圾。禁止随意倾倒、抛撒、堆放或者焚烧生活垃圾。机关、事业单位等应当在生活垃圾分类工作中起示范带头作用。已经分类投放的生活垃圾，应当按照规定分类收集、分类运输、分类处理。[3]

回收利用。县级以上人民政府应当统筹安排建设城乡生活垃圾收集、运输、处理设施，确定设施厂址，提高生活垃圾的综合利用和无害化处置水平，促进生活垃圾收集、处理的产业化发展，逐步建立和完善生活垃圾污染环境防治的社会服务体系。县级以上地方人民政府有关部门应当统筹规划，合理安排回收、分拣、打包网点，促进生活垃圾的回收利用工作。[4] 从生活垃圾中回收的物质应当按照国家规定的用途、标准使用，不得用于生产可能危害人体健康的产品。[5]

处理收费。县级以上地方人民政府应当按照产生者付费原则，建立生活垃圾处理收费制度。县级以上地方人民政府制定生活垃圾处理收费标准，应当根据本地实际，结合生活垃圾分类情况，体现分类计价、计量收费等差别化管理，并充分征求公众意见。生活垃圾处理收费标准应当向社会公布。生活垃圾处理费应当专项用于生活垃圾的收集、运输和处理等，不得挪作他用。[6]

三、危险废物污染防治

危险废物，是指列入国家危险废物名录或者根据国家规定的危险废物鉴别标准和鉴别方法认定的具有危险特性的固体废物。危险废物污染防治的主要措施包括危险废物经营许可、危险废物名录、危险废物识别标志、危险废物行政代处置、危险废物信息化管理、危险废物贮存与处置、危险废物应急

---

〔1〕 参见《固体废物污染环境防治法》第6条。
〔2〕 参见《固体废物污染环境防治法》第43条。
〔3〕 参见《固体废物污染环境防治法》第49条。
〔4〕 参见《固体废物污染环境防治法》第45条。
〔5〕 参见《固体废物污染环境防治法》第54条。
〔6〕 参见《固体废物污染环境防治法》第58条。

管理等方面。

危险废物经营许可，是指要求从事收集、贮存、处置危险废物经营活动的单位必须事前经过申请，取得许可证后方可从事危险废物经营活动的一整套管理措施。从事收集、贮存、利用、处置危险废物经营活动的单位，应当按照国家有关规定申请取得许可证。禁止无许可证或者未按照许可证规定从事危险废物收集、贮存、利用、处置的经营活动。禁止将危险废物提供或者委托给无许可证的单位或者其他生产经营者从事收集、贮存、利用、处置活动。[1]

危险废物名录。国务院生态环境主管部门应当会同国务院有关部门制定国家危险废物名录，规定统一的危险废物鉴别标准、鉴别方法、识别标志和鉴别单位管理要求。国家危险废物名录应当动态调整。国务院生态环境主管部门根据危险废物的危害特性和产生数量，科学评估其环境风险，实施分级分类管理，建立信息化监管体系，并通过信息化手段管理、共享危险废物转移数据和信息。[2] 原国家环境保护总局、国家经济贸易委员会等四部门于1998年发布了我国首部《国家危险废物名录》（已失效），该名录于2008年、2016年、2021年、2025年进行了四次更新。2025年施行的《国家危险废物名录（2025年版）》包含医疗废物，医药废物，废药物、药品，农药废物等多种危险废物。

危险废物识别标志，是为便于人们识别危险废物和防范其危害而在危险废物的容器和包装物以及收集、贮存、运输、处置危险废物的设施、场所设置的表明危险废物的种类和危险特性的文字和图案。根据法律规定，对危险废物的容器和包装物以及收集、贮存、运输、利用、处置危险废物的设施、场所，应当按照规定设置危险废物识别标志。[3]

危险废物行政代为处置。危险废物产生者未按照规定处置其产生的危险废物被责令改正后拒不改正的，由生态环境主管部门组织代为处置，处置费用由危险废物产生者承担；拒不承担代为处置费用的，处代为处置费用1倍以上3倍以下的罚款。[4]

危险废物信息化管理。国务院生态环境主管部门根据危险废物的危害特性和产生数量，科学评估其环境风险，实施分级分类管理，建立信息化监管体系，并通过信息化手段管理、共享危险废物转移数据和信息。[5] 产生危险废物的单位，应当按照国家有关规定制定危险废物管理计划；建立危险废物管理台账，如实记录有关信息，并通过国家危险废物信息管理系统向所在地生态环境主管部门申报危险废物的种类、产生量、流向、贮存、处置等有关

---

〔1〕　参见《固体废物污染环境防治法》第80条。

〔2〕　参见《固体废物污染环境防治法》第75条。

〔3〕　参见《固体废物污染环境防治法》第77条。

〔4〕　参见《固体废物污染环境防治法》第113条。

〔5〕　参见《固体废物污染环境防治法》第75条第2款。

资料。[1]

危险废物贮存与处置。省、自治区、直辖市人民政府应当组织有关部门编制危险废物集中处置设施、场所的建设规划，科学评估危险废物处置需求，合理布局危险废物集中处置设施、场所，确保本行政区域的危险废物得到妥善处置。[2] 收集、贮存危险废物，应当按照危险废物特性分类进行。禁止混合收集、贮存、运输、处置性质不相容而未经安全性处置的危险废物。贮存危险废物应当采取符合国家环境保护标准的防护措施，禁止将危险废物混入非危险废物中贮存。[3]

危险废物应急管理。产生、收集、贮存、运输、利用、处置危险废物的单位，应当依法制定意外事故的防范措施和应急预案，并向所在地生态环境主管部门和其他负有固体废物污染环境防治监督管理职责的部门备案；生态环境主管部门和其他负有固体废物污染环境防治监督管理职责的部门应当进行检查。[4] 重大传染病疫情等突发事件发生时，县级以上人民政府应当统筹协调医疗废物等危险废物收集、贮存、运输、处置等工作，保障所需的车辆、场地、处置设施和防护物资。卫生健康、生态环境、环境卫生、交通运输等主管部门应当协同配合，依法履行应急处置职责。[5]

四、特别规定

（一）过度包装限制

国务院标准化主管部门应当根据国家经济和技术条件、固体废物污染环境防治状况以及产品的技术要求，组织制定有关标准，防止过度包装造成环境污染。生产经营者应当遵守限制商品过度包装的强制性标准，避免过度包装。县级以上地方人民政府市场监督管理部门和有关部门应当按照各自职责，加强对过度包装的监督管理。生产、销售、进口依法被列入强制回收目录的产品和包装物的企业，应当按照国家有关规定对该产品和包装物进行回收。电子商务、快递、外卖等行业应当优先采用可重复使用、易回收利用的包装物，优化物品包装，减少包装物的使用，并积极回收利用包装物。县级以上地方人民政府商务、邮政等主管部门应当加强监督管理。国家鼓励和引导消费者使用绿色包装和减量包装。[6]

（二）一次性塑料制品和一次性用品限制

国家依法禁止、限制生产、销售和使用不可降解塑料袋等一次性塑料制品。商品零售场所开办单位、电子商务平台企业和快递企业、外卖企业应当

---

[1] 参见《固体废物污染环境防治法》第 78 条第 1 款。

[2] 参见《固体废物污染环境防治法》第 76 条第 1 款、第 2 款。

[3] 参见《固体废物污染环境防治法》第 81 条第 1 款、第 2 款。

[4] 参见《固体废物污染环境防治法》第 85 条。

[5] 参见《固体废物污染环境防治法》第 91 条。

[6] 参见《固体废物污染环境防治法》第 68 条。

按照国家有关规定向商务、邮政等主管部门报告塑料袋等一次性塑料制品的使用、回收情况。国家鼓励和引导减少使用、积极回收塑料袋等一次性塑料制品，推广应用可循环、易回收、可降解的替代产品。旅游、住宿等行业应当按照国家有关规定推行不主动提供一次性用品。机关、企业事业单位等的办公场所应当使用有利于保护环境的产品、设备和设施，减少使用一次性办公用品。[1]

（三）固体废物转移管理

固体废物转移，是指将固体废物从一地转移到另一地的活动，可分为国内转移、越境转移和过境转移。

国内转移。我国对固体废物转移出省级行政区域实施贮存、处置、利用等活动实行严格的审批管理。转移固体废物出省、自治区、直辖市行政区域贮存、处置的，应当向固体废物移出地的省、自治区、直辖市人民政府生态环境主管部门提出申请。移出地的省、自治区、直辖市人民政府生态环境主管部门应当及时商经接受地的省、自治区、直辖市人民政府生态环境主管部门同意后，在规定期限内批准转移该固体废物出省、自治区、直辖市行政区域。未经批准的，不得转移。转移固体废物出省、自治区、直辖市行政区域利用的，应当报固体废物移出地的省、自治区、直辖市人民政府生态环境主管部门备案。移出地的省、自治区、直辖市人民政府生态环境主管部门应当将备案信息通报接受地的省、自治区、直辖市人民政府生态环境主管部门。[2]

越境转移，是指将废物从一国的国家管辖地区移至另一国管辖地区或者移至不属于任何国家管辖地区的活动。根据法律规定，我国禁止境外的固体废物进境倾倒、堆放、处置。[3]

过境转移，是指将废物从一国管辖的地区经过另一国管辖的地区移至第三国管辖的地区或者不属于任何国家管辖的地区的活动。根据法律规定，禁止经我国过境转移危险废物。[4]

（四）固体废物进口管制

长期以来，"洋垃圾"进口一直困扰着我国固体废物污染治理。2017年7月，国务院办公厅发布了《禁止洋垃圾入境推进固体废物进口管理制度改革实施方案》，要求全面禁止洋垃圾入境，推进固体废物进口管理制度改革。根据《固体废物污染环境防治法》，国家逐步实现固体废物零进口，由国务院生态环境主管部门会同国务院商务、发展改革、海关等主管部门组织实施。海关发现进口货物疑似固体废物的，可以委托专业机构开展属性鉴别，并根据

〔1〕　参见《固体废物污染环境防治法》第69条、第70条。
〔2〕　参见《固体废物污染环境防治法》第22条。
〔3〕　参见《固体废物污染环境防治法》第23条。
〔4〕　参见《固体废物污染环境防治法》第89条。

鉴别结论依法管理。[1]

---

〔1〕 参见《固体废物污染环境防治法》第24条、第25条。

第十五章

有毒有害物质污染防治法

有毒有害物质主要包括放射性物质、危险化学品、农药等，这些物质会对生态环境和人体健康造成严重的危害。为此，我国制定了《放射性污染防治法》《核安全法》《危险化学品安全管理条例》《农药管理条例》等立法，为有毒有害物质污染防治提供法律依据。

第一节　放射性物质污染防治

我国对放射性污染防治工作十分重视，形成了以《放射性污染防治法》和《核安全法》为核心的法律体系，实行统一监督管理与分部门监管相结合的管理体制，基于一系列的制度和措施开展放射性污染防治工作。

一、放射性物质污染概述

在自然界和人工生产的元素中，有一些元素能自动发生衰变，并放射肉眼不可见的射线，这些元素称为"放射性物质"或"放射性元素"。[1] 20 世纪 50 年代以来，人类的活动使人工辐射和人工放射性物质大大增加，环境中的射线强度增强，对人体和其他生物的生存造成威胁，由此产生了放射性污染，即由于人类活动造成物料、人体、场所、环境介质表面或者内部出现超过国家标准的放射性物质或者射线。[2]

放射性物质对人产生辐照伤害主要有三种方式。一是浸没照射，即人体浸没在放射性污染的空气中；二是吸入照射，即吸入放射性气体从而使甲状腺、肺等器官受到内照射；三是沉降照射，即沉积在地面的放射性物质对人体产生的照射。放射性物质进入人体后，其发出的射线会破坏机体内的大分子结构，甚至直接破坏细胞和组织结构，造成人体损伤。[3]

放射性物质对生态环境的影响，主要是影响动植物的正常生存，破坏动植物的生长环境。一方面，放射性物质会干扰动植物的生长发育过程，导致

---

〔1〕　方淑荣、姚红主编：《环境科学概论》，清华大学出版社 2016 年版，第 171 页。

〔2〕　参见《放射性污染防治法》第 62 条第 1 项。

〔3〕　方淑荣、姚红主编：《环境科学概论》，清华大学出版社 2016 年版，第 172 页。

其生长速度减缓、发育停滞或者发育异常；一些受到放射性物质照射的动物可能会出现身体比例不协调、器官畸形等情况，植物也可能会出现叶片大小、形状异常等问题；同时，核辐射会干扰动植物的生殖系统，降低其繁殖能力，严重的可导致基因突变。另一方面，核辐射还会对动植物的生长环境产生影响。例如，核辐射会破坏土壤中的微生物和有机质，影响土壤的肥力和结构，导致土壤质量下降。

二、放射性物质污染防治法律体系

2003 年，我国公布了《放射性污染防治法》。以此为基础，目前我国已形成由放射性污染防治专门立法、与放射性污染防治有关的法律、法规和规章构成的放射性污染防治法律体系。

《放射性污染防治法》旨在防治放射性污染，保护环境，保障人体健康，促进核能、核技术的开发与和平利用。[1] 该法就放射性污染防治的原则、核设施的放射性污染防治、核技术利用的放射性污染防治、铀（钍）矿和伴生放射性矿开发利用的放射性污染防治、放射性废物管理以及相关法律责任等内容作出了详细规定。

我国在相关领域也制定了与放射性污染防治有关的立法，主要包括《海洋环境保护法》《药品管理法》《职业病防治法》《产品质量法》《大气污染防治法》《核安全法》《水污染防治法》等。此外，《环境保护法》等法律中也规定了与放射性物质污染环境防治有关的内容。这些法律从放射性药品管理，海洋环境保护、大气污染治理、核安全保障、水污染治理等方面，为放射性物质污染防治活动提供了法律依据。

我国涉及放射性物质污染防治的行政法规主要包括《放射性药品管理办法》《放射性同位素与射线装置安全和防护条例》《放射性废物安全管理条例》《放射性物品运输安全管理条例》《防治海洋工程建设项目污染损害海洋环境管理条例》等。一些省市制定了本辖区内防治放射性物质污染的地方性法规，例如，《陕西省放射性污染防治条例》。涉及放射性物质污染防治的部门规章主要有《放射性物品道路运输管理规定》《药品经营和使用质量监督管理办法》《放射性同位素与射线装置安全许可管理办法》《放射性物品运输安全许可管理办法》《放射性固体废物贮存和处置许可管理办法》《放射性物品运输安全监督管理办法》《放射性同位素与射线装置安全和防护管理办法》《放射性废物安全监督管理规定》《铁路运输放射性货物核查办法》等。

三、放射性物质污染防治的主要措施

（一）管理体制

国务院生态环境主管部门对全国放射性污染防治工作依法实施统一监督

---

[1] 参见《放射性污染防治法》第 1 条。

管理。国务院卫生健康部门和其他有关部门依据国务院规定的职责，对有关的放射性污染防治工作依法实施监督管理。[1]

（二）规划限制区

核动力厂等重要核设施外围地区应当划定规划限制区。[2] 规划限制区，是指将核动力厂外围一定宽度划为缓冲地带。其作用是，在该缓冲地带限制某些活动，如限制人口大量迁入、禁止建设危险项目等。这样，一旦发生重大放射性污染事故，可以有效地实施疏散、救援等应急措施，以减轻甚至避免造成放射性污染危害。[3]

（三）安全保卫

核设施营运单位应当建立健全安全保卫制度，加强安全保卫工作，并接受公安部门的监督指导。[4] 生产、销售、使用、贮存放射源的单位，应当建立健全安全保卫制度，指定专人负责，落实安全责任制，制定必要的事故应急措施。发生放射源丢失、被盗和放射性污染事故时，有关单位和个人必须立即采取应急措施，并向公安部门、卫生健康主管部门和生态环境主管部门报告。公安部门、卫生健康主管部门和生态环境主管部门接到放射源丢失、被盗和放射性污染事故报告后，应当报告本级人民政府，并按照各自的职责立即组织采取有效措施，防止放射性污染蔓延，减少事故损失。当地人民政府应当及时将有关情况告知公众，并做好事故的调查、处理工作。[5] 核材料、放射性废物的托运人应当在运输中采取有效的辐射防护和安全保卫措施，对运输中的核安全负责。[6]

（四）安全保存

放射性同位素应当单独存放，不得与易燃、易爆、腐蚀性物品等一起存放，其贮存场所应当采取有效的防火、防盗、防射线泄漏的安全防护措施，并指定专人负责保管。贮存、领取、使用、归还放射性同位素时，应当进行登记、检查，做到账物相符。[7] 生产、使用放射性同位素和射线装置的单位，应当按照国务院生态环境主管部门的规定对其产生的放射性废物进行收集、包装、贮存。生产放射源的单位，应当按照国务院生态环境主管部门的规定回收和利用废旧放射源；使用放射源的单位，应当按照国务院生态环境主管部门的规定将废旧放射源交回生产放射源的单位或者送交专门从事放射性固体废物贮存、处置的单位。[8]

---

〔1〕　参见《放射性污染防治法》第 8 条。

〔2〕　参见《放射性污染防治法》第 23 条。

〔3〕　韩德培主编:《环境保护法教程》，法律出版社 2015 年版，第 307 页。

〔4〕　参见《放射性污染防治法》第 25 条第 1 款。

〔5〕　参见《放射性污染防治法》第 33 条。

〔6〕　参见《核安全法》第 52 条第 1 款。

〔7〕　参见《放射性污染防治法》第 31 条。

〔8〕　参见《放射性污染防治法》第 32 条。

（五）监督管理

监测。国家建立放射性污染监测制度。国务院生态环境主管部门会同国务院其他有关部门组织环境监测网络，对放射性污染实施监测管理。[1] 核设施营运单位应当对核设施周围环境中所含的放射性核素的种类、浓度以及核设施流出物中的放射性核素总量实施监测，并定期向国务院环境保护行政主管部门和所在地省、自治区、直辖市人民政府环境保护行政主管部门报告监测结果。铀（钍）矿开发利用单位应当对铀（钍）矿的流出物和周围的环境实施监测，并定期向国务院环境保护行政主管部门和所在地省、自治区、直辖市人民政府环境保护行政主管部门报告监测结果。[2]

监督检查。国务院生态环境主管部门和国务院其他有关部门，对核设施、铀（钍）矿开发利用中的放射性污染防治进行监督检查。县级以上地方人民政府生态环境主管部门和同级其他有关部门，对本行政区域内核技术利用、伴生放射性矿开发利用中的放射性污染防治进行监督检查。监督检查人员进行现场检查时，应当出示证件。被检查的单位必须如实反映情况，提供必要的资料。监督检查人员应当为被检查单位保守技术秘密和业务秘密。对涉及国家秘密的单位和部位进行检查时，应当遵守国家有关保守国家秘密的规定，依法办理有关审批手续。[3]

资格资质管理。国家对从事放射性污染防治的专业人员实行资格管理制度；对从事放射性污染监测工作的机构实行资质管理制度。[4]

技术标准。国家放射性污染防治标准由国务院生态环境主管部门根据环境安全要求、国家经济技术条件制定。国家放射性污染防治标准由国务院生态环境主管部门和国务院标准化行政主管部门联合发布。[5] 含有放射性物质的产品，应当符合国家放射性污染防治标准；不符合国家放射性污染防治标准的，不得出厂和销售。使用伴生放射性矿渣和含有天然放射性物质的石材做建筑和装修材料，应当符合国家建筑材料放射性核素控制标准。[6] 进口核设施，应当符合国家放射性污染防治标准；没有相应的国家放射性污染防治标准的，采用国务院生态环境主管部门指定的国外有关标准。[7]

标识。放射性物质和射线装置应当设置明显的放射性标识和中文警示说明。生产、销售、使用、贮存、处置放射性物质和射线装置的场所，以及运输放射性物质和含放射源的射线装置的工具，应当设置明显的放射性

---

〔1〕 参见《放射性污染防治法》第10条

〔2〕 参见《放射性污染防治法》第24条第1款、第36条。

〔3〕 参见《放射性污染防治法》第11条。

〔4〕 参见《放射性污染防治法》第14条。

〔5〕 参见《放射性污染防治法》第9条。

〔6〕 参见《放射性污染防治法》第17条。

〔7〕 参见《放射性污染防治法》第22条。

标志。[1]

（六）应急处理

核设施营运单位应当按照核设施的规模和性质制定核事故场内应急计划，做好应急准备。出现核事故应急状态时，核设施营运单位必须立即采取有效的应急措施控制事故，并向核设施主管部门和生态环境主管部门、卫生健康主管部门、公安部门以及其他有关部门报告。核设施主管部门、生态环境主管部门、卫生健康主管部门、公安部门以及其他有关部门，在本级人民政府的组织领导下，按照各自的职责依法做好核事故应急工作。中国人民解放军和中国人民武装警察部队按照国务院、中央军事委员会的有关规定在核事故应急中实施有效的支援。[2]

第二节　危险化学品污染防治

危险化学品是现代社会环境问题的主要来源之一。我国从生产、储存、使用、运输、经营和进出口等环节规定了危险化学品的管理，并规定了危险化学品的登记制度、应急处理制度，对危险化学品进行全面管理。

一、危险化学品污染概述

危险化学品，是指具有毒害、腐蚀、爆炸、燃烧、助燃等性质，对人体、设施、环境具有危害的剧毒化学品和其他化学品。[3] 我国《化学品分类和标签规范》（GB 30000 系列国家标准）主要从理化危险、健康危险和环境危险三个方面，将危险化学品分为了二十八个大类。其中，有可能引起理化危险的危险化学品主要包括爆炸物、易燃气体、气溶胶、氧化性气体、加压气体、易燃液体、易燃固体、自反应物质和混合物、自燃液体、自燃固体、自热物质和混合物、遇水放出易燃气体的物质或混合物、氧化性液体、氧化性固体、有机过氧化物、金属腐蚀物等十六类物质。有可能引起健康危险的危险化学品主要包括急性毒性物质、皮肤腐蚀/刺激物质、严重眼损伤/眼刺激物质、呼吸道或皮肤致敏物质、生殖细胞致突变性物质、致癌性物质、生殖毒性物质、特异性靶器官毒性物质、特异性靶器官毒性−反复接触物质、吸入危害物质十类。有可能引起环境危险的危险化学品主要包括危害水生环境物质、危害臭氧层物质等两类。

危险化学品污染，是指人类将危险化学品直接或者间接地导入环境，导致其化学、物理、生物或者放射性等方面特性发生改变，从而危害人体健康

---

〔1〕　参见《放射性污染防治法》第 16 条。

〔2〕　参见《放射性污染防治法》第 26 条第 2 款、第 3 款。

〔3〕　参见《危险化学品安全管理条例》第 3 条第 1 款。

和生态环境的现象。[1] 危险化学品污染的危害主要包括燃爆危害、健康危害和生态环境危害三类。[2]

燃爆危害。危险化学品，特别是其中的爆炸物、易燃物等，由于储存、运输、使用不当，极易发生剧烈的化学反应，造成燃烧和爆炸，其冲击波超压对人体和建筑物都会造成损害。同时，爆炸发生后，还会引发火灾，导致有害物质外泄，造成公众中毒和环境污染。

健康危害。危险化学品中的有毒化学品能够在一般条件下作用于人类机体，扰乱或破坏机体的正常功能，导致暂时性或持久性病理损害，甚至威胁人的生命。有毒化学品通过呼吸道、皮肤、消化道等途径进入人体，在体内积蓄到一定剂量后，人体就会表现出慢性中毒、亚急性中毒或急性中毒等症状，有些危险化学品还会致癌、致畸、致突变等。

生态环境危害。危险化学品在侵入环境后，对各类环境要素都会产生不利影响。对大气而言，氟氯烃会破坏臭氧层，甲烷会导致温室效应，硫氧化物和氮氧化物在空气中遇水会形成酸雨，大气中未燃烧的煤尘和二氧化硫与水蒸气混合并发生化学反应形成的硫酸烟雾也会造成光化学烟雾事件。对土壤而言，化学性废物进入土壤，可导致土壤酸化、土壤碱化和土壤板结。对水体而言，植物营养物、重金属、农药、石油等化学品进入水体，都会造成水体不同形式的污染，造成"赤潮"和水生生物死亡，危害水资源安全。[3]

二、危险化学品污染防治法律体系

我国危险化学品污染防治立法始于 20 世纪 80 年代。1987 年，国务院公布《化学危险物品安全管理条例》，这是我国危险化学品污染防治的第一部专门立法。2002 年，国务院公布《危险化学品安全管理条例》，并于 2011 年和 2013 年分别进行了两次修订。

《危险化学品安全管理条例》旨在加强危险化学品的安全管理，预防和减少危险化学品事故，保障人民群众生命财产安全，保护环境。[4] 该条例主要就危险化学品安全管理的基本方针，危险化学品的生产安全、储存安全、使用安全、经营安全、运输安全，危险化学品登记与事故应急救援以及相关法律责任等内容作出了详细规定。

我国在相关领域也制定了与危险化学品污染防治有关的立法，主要包括《安全生产法》《海上交通安全法》《长江保护法》《反恐怖主义法》《水污染防治法》《突发事件应对法》等。此外，《环境保护法》等法律中也规定了与

---

[1] 胡德胜主编：《环境与资源保护法学》，西南交通大学出版社 2017 年版，第 274 页。

[2] 刘刚、万宇、孙玉峰主编：《危险化学品安全技术与管理》，西南交通大学出版社 2018 年版，第 54 页。

[3] 刘刚、万宇、孙玉峰主编：《危险化学品安全技术与管理》，西南交通大学出版社 2018 年版，第 60 页。

[4] 参见《危险化学品安全管理条例》第 1 条。

危险化学品污染防治有关的内容。这些法律从生产安全、交通安全、生态安全、国家安全保障等方面，为危险化学品污染防治活动提供了法律依据。

我国涉及危险化学品污染防治的行政法规主要有《工业产品生产许可证管理条例》《生产安全事故应急条例》《易制毒化学品管理条例》《安全生产许可证条例》《南水北调工程供用水管理条例》《铁路安全管理条例》《太湖流域管理条例》《使用有毒物品作业场所劳动保护条例》等。一些省市制定了本辖区内防治危险化学品污染的地方性法规或地方政府规章，例如，《嘉兴市危险化学品安全管理条例》《上海市危险化学品安全管理办法》等。涉及危险化学品污染防治的部门规章主要有《道路危险货物运输管理规定》《港口危险货物安全管理规定》《新化学物质环境管理登记办法》《易制爆危险化学品治安管理办法》《内河海事行政处罚规定》《危险化学品生产企业安全生产许可证实施办法》《危险化学品安全使用许可证实施办法》《危险化学品建设项目安全监督管理办法》《危险化学品输送管道安全管理规定》《危险化学品重大危险源监督管理暂行规定》《危险化学品经营许可证管理办法》《危险化学品登记管理办法》等。

三、危险化学品污染防治的主要措施

（一）生产、存储、使用和运输管理

我国对危险化学品的生产、存储实行审批制度。国家对危险化学品的生产、储存实行统筹规划、合理布局。[1] 新建、改建、扩建生产、储存危险化学品的建设项目，应当由应急管理部门进行安全条件审查。[2] 危险化学品生产企业进行生产前，应当依照《安全生产许可证条例》的规定，取得危险化学品安全生产许可证。[3] 生产、储存危险化学品的单位，应当根据其生产、储存的危险化学品的种类和危险特性，在作业场所设置相应的监测、监控、通风、防晒、调温、防火、灭火、防爆、泄压、防毒、中和、防潮、防雷、防静电、防腐、防泄漏以及防护围堤或者隔离操作等安全设施、设备，并按照国家标准、行业标准或者国家有关规定对安全设施、设备进行经常性维护、保养，保证安全设施、设备的正常使用。[4] 生产、储存危险化学品的单位，应当在其作业场所设置通信、报警装置，并保证处于适用状态。[5]

危险化学品的包装及说明。危险化学品生产企业应当提供与其生产的危险化学品相符的化学品安全技术说明书，并在危险化学品包装（包括外包装件）上粘贴或者拴挂与包装内危险化学品相符的化学品安全标签。化学品安

---

〔1〕　参见《危险化学品安全管理条例》第11条第1款。
〔2〕　参见《危险化学品安全管理条例》第12条第1款。
〔3〕　参见《危险化学品安全管理条例》第14条第1款。
〔4〕　参见《危险化学品安全管理条例》第20条第1款。
〔5〕　参见《危险化学品安全管理条例》第21条。

全技术说明书和化学品安全标签所载明的内容应当符合国家标准的要求。[1]
危险化学品的包装应当符合法律、行政法规、规章的规定以及国家标准、行业标准的要求。[2]

控制重大危险源。重大危险源，是指生产、储存、使用或者搬运危险化学品，且危险化学品的数量等于或者超过临界量的单元（包括场所和设施）。危险化学品生产装置或者储存数量构成重大危险源的危险化学品储存设施（运输工具加油站、加气站除外），必须与重点保护场所、设施、区域保持符合国家标准或规定的距离。[3]

运输危险化学品，应当根据危险化学品的危险特性采取相应的安全防护措施，并配备必要的防护用品和应急救援器材。用于运输危险化学品的槽罐以及其他容器应当封口严密，能够防止危险化学品在运输过程中因温度、湿度或者压力的变化发生渗漏、洒漏；槽罐以及其他容器的溢流和泄压装置应当设置准确、启闭灵活。运输危险化学品的驾驶人员、船员、装卸管理人员、押运人员、申报人员、集装箱装箱现场检查员，应当了解所运输的危险化学品的危险特性及其包装物、容器的使用要求和出现危险情况时的应急处置方法。[4]

（二）经营管理

国家对危险化学品经营（包括仓储经营，下同）实行许可制度。未经许可，任何单位和个人不得经营危险化学品。《危险化学品安全管理条例》规定了两类豁免情形：依法设立的危险化学品生产企业在其厂区范围内销售本企业生产的危险化学品，不需要取得危险化学品经营许可。依照《港口法》的规定取得港口经营许可证的港口经营人，在港区内从事危险化学品仓储经营，不需要取得危险化学品经营许可。[5]

从事剧毒化学品、易制爆危险化学品经营的企业，应当向所在地设区的市级人民政府应急管理部门提出申请，从事其他危险化学品经营的企业，应当向所在地县级人民政府应急管理部门提出申请，有储存设施的，应当向所在地设区的市级人民政府应急管理部门提出申请。[6]

危险化学品经营企业不得向未经许可从事危险化学品生产、经营活动的企业采购危险化学品，不得经营没有化学品安全技术说明书或者化学品安全标签的危险化学品。[7]

---

〔1〕 参见《危险化学品安全管理条例》第15条第1款。
〔2〕 参见《危险化学品安全管理条例》第17条第1款。
〔3〕 参见《危险化学品安全管理条例》第19条第1款。
〔4〕 参见《危险化学品安全管理条例》第45条。
〔5〕 参见《危险化学品安全管理条例》第33条。
〔6〕 参见《危险化学品安全管理条例》第35条第1款。
〔7〕 参见《危险化学品安全管理条例》第37条。

（三）进出口管理

国务院生态环境主管部门对化学品首次进口和有毒化学品进出口实施统一的环境监督管理，负责全面执行《关于化学品国际贸易资料交换的伦敦准则》的事先知情同意程序。"事先知情同意"是指为保护人类健康和环境目的而被禁止或严格限制的化学品的国际运输，必须在进口国指定的国家主管部门同意的情况下进行。[1]

化学品进出口登记制度。每次外商及其代理人向中国出口和国内从国外进口列入《中国禁止或严格限制的有毒化学品名录》（以下简称《名录》）中的工业化学品或农药之前，均需向国务院生态环境主管部门提出有毒化学品进口环境管理登记申请。对准予进口的发给《化学品进（出）口环境管理登记证》和《有毒化学品进（出）口环境管理放行通知单》（以下简称《通知单》）。《通知单》实行一批一证制，每份《通知单》在有效时间内只能报关使用一次。申请出口列入《名录》的化学品，必须向国务院生态环境主管部门提出有毒化学品出口环境管理登记申请。[2]

防止污染口岸环境。因包装损坏或者不符合要求而造成或者可能造成口岸污染的，口岸主管部门应立即采取措施，防止和消除污染，并及时通知当地生态环境主管部门，进行调查处理。防治和消除其污染的费用由有关责任人承担。[3]

（四）登记制度

国家实行危险化学品登记制度，为危险化学品安全管理以及危险化学品事故预防和应急救援提供技术、信息支持。危险化学品生产企业、进口企业，应当向国务院应急管理部门负责危险化学品安全监督管理的机构办理危险化学品登记。[4]

（五）应急处理

县级以上地方人民政府应急管理部门应当会同工业和信息化、生态环境、公安、卫生健康、交通运输、铁路、市场监督管理等部门，根据本地区实际情况，制定危险化学品事故应急预案，报本级人民政府批准。危险化学品单位应当制定本单位危险化学品事故应急预案，配备应急救援人员和必要的应急救援器材、设备，并定期组织应急救援演练。危险化学品单位应当将其危险化学品事故应急预案报所在地设区的市级人民政府应急管理部门备案。发生危险化学品事故，事故单位主要负责人应当立即按照本单位危险化学品应急预案组织救援，并向当地应急管理部门和生态环境、公安、卫生健康主管部门报告；道路运输、水路运输过程中发生危险化学品事故的，驾驶人员、

---

〔1〕　参见《化学品首次进口及有毒化学品进出口环境管理规定》第4条第6项。

〔2〕　参见《化学品首次进口及有毒化学品进出口环境管理规定》第12条、第13条第1款。

〔3〕　参见《化学品首次进口及有毒化学品进出口环境管理规定》第21条。

〔4〕　参见《危险化学品安全管理条例》第66条、第67条第1款。

船员或者押运人员还应当向事故发生地交通主管部门报告。[1]

👉 第三节　农药污染防治

农药的发明和使用对现代农业的发展和保障粮食安全发挥了重要作用。但与此同时，农药的使用也造成了日益严重的环境污染和生态破坏问题。为此，我建立了农药登记制度，并对农药的生产、经营和使用环节进行全面管理。

一、农药污染概述

农药，是指用于预防、控制危害农业、林业的病、虫、草、鼠和其他有害生物以及有目的地调节植物、昆虫生长的化学合成或者来源于生物、其他天然物质的一种物质或者几种物质的混合物及其制剂。[2] 按照防治对象或作用方式综合分类，可将农药分为杀虫（螨）剂、杀菌剂和除草剂三类。[3] 农药污染可能对大气、水体、土壤等生态要素以及人体健康造成损害。

大气污染。喷洒农药时会产生农药漂浮物，尤其是飞机、气雾弹和烟剂施药时，可造成大量农药在空气中扬散、漂浮；作物、土壤和水体中残留农药的挥发、农药厂的排气、工业和商业使用的防蛀、防毒剂的挥发，都会造成大气污染。

水污染。农药对水体的污染主要包括农药厂排入的废液、洗涤施药农具、农药喷洒过程中散落和雨水流入水体等方式；农药还通过渗漏等方式污染地下水。

土壤污染。农药喷洒会直接污染土壤，改变土壤的酸碱、碳氢平衡，直接影响农作物的生长和产品质量，危及土壤中的微生物，还会通过食物、饲料等方式间接地危害人体和牲畜健康。

人体健康损害。农药污染会造成人体的急性或慢性中毒。急性中毒是高剂量（浓度）农药在短时间内进入生物体产生的致毒现象，农药可经消化道、呼吸道和皮肤三条途径进入人体并引起急性中毒，这类中毒现象多发生于高毒农药，尤其是高度有机磷农药和氨基甲酸酯类农药。慢性中毒是指低剂量（浓度）农药长期逐渐进入人体，积累到一定程度后致毒的现象。一些农药还存在特殊毒性，会对人体造成致癌、致畸、致突变的后果。[4]

---

〔1〕　参见《危险化学品安全管理条例》第69-71条。
〔2〕　参见《农药管理条例》第2条第1款。
〔3〕　王罗春待编著：《农村农药污染及防治》，冶金工业出版社2019年版，第1页。
〔4〕　王罗春等编著：《农村农药污染及防治》，冶金工业出版社2019年版，第7-9页。

二、农药污染防治法律体系

1997 年，我国颁布《农药管理条例》，并于 2001 年、2017 年和 2022 年进行了三次修订，这是我国对农药的生产、经营和使用等活动进行综合管理的专门立法，旨在加强农药管理，保证农药质量，保障农产品质量安全和人畜安全，保护农业、林业生产和生态环境。[1] 该条例就农药管理体制、农药登记、农药生产、农药经营、农药使用、监督管理以及相关法律责任等内容作出了详细规定。

我国在相关领域也制定了与农药污染防治有关的立法，主要包括《海洋环境保护法》《青藏高原生态保护法》《野生动物保护法》《黄河保护法》《农产品质量安全法》《黑土地保护法》《中华人民共和国乡村振兴促进法》《长江保护法》《固体废物污染环境防治法》《大气污染防治法》《土壤污染防治法》《水污染防治法》《农业法》等。此外，《环境保护法》等法律中也规定了与农药污染防治有关的内容。这些法律从特殊的流域空间、生态系统和环境要素中的农药污染防治等方面，为农药污染防治活动提供了法律依据。

我国涉及农药污染防治的行政法规主要有《地下水管理条例》《太湖流域管理条例》等。一些省市制定了本辖区内防治农药污染的地方性法规，例如，《四川省农药管理条例》《天津市农药管理条例》等。涉及农药污染防治的部门规章主要有《农药包装废弃物回收处理管理办法》《农用地土壤环境管理办法（试行）》等。

三、农药污染防治的主要措施

（一）管理体制

国务院农业农村主管部门负责全国的农药监督管理工作。县级以上地方人民政府农业农村主管部门负责本行政区域的农药监督管理工作。县级以上人民政府其他有关部门在各自职责范围内负责有关的农药监督管理工作。县级以上地方人民政府应当加强对农药监督管理工作的组织领导，将农药监督管理经费列入本级政府预算，保障农药监督管理工作的开展。[2]

（二）农药登记

国家实行农药登记制度。农药生产企业、向中国出口农药的企业应当申请农药登记，新农药研制者可以申请农药登记。申请农药登记的，应当进行登记试验。农药的登记试验应当报所在地省、自治区、直辖市人民政府农业农村主管部门备案。农药登记证应当载明农药名称、剂型、有效成分及其含量、毒性、使用范围、使用方法和剂量、登记证持有人、登记证号以及有效期等事项。登记试验结束后，申请人应当向所在地省、自治区、直辖市人民

---

〔1〕　参见《农药管理条例》第 1 条。
〔2〕　参见《农药管理条例》第 3 条、第 4 条。

政府农业农村主管部门提出农药登记申请，并提交登记试验报告、标签样张和农药产品质量标准及其检验方法等申请资料；申请新农药登记的，还应当提供农药标准品。[1]

需要注意的是，2020年《国务院关于取消和下放一批行政许可事项的决定》变更新农药登记试验审查许可管理为备案管理。并要求农业农村部门要通过以下措施加强监管：①建立健全新农药登记试验备案制度，建设全国统一的在线备案平台，对不按要求备案的要依法设定并追究法律责任；②严格实施"农药登记试验单位认定"许可；③对备案的新农药登记试验活动进行抽查监管，发现违法违规行为要依法查处并向社会公开结果；④在"农药登记"许可环节，对新农药登记试验活动有关情况进行审查把关。

（三）农药生产

国家实行农药生产许可制度。农药生产企业应当具备法定条件，并按照国务院农业农村主管部门的规定向省、自治区、直辖市人民政府农业农村主管部门申请农药生产许可证。农药生产许可证应当载明农药生产企业名称、住所、法定代表人（负责人）、生产范围、生产地址以及有效期等事项。农药生产许可证有效期为5年。农药生产许可证载明事项发生变化的，应当按照国务院农业农村主管部门的规定申请变更农药生产许可证。[2]

农药生产企业采购原材料，应当查验产品质量检验合格证和有关许可证明文件，不得采购、使用未依法附具产品质量检验合格证、未依法取得有关许可证明文件的原材料。农药生产企业应当建立原材料进货记录制度和出厂销售记录制度，如实记录相关信息。原材料进货记录应当保存2年以上。[3]

农药包装应当符合国家有关规定，并印制或者贴有标签。国家鼓励农药生产企业使用可回收的农药包装材料。农药标签应当按照国务院农业主管部门的规定，以中文标注农药的名称、剂型、有效成分及其含量、毒性及其标识、使用范围、使用方法和剂量、使用技术要求和注意事项、生产日期、可追溯电子信息码等内容。剧毒、高毒农药以及使用技术要求严格的其他农药等限制使用农药的标签还应当标注"限制使用"字样，并注明使用的特别限制和特殊要求。用于食用农产品的农药的标签还应当标注安全间隔期。农药生产企业不得擅自改变经核准的农药的标签内容，不得在农药的标签中标注虚假、误导使用者的内容。农药包装过小，标签不能标注全部内容的，应当同时附具说明书，说明书的内容应当与经核准的标签内容一致。[4]

（四）农药经营

国家实行农药经营许可制度，但经营卫生用农药的除外。农药经营者应

---

〔1〕 参见《农药管理条例》第9条、第11条第1款、第13条第1款。

〔2〕 参见《农药管理条例》第17条第1款、第18条。

〔3〕 参见《农药管理条例》第20条。

〔4〕 参见《农药管理条例》第22条、第23条。

当具备《农药管理条例》规定的条件，并按照国务院农业主管部门的规定向县级以上地方人民政府农业农村主管部门申请农药经营许可证。农药经营许可证应当载明农药经营者名称、住所、负责人、经营范围以及有效期等事项。农药经营者采购农药应当查验产品包装、标签、产品质量检验合格证以及有关许可证明文件，不得向未取得农药生产许可证的农药生产企业或者未取得农药经营许可证的其他农药经营者采购农药。农药经营者应当建立采购台账和销售台账，如实记录相关信息。境外企业在我国销售农药的，应当依法在我国设立销售机构或者委托符合条件的我国代理机构销售。[1]

（五）农药使用

县级以上人民政府农业农村主管部门应当加强农药使用指导、服务工作，建立健全农药安全、合理使用制度，并按照预防为主、综合防治的要求，组织推广农药科学使用技术，规范农药使用行为。林业和草原、粮食和物资储备、卫生健康等部门应当加强对林业、储粮、卫生用农药安全、合理使用的技术指导，生态环境主管部门应当加强对农药使用过程中环境保护和污染防治的技术指导。[2]

国家逐步减少农药的使用量。国家通过推广生物防治、物理防治、先进施药器械等措施，逐步减少农药使用量。县级人民政府应当制定并组织实施本行政区域的农药减量计划；对实施农药减量计划、自愿减少农药使用量的农药使用者，给予鼓励和扶持。[3]

农药使用者应当遵守法律、保护环境。农药使用者应当遵守国家有关农药安全、合理使用制度，妥善保管农药，并在配药、用药过程中采取必要的防护措施，避免发生农药使用事故。农药使用者应当保护环境，保护有益生物和珍稀物种，不得在饮用水水源保护区、河道内丢弃农药、农药包装物或者清洗施药器械。[4]

---

〔1〕　参见《农药管理条例》第 24 条第 1 款、第 25 条第 1 款、第 26 条第 1 款、第 27 条第 1 款、第 29 条第 1 款。

〔2〕　参见《农药管理条例》30 条。

〔3〕　参见《农药管理条例》32 条第 1 款、第 2 款。

〔4〕　参见《农药管理条例》第 33 条第 1 款、第 35 条第 1 款。

第十六章

海洋污染防治法

海洋是由海水、溶解或悬浮于其中的物质、生活于其中的生物、邻近海面上空的大气、围绕其周缘的海岸和海底等组成的统一体。全球海洋面积占地球表面积约 70.8%。海洋生态系统是生物圈中最庞大的生态系统，占地球面积的绝大部分，对于人类社会的生存和可持续发展具有重要意义。来自陆地的污染物、海岸工程、海洋工程、海洋倾废、船舶作业等人类活动，均有可能造成海洋环境污染。为了保护海洋生态环境，我国形成了以《海洋环境保护法》为主体的海洋生态环境保护的法律体系。

👉 第一节　海洋污染概述

海洋污染，是指人类活动直接或间接地将物质或能量引入海洋环境，造成或可能造成损害海洋生物资源、危害人类健康、妨碍海洋活动、损害海水和海洋环境质量等不利影响。[1] 海洋本身具有一定的自净能力，当污染物进入海洋以后，可以在一定程度上被海水净化。但是，海洋的这种自净能力是有限度的，当排入海洋的污染物超过海洋的自净能力时，就会出现海洋污染的现象。

海洋污染的类型非常复杂，主要有化学污染、生物污染和能量污染。船舶和油轮航行以及事故性溢油、城镇污水和工业废水排海、有毒赤潮、固体废弃物倾倒等人类活动是造成海洋环境污染的主要原因。海洋环境污染主要会造成生物多样性丧失、生境退化、海产品污染和损害人体健康等危害。

👉 第二节　海洋污染防治法律体系

1979 年，我国在《环境保护法（试行）》中对海洋环境保护作出了原则性的规定。1982 年，根据海洋环境保护的需要，我国颁布了《海洋环境保护法》，并于 1999 年、2013 年、2016 年、2017 年和 2023 年分别进行了两次修

---

〔1〕 郭怀成、刘永主编：《环境科学基础教程》，中国环境出版社 2015 年版，第 293 页。

订和三次修正。《海洋环境保护法》是我国现行的指导海洋生态环境保护的专门立法。以该法为基础，目前我国已形成由海洋环境保护专门立法、与海洋环境保护有关的法律、法规和规章构成的海洋环境保护法律体系。

《海洋环境保护法》旨在保护和改善海洋环境，保护海洋资源，防治污染损害，保障生态安全和公众健康，维护国家海洋权益，建设海洋强国，推进生态文明建设，促进经济社会可持续发展，实现人与自然和谐共生。[1] 该法就海洋环境保护的原则、海洋环境监督管理、海洋生态保护、陆源污染物污染防治、工程建设项目污染防治、废弃物倾倒污染防治、船舶及有关作业活动污染防治以及相关法律责任等内容作出了详细规定。同时，我国在相关领域也制定了与海洋环境保护有关的立法，主要包括《海上交通安全法》《海警法》《港口法》《野生动物保护法》《中华人民共和国深海海底区域资源勘探开发法》《渔业法》《海岛保护法》《海域使用管理法》等。此外，《环境保护法》等法律中也规定了与海洋环境保护有关的内容。这些法律从海洋资源开发、污染防治、生态保护、特定区域保护等方面，为海洋环境保护活动提供了法律依据。

我国涉及海洋环境保护的行政法规主要有《中华人民共和国渔业法实施细则》《防治海洋工程建设项目污染损害海洋环境管理条例》《防治船舶污染海洋环境管理条例》《中华人民共和国防治海岸工程建设项目污染损害海洋环境管理条例》《中华人民共和国海洋倾废管理条例》《自然保护区条例》《中华人民共和国防治陆源污染物污染损害海洋环境管理条例》《中华人民共和国海洋石油勘探开发环境保护管理条例》等。一些省市制定了本辖区内推进海洋环境保护的地方性法规，例如，《福建省海洋经济促进条例》《天津市海洋环境保护条例》《山东省海洋环境保护条例》等。涉及海洋环境保护的部门规章主要有《中华人民共和国船舶污染海洋环境应急防备和应急处置管理规定》《中华人民共和国海洋倾废管理条例实施办法》《中华人民共和国船舶及其有关作业活动污染海洋环境防治管理规定》《中华人民共和国海洋石油勘探开发环境保护管理条例实施办法》《海洋行政处罚实施办法》等。

第三节　海洋环境保护的主要措施

一、管理体制

国务院生态环境主管部门负责全国海洋环境的监督管理，负责全国防治陆源污染物、海岸工程和海洋工程建设项目（以下简称"工程建设项目"）、海洋倾倒废弃物对海洋环境污染损害的环境保护工作，指导、协调和监督全国海洋生态保护修复工作。国务院自然资源主管部门负责海洋保护和开发利

---

〔1〕　参见《海洋环境保护法》第1条。

用的监督管理，负责全国海洋生态、海域海岸线和海岛的修复工作。国务院交通运输主管部门负责所辖港区水域内非军事船舶和港区水域外非渔业、非军事船舶污染海洋环境的监督管理，组织、协调、指挥重大海上溢油应急处置。海事管理机构具体负责上述水域内相关船舶污染海洋环境的监督管理，并负责污染事故的调查处理；对在中华人民共和国管辖海域航行、停泊和作业的外国籍船舶造成的污染事故进行登轮检查处理。船舶污染事故给渔业造成损害的，应当吸收渔业主管部门参与调查处理。国务院渔业主管部门负责渔港水域内非军事船舶和渔港水域外渔业船舶污染海洋环境的监督管理，负责保护渔业水域生态环境工作，并调查处理其他渔业污染事故。

国务院发展改革、水行政、住房和城乡建设、林业和草原等部门在各自职责范围内负责有关行业、领域涉及的海洋环境保护工作。海警机构在职责范围内对海洋工程建设项目、海洋倾倒废弃物对海洋环境污染损害、自然保护地海岸线向海一侧保护利用等活动进行监督检查，查处违法行为，按照规定权限参与海洋环境污染事故的应急处置和调查处理。军队生态环境保护部门负责军事船舶污染海洋环境的监督管理及污染事故的调查处理。[1]

沿海县级以上地方人民政府对其管理海域的海洋环境质量负责。国家实行海洋环境保护目标责任制和考核评价制度，将海洋环境保护目标完成情况纳入考核评价的内容。[2]

沿海县级以上地方人民政府可以建立海洋环境保护区域协作机制，组织协调其管理海域的环境保护工作。跨区域的海洋环境保护工作，由有关沿海地方人民政府协商解决，或者由上级人民政府协调解决。跨部门的重大海洋环境保护工作，由国务院生态环境主管部门协调；协调未能解决的，由国务院作出决定。[3]

二、基本法律制度

(一) 海洋环境保护划入生态保护红线

国家优先将生态功能极重要、生态极敏感脆弱的海域划入生态保护红线，实行严格保护。开发利用海洋资源或者从事影响海洋环境的建设活动，应当根据国土空间规划科学合理布局，严格遵守国土空间用途管制要求，严守生态保护红线，不得造成海洋生态环境的损害。沿海地方各级人民政府应当根据国土空间规划，保护和科学合理地使用海域。沿海省、自治区、直辖市人民政府应当加强对生态保护红线内人为活动的监督管理，定期评估保护成效。国务院有关部门、沿海设区的市级以上地方人民政府及其有关部门，对其组织编制的国土空间规划和相关规划，应当依法进行包括海洋环境保护内容在

---

〔1〕 参见《海洋环境保护法》第4条第5款、第6款、第7款。
〔2〕 参见《海洋环境保护法》第5条。
〔3〕 参见《海洋环境保护法》第6条。

内的环境影响评价。[1]

（二）海洋生态环境分区管控

沿海省、自治区、直辖市人民政府应当根据其管理海域的生态环境和资源利用状况，将其管理海域纳入生态环境分区管控方案和生态环境准入清单，报国务院生态环境主管部门备案后实施。生态环境分区管控方案和生态环境准入清单应当与国土空间规划相衔接。[2]

（三）重点海域综合治理

国家加强海洋环境质量管控，推进海域综合治理，严格海域排污许可管理，提升重点海域海洋环境质量。国务院生态环境主管部门根据海洋环境状况和质量改善要求，会同国务院发展改革、自然资源、住房和城乡建设、交通运输、水行政、渔业等部门和海警机构，划定国家环境治理重点海域及其控制区域，制定综合治理行动方案，报国务院批准后实施。沿海设区的市级以上地方人民政府应当根据综合治理行动方案，制定其管理海域的实施方案，因地制宜采取特别管控措施，开展综合治理，协同推进重点海域治理与美丽海湾建设。[3]

（四）突发事件应急管理

因发生事故或者其他突发性事件，造成或者可能造成海洋环境污染、生态破坏事件的单位和个人，应当立即采取有效措施解除或者减轻危害，及时向可能受到危害者通报，并向依照《海洋环境保护法》规定行使海洋环境监督管理权的部门和机构报告，接受调查处理。沿海县级以上地方人民政府在本行政区域近岸海域的生态环境受到严重损害时，应当采取有效措施，解除或者减轻危害。[4]

国家根据防治海洋环境污染的需要，制定国家重大海上污染事件应急预案，建立健全海上溢油污染等应急机制，保障应对工作的必要经费。国家建立重大海上溢油应急处置部际联席会议制度。国务院交通运输主管部门牵头组织编制国家重大海上溢油应急处置预案并组织实施。国务院生态环境主管部门负责制定全国海洋石油勘探开发海上溢油污染事件应急预案并组织实施。国家海事管理机构负责制定全国船舶重大海上溢油污染事件应急预案，报国务院生态环境主管部门、国务院应急管理部门备案。沿海县级以上地方人民政府及其有关部门应当制定有关应急预案，在发生海洋突发环境事件时，及时启动应急预案，采取有效措施，解除或者减轻危害。可能发生海洋突发环境事件的单位，应当按照有关规定，制定本单位的应急预案，配备应急设备和器材，定期组织开展应急演练；应急预案应当向依照《海洋环境保护法》

---

〔1〕　参见《海洋环境保护法》第13条。
〔2〕　参见《海洋环境保护法》第15条。
〔3〕　参见《海洋环境保护法》第19条第1款、第20条。
〔4〕　参见《海洋环境保护法》第27条。

规定行使海洋环境监督管理权的部门和机构备案。[1]

三、陆源污染物污染防治

陆源污染物，是指由陆地污染源排放的污染物，例如，石油、农药、固体废物等。防治陆源污染物，主要是防止沿海地区各类生产和生活行为所产生的污染物和废弃物进入海洋，造成海洋污染。我国防治陆源污染物污染海洋环境的措施主要包括海域污水排放管理和海洋固体废物污染防治两个方面。

（一）海域污水排放管理

入海排污口管理。入海排污口位置的选择，应当符合国土空间用途管制要求，根据海水动力条件和有关规定，经科学论证后，报设区的市级以上人民政府生态环境主管部门备案。排污口的责任主体应当加强排污口监测，按照规定开展监控和自动监测。生态环境主管部门应当在完成备案后十五个工作日内将入海排污口设置情况通报自然资源、渔业等部门和海事管理机构、海警机构、军队生态环境保护部门。沿海县级以上地方人民政府应当根据排污口类别、责任主体，组织有关部门对本行政区域内各类入海排污口进行排查整治和日常监督管理，建立健全近岸水体、入海排污口、排污管线、污染源全链条治理体系。国务院生态环境主管部门负责制定入海排污口设置和管理的具体办法，制定入海排污口技术规范，组织建设统一的入海排污口信息平台，加强动态更新、信息共享和公开。[2]

禁止向特定海域排污以及禁止排放特定污水。根据《海洋环境保护法》，禁止在自然保护地、重要渔业水域、海水浴场、生态保护红线区域及其他需要特别保护的区域，新设工业排污口和城镇污水处理厂排污口。禁止向海域排放油类、酸液、碱液、剧毒废液。禁止向海域排放污染海洋环境、破坏海洋生态的放射性废水。严格控制向海域排放含有不易降解的有机物和重金属的废水。含有机物和营养物质的工业废水、生活污水，应当严格控制向海湾、半封闭海域及其他自净能力较差的海域排放。向海域排放含热废水，应当采取有效措施，保证邻近自然保护地、渔业水域的水温符合国家和地方海洋环境质量标准，避免热污染对珍稀濒危海洋生物、海洋水产资源造成危害。[3]

（二）海洋固体废物污染防治

海洋垃圾污染防治制度。沿海县级以上地方人民政府负责其管理海域的海洋垃圾污染防治，建立海洋垃圾监测、清理制度，统筹规划建设陆域接收、转运、处理海洋垃圾的设施，明确有关部门、乡镇、街道、企业事业单位等的海洋垃圾管控区域，建立海洋垃圾监测、拦截、收集、打捞、运输、处理体系并组织实施，采取有效措施鼓励、支持公众参与上述活动。国务院生态

---

〔1〕　参见《海洋环境保护法》第28条。

〔2〕　参见《海洋环境保护法》第47条。

〔3〕　参见《海洋环境保护法》第48条第1款、第51条、第53条、第54条。

环境、住房和城乡建设、发展改革等部门应当按照职责分工加强海洋垃圾污染防治的监督指导和保障。[1]

危险废物过境转移管理制度。禁止经中华人民共和国内水、领海过境转移危险废物。经中华人民共和国管辖的其他海域转移危险废物的，应当事先取得国务院生态环境主管部门的书面同意。[2]

四、工程建设项目污染防治

海洋工程建设，是指工程主体位于海岸线以下的新建、扩建和改建项目。海洋工程建设项目的开发过程，应当有利于保护海洋生态环境和自然资源，防止造成海洋环境污染和生态破坏。禁止在沿海陆域新建不符合国家产业政策的化学制浆造纸、化工、印染、制革、电镀、酿造、炼油、岸边冲滩拆船及其他严重污染海洋环境的生产项目。新建、改建、扩建工程建设项目，应当采取有效措施，保护国家和地方重点保护的野生动植物及其生存环境，保护海洋水产资源，避免或者减轻对海洋生物的影响。禁止在严格保护岸线范围内开采海砂资源。依法在其他区域开发利用海砂资源，应当采取严格措施，保护海洋环境。载运海砂资源应当持有合法来源证明；海砂开采者应当为载运海砂的船舶提供合法来源证明。从岸上打井开采海底矿产资源，应当采取有效措施，防止污染海洋环境。工程建设项目不得使用含超标准放射性物质或者易溶出有毒有害物质的材料；不得造成领海基点及其周围环境的侵蚀、淤积和损害，不得危及领海基点的稳定。[3]

海洋石油勘探开发及输油过程中，应当采取有效措施，避免溢油事故的发生。工程建设项目需要爆破作业时，应当采取有效措施，保护海洋环境。海洋石油勘探开发及输油过程中，应当采取有效措施，避免溢油事故的发生。工程建设项目不得违法向海洋排放污染物、废弃物及其他有害物质。海洋油气钻井平台（船）、生产生活平台、生产储卸装置等海洋油气装备的含油污水和油性混合物，应当经过处理达标后排放；残油、废油应当予以回收，不得排放入海。钻井所使用的油基泥浆和其他有毒复合泥浆不得排放入海。水基泥浆和无毒复合泥浆及钻屑的排放，应当符合国家有关规定。海洋油气钻井平台（船）、生产生活平台、生产储卸装置等海洋油气装备及其有关海上设施，不得向海域处置含油的工业固体废物。处置其他固体废物，不得造成海洋环境污染。海上试油时，应当确保油气充分燃烧，油和油性混合物不得排放入海。勘探开发海洋油气资源，应当按照有关规定编制油气污染应急预案，报国务院生态环境主管部门海域派出机构备案。[4]

---

[1] 参见《海洋环境保护法》第57条。
[2] 参见《海洋环境保护法》第58条。
[3] 参见《海洋环境保护法》第63-65条。
[4] 参见《海洋环境保护法》第66-70条。

五、船舶及有关作业活动污染防治

（一）船舶防治污染的法律义务

船舶是海上最主要的交通工具，因船舶航行和作业引发的环境污染是海洋环境保护的重要问题。为此，我国《海洋环境保护法》作出了相应的规定。在船舶的污染物排放控制方面，在中华人民共和国管辖海域，任何船舶及相关作业不得违法向海洋排放船舶垃圾、生活污水、含油污水、含有毒有害物质污水、废气等污染物，废弃物，压载水和沉积物及其他有害物质。船舶应当按照国家有关规定采取有效措施，对压载水和沉积物进行处理处置，严格防控引入外来有害生物。从事船舶污染物、废弃物接收和船舶清舱、洗舱作业活动的，应当具备相应的接收处理能力。船舶应当配备相应的防污设备和器材。船舶的结构、配备的防污设备和器材应当符合国家防治船舶污染海洋环境的有关规定，并经检验合格。船舶应当取得并持有防治海洋环境污染的证书与文书，在进行涉及船舶污染物、压载水和沉积物排放及操作时，应当按照有关规定监测、监控，如实记录并保存。船舶应当遵守海上交通安全法律、法规的规定，防止因碰撞、触礁、搁浅、火灾或者爆炸等引起的海难事故，造成海洋环境的污染。[1]

（二）船舶污染物联合监管

港口、码头、装卸站和船舶修造拆解单位所在地县级以上地方人民政府应当统筹规划建设船舶污染物等的接收、转运、处理处置设施，建立相应的接收、转运、处理处置多部门联合监管制度。沿海县级以上地方人民政府负责对其管理海域的渔港和渔业船舶停泊点及周边区域污染防治的监督管理，规范生产生活污水和渔业垃圾回收处置，推进污染防治设备建设和环境清理整治。港口、码头、装卸站和船舶修造拆解单位应当按照有关规定配备足够的用于处理船舶污染物、废弃物的接收设施，使该设施处于良好状态并有效运行。装卸油类等污染危害性货物的港口、码头、装卸站和船舶应当编制污染应急预案，并配备相应的污染应急设备和器材。[2]

六、废弃物倾倒污染防治

（一）倾倒许可

任何个人和未经批准的单位，不得向中华人民共和国管辖海域倾倒任何废弃物。需要倾倒废弃物的，产生废弃物的单位应当向国务院生态环境主管部门海域派出机构提出书面申请，并出具废弃物特性和成分检验报告，取得倾倒许可证后，方可倾倒。获准和实施倾倒废弃物的单位，应当按照许可证注明的期限及条件，到指定的区域进行倾倒。倾倒作业船舶等载运工具应当

---

[1] 参见《海洋环境保护法》第79-81条。
[2] 参见《海洋环境保护法》第85条。

安装使用符合要求的海洋倾倒在线监控设备，并与国务院生态环境主管部门监管系统联网。获准和实施倾倒废弃物的单位，应当按照规定向颁发许可证的国务院生态环境主管部门海域派出机构报告倾倒情况。倾倒废弃物的船舶应当向驶出港的海事管理机构、海警机构作出报告。[1]

（二）海洋倾倒区

国务院生态环境主管部门会同国务院自然资源主管部门编制全国海洋倾倒区规划，并征求国务院交通运输、渔业等部门和海警机构的意见，报国务院批准。国务院生态环境主管部门根据全国海洋倾倒区规划，按照科学、合理、经济、安全的原则及时选划海洋倾倒区，征求国务院交通运输、渔业等部门和海警机构的意见，并向社会公告。国务院生态环境主管部门组织开展海洋倾倒区使用状况评估，根据评估结果予以调整、暂停使用或者封闭海洋倾倒区。海洋倾倒区的调整、暂停使用和封闭情况，应当通报国务院有关部门、海警机构并向社会公布。[2]

（三）法律责任

获准倾倒废弃物的单位委托实施废弃物海洋倾倒作业的，应当对受托单位的主体资格、技术能力和信用状况进行核实，依法签订书面合同，在合同中约定污染防治与生态保护要求，并监督实施。受托单位实施废弃物海洋倾倒作业，应当依照有关法律法规的规定和合同约定，履行污染防治和生态保护要求。获准倾倒废弃物的单位违反法律规定，未对受托单位的主体资格、技术能力和信用状况等进行核实而委托倾倒的，除依照有关法律法规的规定予以处罚外，还应当与造成环境污染、生态破坏的受托单位承担连带责任。[3]

---

〔1〕　参见《海洋环境保护法》第71条第1款、第2款，第75条，第76条。
〔2〕　参见《海洋环境保护法》第73条、第74条。
〔3〕　参见《海洋环境保护法》第78条。

第三编

生态保护法

第十七章

森林保护法

　　森林，是指以乔木为主体，具有一定面积和密度的植物群落。森林与其周边环境构成了森林生态系统，森林生态系统指森林群落与其环境在功能流的作用下形成一定结构、功能和自调控的自然综合体。森林生态系统是重要的生态系统类型，是陆地生态系统中面积最大、最重要的自然生态系统。[1]我国重视森林保护，制定了《森林法》，并以此为基础形成了行之有效的森林保护法律制度和措施。

☞ 第一节　森林及其保护概述

　　根据我国《森林法》，森林包括乔木林、竹林和国家特别规定的灌木林。森林按照用途可以分为防护林、特种用途林、用材林、经济林和能源林。[2]我国森林面积广阔，全国森林面积为2.2亿公顷，森林覆盖率为22.96%，森林蓄积量达到175.6亿立方米。[3]森林的生态功能主要包括如下方面：

　　改善环境质量。森林具有吸附尘埃、吸收二氧化碳的功能。通过森林的净化功能，可以有效提升空气质量，改善局部气候。同时，森林作为一种重要的碳汇，对吸收温室气体也具有重要功能，能够有效抑制气候变化。

　　保护生态系统。乔木具有粗壮的根系，这些根系能够有效保持水分，固化土壤，具有防风固沙和涵养水源的重要功能。同时，森林的生态服务功能为农业生产和人类生产生活提供重要的生态条件。

　　保护物种多样性。森林生态系统保持着最高的物种多样性，是世界上最丰富的生物资源基因库。[4]由于森林的良好气候和生态条件，在森林中栖息着许多珍稀、濒危的野生动植物。例如，亚洲象等野生动物主要以森林为其栖息地。

　　党的十八大以来，我国森林保护成效显著，累计完成造林10.2亿亩、森

---

　　〔1〕　蔡晓明编著：《生态系统生态学》，科学出版社2000年版，第242页。
　　〔2〕　参见《森林法》第83条第1项。
　　〔3〕　参见《2019年中国环境状况公报》。
　　〔4〕　蔡晓明编著：《生态系统生态学》，科学出版社2000年版，第243页。

林抚育 12.4 亿亩。全国森林覆盖率由 21.63% 提高到 24.02%。人工林保存面积达 13.14 亿亩，居全球首位。

👉 第二节 森林保护法律体系

《宪法》第 9 条第 1 款规定："矿藏、水流、森林、山岭、草原、荒地、滩涂等自然资源，都属于国家所有，即全民所有；由法律规定属于集体所有的森林和山岭、草原、荒地、滩涂除外。"第 26 条规定："国家保护和改善生活环境和生态环境，防治污染和其他公害。国家组织和鼓励植树造林，保护林木。"这些规定确立了国家保护森林的职责，是森林保护的宪法基础。

《森林法》是我国森林保护和可持续利用方面的专门立法，旨在保护、培育和合理利用森林资源，加快国土绿化，保障森林生态安全。该法就发展规划、森林保护、造林绿化、经营管理、监督检查以及法律责任等方面作出了详细规定。同时，我国在相关领域也制定了与森林保护有关的立法，主要包括《长江保护法》《土地管理法》《消防法》《农业法》《水土保持法》等。此外，《环境保护法》等法律中也规定了与森林保护有关的内容。这些法律从森林生态系统保护、森林资源开发等方面，为森林保护和管理提供了法律依据。

我国还制定了相关法规和规章加强森林保护管理。涉及森林保护的行政法规主要有《中华人民共和国森林法实施条例》《退耕还林条例》《风景名胜区条例》《森林采伐更新管理办法》《森林防火条例》《森林病虫害防治条例》《森林和野生动物类型自然保护区管理办法》等。

一些地方制定了本辖区内森林保护的地方性法规，例如，《吉林省森林管理条例》《贵州省森林条例》《浙江省森林管理条例》等。除综合性法规外，一些地方在森林防火、森林公园管理等方面还制定了专门性法规。这些地方性法规根据本地区森林保护状况和生态环境特点，对森林保护的法律制度作出了细化规定。

👉 第三节 森林保护的主要措施

一、管理体制

国家林业和草原局与地方各级林业和草原部门是我国森林保护的主管部门。具体而言，国务院林业和草原主管部门主管全国林业工作。县级以上地方人民政府林业和草原主管部门，主管本行政区域的林业工作。乡镇人民政府可以确定相关机构或者设置专职、兼职人员承担林业相关工作。[1] 地方人

---

[1] 参见《森林法》第 9 条。

民政府可以根据本行政区域森林资源保护发展的需要，建立林长制。[1] 地方各级人民政府应当组织有关部门建立护林组织，负责护林工作；根据实际需要配备专职或者兼职护林员。[2]

在森林保护方面，国家林业和草原局的具体职责包括：①拟订林业及其生态保护修复的政策、规划、标准并组织实施，起草相关法律法规、部门规章草案。组织开展森林资源动态监测与评价。②组织编制并监督执行全国森林采伐限额。负责林地管理，拟订林地保护利用规划并组织实施，指导国家级公益林划定和管理工作，管理重点国有林区的国有森林资源。③拟订集体林权制度、重点国有林区、国有林场、草原等重大改革意见并监督实施。拟订促进农村林业发展、维护林业经营者合法权益的政策措施，指导农村林地承包经营工作。开展退耕（牧）还林还草，负责天然林保护工作。④拟订林业和草原资源优化配置及木材利用政策，拟订相关林业产业国家标准并监督实施，组织、指导林产品质量监督。⑤指导国有林场基本建设和发展，组织林木种子种质资源普查，组织建立种质资源库，负责良种选育推广，管理林木种苗生产经营行为，监管林木种苗质量。监督管理林业生物种质资源、转基因生物安全、植物新品种保护等。⑥组织编制森林和草原火灾防治规划和防护标准并指导实施，指导国有林场和林区开展宣传教育、监测预警、督促检查等防火工作。

国家林业和草原局下设森林资源管理司和生态保护修复司（全国绿化委员会办公室）负责森林保护和管理工作。其中，森林资源管理司负责拟订森林资源保护发展的政策措施，编制全国森林采伐限额；承担林地相关管理工作，组织编制全国林地保护利用规划；指导编制森林经营规划和森林经营方案并监督实施，监督管理重点国有林区的国有森林资源；指导监督林木凭证采伐、运输以及基层林业站的建设和管理。生态保护修复司承担森林资源动态监测与评价工作；起草国土绿化重大方针政策，综合管理重点生态保护修复工程，指导植树造林、封山育林和以植树种草等生物措施防治水土流失工作；指导林业有害生物防治、检疫和预测预报；并承担古树名木保护、林业应对气候变化相关工作。[3]

此外，地方人民政府、自然资源、公安、应急管理等部门依法承担森林资源利用、保护和管理职责。国务院自然资源主管部门根据国务院授权，统一履行国有森林资源所有者职责，[4] 并负责登记国务院确定的国家重点林区的森林、林木和林地。[5] 在森林防火方面，地方各级人民政府负责本行政区

---

〔1〕　参见《森林法》第4条第2款。

〔2〕　参见《森林法》第33条第1款。

〔3〕　参见《国家林业和草原局职能配置、内设机构和人员编制规定》第4条第1款第2项、第3项。

〔4〕　参见《森林法》第14条第2款。

〔5〕　参见《森林法》第15条第1款。

域的森林防火工作，发挥群防作用；县级以上人民政府组织领导应急管理、林业、公安等部门按照职责分工密切配合做好森林火灾的科学预防、扑救和处置工作。[1] 同时，各级森林公安部门负责协调和督促查处特大森林案件，发现并惩处破坏森林资源的违法犯罪行为，指导林区社会治安治理工作。

二、森林规划

国家建立和完善森林发展规划制度。森林发展规划主要包括国民经济和社会发展规划中森林资源保护和林业发展的相关内容、林业发展规划和相关专项规划。

国民经济和社会发展规划。县级以上人民政府应当将森林资源保护和林业发展纳入国民经济和社会发展规划。[2] 国民经济和社会发展规划是制定林业发展规划和相关专项规划的基础。

林业发展规划。县级以上人民政府应当落实国土空间开发保护要求，合理规划森林资源保护利用结构和布局，制定森林资源保护发展目标，提高森林覆盖率、森林蓄积量，提升森林生态系统质量和稳定性。县级以上人民政府林业主管部门应当根据森林资源保护发展目标，编制林业发展规划。下级林业发展规划依据上级林业发展规划编制。[3] 原国家林业局于 2011 年、2016 年分别制定了《林业发展"十二五"规划》和《林业发展"十三五"规划》，明确了我国林业发展的指导思想、目标指标、发展格局、战略任务、重点工程项目、制度体系等内容，为特定时期林业发展建设确定了目标和方向。同时，我国一些地方以全国林业发展规划为基础，制定了本地区的林业发展规划，指导本地区林业建设的具体实施。

专项规划。县级以上人民政府林业和草原主管部门可以结合本地实际，编制林地保护利用、造林绿化、森林经营、天然林保护等相关专项规划。[4] 相关专项规划如原国家林业局、国家发展和改革委员会、财政部发布的《全国森林防火规划（2016-2025 年）》，原国家林业局发布的《全国森林经营规划（2016-2050 年）》等，为具体领域的森林发展明确了目标和措施。

三、森林保护

国家加强森林资源保护，发挥森林蓄水保土、调节气候、改善环境、维护生物多样性和提供林产品等多种功能。为此，国家通过森林保护机构、林业有害生物防治、禁限措施、保护地管理、森林火灾防治、资金保障等方式加强森林的保护。

---

〔1〕 参见《森林法》第 34 条第 1 款。
〔2〕 参见《森林法》第 23 条。
〔3〕 参见《森林法》第 24 条、第 25 条。
〔4〕 参见《森林法》第 26 条。

森林保护机构。地方各级人民政府应当组织有关部门建立护林组织，负责护林工作；根据实际需要建设护林设施，加强森林资源保护；督促相关组织订立护林公约、组织群众护林、划定护林责任区、配备专职或者兼职护林员。县级或者乡镇人民政府可以聘用护林员，其主要职责是巡护森林，发现火情、林业有害生物以及破坏森林资源的行为，应当及时处理并向当地林业等有关部门报告。[1]

林业有害生物防治。县级以上人民政府林业和草原主管部门负责本行政区域的林业有害生物的监测、检疫和防治。省级以上人民政府林业和草原主管部门负责确定林业植物及其产品的检疫性有害生物，划定疫区和保护区。重大林业有害生物灾害防治实行地方人民政府负责制。发生暴发性、危险性等重大林业有害生物灾害时，当地人民政府应当及时组织除治。林业经营者在政府支持引导下，对其经营管理范围内的林业有害生物进行防治。[2]

禁限措施。国家禁止毁林开荒，保护古树名木和珍贵树木，改善生态环境。禁止毁林开垦、采石、采砂、采土以及其他毁坏林木和林地的行为。禁止向林地排放重金属或者其他有毒有害物质含量超标的污水、污泥，以及可能造成林地污染的清淤底泥、尾矿、矿渣等。禁止在幼林地砍柴、毁苗、放牧。禁止擅自移动或者损坏森林保护标志。国家保护古树名木和珍贵树木，禁止破坏古树名木和珍贵树木及其生存的自然环境。[3]

保护地管理。国家通过建立自然保护地的方式加强森林保护管理。国家在不同自然地带的典型森林生态地区、珍贵动物和植物生长繁殖的林区、天然热带雨林区和具有特殊保护价值的其他天然林区，建立以国家公园为主体的自然保护地体系，加强保护管理。[4] 自然保护地主要包括国家公园、自然保护区、自然公园等形式。

森林火灾防治。地方各级人民政府负责本行政区域的森林防火工作，发挥群防作用；县级以上人民政府组织领导应急管理、林业、公安等部门按照职责分工密切配合做好森林火灾的科学预防、扑救和处置工作。相关部门在森林防火方面的主要工作内容包括：组织开展森林防火宣传活动，普及森林防火知识；划定森林防火区，规定森林防火期；设置防火设施，配备防灭火装备和物资；建立森林火灾监测预警体系，及时消除隐患；制定森林火灾应急预案，一旦发生森林火灾，立即组织扑救；保障预防和扑救森林火灾所需费用。同时，国家综合性消防救援队伍承担国家规定的森林火灾扑救任务和预防相关工作。[5]

资金保障。国家通过经济补偿、转移支付、森林保险等方式，为森林保

---

〔1〕 参见《森林法》第33条。
〔2〕 参见《森林法》第35条。
〔3〕 参见《森林法》第39条、第40条。
〔4〕 参见《森林法》第31条第1款。
〔5〕 参见《森林法》第34条。

护和修复以及地区经济发展提供资金保障。中央和地方财政分别安排资金，用于公益林的营造、抚育、保护、管理和非国有公益林权利人的经济补偿等，实行专款专用。具体办法由国务院财政部门会同林业主管部门制定。[1] 国家支持重点林区的转型发展和森林资源保护修复，改善生产生活条件，促进所在地区经济社会发展。重点林区按照规定享受国家重点生态功能区转移支付等政策。[2] 国家支持发展森林保险。县级以上人民政府依法对森林保险提供保险费补贴。[3]

四、造林绿化

为推动森林城市建设，促进乡村振兴，建设美丽家园，国家统筹城乡造林绿化，开展大规模国土绿化行动，绿化美化城乡。为此，国家通过组织全民造林、生态修复等措施推进造林绿化，提高植被覆盖率。

国家鼓励植树造林。《森林法》将植树造林、保护森林确定为公民的义务，各级人民政府应当组织开展全民义务植树活动，同时将每年3月12日定为植树节。[4] 国家组织各行各业因地制宜开展造林绿化，确定各主体的造林绿化责任。在国家所有的宜林荒山荒地荒滩，由县级以上人民政府林业和草原主管部门和其他有关主管部门组织开展造林绿化；在集体所有的宜林荒山荒地荒滩，由集体经济组织组织开展造林绿化。在城市规划区内、铁路公路两侧、江河两侧、湖泊水库周围，由各有关主管部门按照有关规定因地制宜组织开展造林绿化。在工矿区、工业园区、机关、学校用地，部队营区以及农场、牧场、渔场经营地区，由各该单位负责造林绿化。同时，国家所有和集体所有的宜林荒山荒地荒滩可以由单位或者个人承包造林绿化。[5] 国家鼓励公民通过植树造林、抚育管护、认建认养等方式参与造林绿化。[6] 各级人民政府组织造林绿化，应当科学规划、因地制宜、优化林种、树种结构，鼓励使用乡土树种和林木良种、营造混交林，提高造林绿化质量。[7]

国家采取科学的生态修复方式保护森林生态系统。在生态修复过程中，各级人民政府应当采取以自然恢复为主、自然恢复和人工修复相结合的措施，科学保护修复森林生态系统。新造幼林地和其他应当封山育林的地方，由当地人民政府组织封山育林。各级人民政府应当对国务院确定的坡耕地、严重沙化耕地、严重石漠化耕地、严重污染耕地等需要生态修复的耕地，有计划地组织实施退耕还林还草。各级人民政府应当对自然因素等导致的荒废和受

---

〔1〕 参见《森林法》第29条。

〔2〕 参见《森林法》第30条。

〔3〕 参见《森林法》第63条。

〔4〕 参见《森林法》第10条。

〔5〕 参见《森林法》第43条。

〔6〕 参见《森林法》第44条。

〔7〕 参见《森林法》第45条第1款。

损山体、退化林地以及宜林荒山荒地荒滩，因地制宜实施森林生态修复工程，恢复植被。[1]

五、分类经营管理

国家根据森林生态区位和主要功能不同，将森林分为公益林和商品林。国家对公益林和商品林采取差异化的保护和管理措施，实行分类经营管理，通过工程设施审批、森林经营方案等制度规范林区的生产经营活动。

生态林经营管理。国家根据生态保护的需要，将森林生态区位重要或者生态状况脆弱，以发挥生态效益为主要目的的林地和林地上的森林划定为公益林；未划定为公益林的林地和林地上的森林属于商品林，对不同类型的林地进行分类保护。[2] 国家对公益林实施严格保护。县级以上人民政府林业和草原主管部门应当有计划地组织公益林经营者对公益林中生态功能低下的疏林、残次林等低质低效林，采取林分改造、森林抚育等措施，提高公益林的质量和生态保护功能。在符合公益林生态区位保护要求和不影响公益林生态功能的前提下，经科学论证，可以合理利用公益林林地资源和森林景观资源，适度开展林下经济、森林旅游等。

商品林经营管理。在保障生态安全的前提下，国家鼓励建设速生丰产、珍贵树种和大径级用材林，增加林木储备，保障木材供给安全。[3] 商品林由林业经营者依法自主经营。在不破坏生态的前提下，可以采取集约化经营措施，合理利用森林、林木、林地，提高商品林经济效益。[4]

工程设施审批。在林地上修筑下列直接为林业生产经营服务的工程设施，符合国家有关部门规定的标准的，由县级以上人民政府林业和草原主管部门批准，不需要办理建设用地审批手续；超出标准需要占用林地的，应当依法办理建设用地审批手续。[5]

森林经营方案。国有林业企业事业单位应当编制森林经营方案，明确森林培育和管护的经营措施，报县级以上人民政府林业和草原主管部门批准后实施。重点林区的森林经营方案由国务院林业和草原主管部门批准后实施。国家支持、引导其他林业经营者编制森林经营方案。[6]

六、森林采伐管理

森林的适度采伐与更新既能满足人们的木材消费需求，又能起到调节森

---

[1]　参见《森林法》第46条。
[2]　参见《森林法》第47条。
[3]　参见《森林法》第50条第2款。
[4]　参见《森林法》第51条。
[5]　参见《森林法》第52条。
[6]　参见《森林法》第53条第1款、第2款。

林结构、促进森林健康发展的作用。[1] 为此，国家通过采伐限额制度、采伐对象分类管理、采伐许可证制度和更新造林制度等方式规范森林采伐活动，保护森林生态系统，保障森林资源的可持续利用。

采伐限额。国家严格控制森林年采伐量。省、自治区、直辖市人民政府林业和草原主管部门根据消耗量低于生长量和森林分类经营管理的原则，编制本行政区域的年采伐限额，经征求国务院林业和草原主管部门意见，报本级人民政府批准后公布实施，并报国务院备案。重点林区的年采伐限额，由国务院林业和草原主管部门编制，报国务院批准后公布实施。[2]

采伐对象分类管理。对公益林只能进行抚育、更新和低质低效林等改造性质的采伐。但是，因科研或者实验、防治林业有害生物、建设护林防火设施、营造生物防火隔离带、遭受自然灾害等需要采伐的除外。对商品林应当根据不同情况，采取不同采伐方式，严格控制皆伐面积，伐育同步规划实施。自然保护区的林木，禁止采伐。但是，因防治林业有害生物、森林防火、维护主要保护对象生存环境、遭受自然灾害等特殊情况必须采伐的和实验区的竹林除外。省级以上人民政府林业和草原主管部门应当按照森林分类经营管理、保护优先、注重效率和效益等原则，制定相应的林木采伐技术规程。[3]

采伐许可证。采伐林地上的林木应当申请采伐许可证，并按照采伐许可证的规定进行采伐；采伐自然保护区以外的竹林，不需要申请采伐许可证，但应当符合林木采伐技术规程。农村居民采伐自留地和房前屋后个人所有的零星林木，不需要申请采伐许可证。采伐许可证由县级以上人民政府林业和草原主管部门核发。农村居民采伐自留山和个人承包集体林地上的林木，由县级人民政府林业和草原主管部门或者其委托的乡镇人民政府核发采伐许可证。申请采伐许可证，应当提交有关采伐的地点、林种、树种、面积、蓄积、方式、更新措施和林木权属等内容的材料。超过省级以上人民政府林业和草原主管部门规定面积或者蓄积量的，还应当提交伐区调查设计材料。[4]

更新造林。采伐林木的组织和个人应当按照有关规定完成更新造林。更新造林的面积不得少于采伐的面积，更新造林应当达到相关技术规程规定的标准。[5]

〔1〕 张会儒、唐守正：《森林生态采伐理论》，载《林业科学》2008 年第 10 期。
〔2〕 参见《森林法》第 54 条。
〔3〕 参见《森林法》第 55 条。
〔4〕 参见《森林法》第 56 条第 1 款、第 2 款，第 57 条第 1 款、第 3 款，第 58 条。
〔5〕 参见《森林法》第 61 条。

第十八章

草原保护法

　　草原生态系统是以多年生草本占优势的生物群落与其环境构成的功能综合体，是重要的陆地生态系统之一。世界草地总面积约占陆地总面积的33.5%，仅次于森林生态系统。[1] 我国重视草原的可持续利用和生态保护，专门制定《草原法》，依法对草原进行保护和可持续利用。

第一节　草原及其保护概述

　　根据《草原法》，草原是指天然草原和人工草地。天然草原包括草地、草山和草坡，人工草地包括改良草地和退耕还草地，不包括城镇草地。[2] 草原是我国面积最大的陆地生态系统和生态屏障，对改善气候、保护环境具有重要的生态功能。[3]

　　草原具有巨大的生态价值。一方面是保护物种多样性。草原是许多珍贵、濒危野生动物的主要栖息地，同时草原中还生存着诸多濒危野生植物。草原作为巨大的物种基因库，有效保护了物种多样性。另一方面是改善生态环境和调节气候条件。我国草原生态系统最主要的生产者为禾本科、豆科和菊科等草本植物，这些植物具有涵养水源、保持土壤、防风固沙、固碳储氮、净化空气等重要生态功能，有助于调节局部气候条件。

　　草原退化是威胁我国草原生态系统的最主要因素。草原退化主要包括群落优势种和结构发生改变，草原生产力低下、产草量下降，草原土壤生态破坏、沙漠化严重，固定沙丘复活和动植物资源破坏等问题。[4] 通过立法保护草原生态系统，是草原保护的必然要求。

---

〔1〕　蔡晓明编著：《生态系统生态学》，科学出版社 2000 年版，第 255 页。
〔2〕　参见《草原法》第 2 条、第 74 条。
〔3〕　参见《2019 中国生态环境状况公报》。
〔4〕　蔡晓明编著：《生态系统生态学》，科学出版社 2000 年版，第 261 页。

第二节 草原保护法律体系

《宪法》第 9 条第 1 款规定："矿藏、水流、森林、山岭、草原、荒地、滩涂等自然资源，都属于国家所有，即全民所有；由法律规定属于集体所有的森林和山岭、草原、荒地、滩涂除外。"这一规定是我国草原保护的宪法基础。

《草原法》是我国草原保护和利用的专门立法，旨在保护、建设和合理利用草原，改善生态环境，维护生物多样性，发展现代畜牧业。该法就草原规划、草原建设、草原可持续利用以及法律责任等方面作出了详细规定。同时，我国在相关领域也制定了与草原保护有关的立法，主要包括《土地管理法》《防沙治沙法》《水土保持法》。此外，《环境保护法》等法律中也规定了与草原保护有关的内容。

我国还制定了相关法规和规章加强草原保护管理。涉及草原保护的行政法规主要有《草原防火条例》《自然保护区条例》《气象灾害防御条例》等。涉及草原保护的部门规章主要有原农业部颁布的《草种管理办法》《甘草和麻黄草采集管理办法》等。

一些地方也制定了本辖区内草原保护的地方性法规，例如，《黑龙江省草原条例》《内蒙古自治区基本草原保护条例》等。一些地方在草原防火、草原生态保护等方面还制定了专门性法规。这些地方性法规根据本地区草原保护状况和生态环境特点，对草原保护作出了细化规定。

第三节 草原保护的主要措施

一、管理体制

国家林业和草原局与地方各级林业和草原部门是我国草原保护的主管部门。具体而言，国务院林业和草原主管部门主管全国草原监督管理工作；县级以上地方人民政府林业和草原主管部门主管本行政区域内草原监督管理工作；乡（镇）人民政府应当加强对本行政区域内草原保护、建设和利用情况的监督检查，根据需要可以设专职或者兼职人员负责具体监督检查工作。[1]

在草原保护方面，国家林业和草原局的具体职责包括：①负责拟订草原及其生态保护修复的政策、规划、标准并组织实施，起草相关法律法规、部门规章草案。组织开展草原资源动态监测与评价。②组织实施草原重点生态保护修复工程，指导、监督城乡绿化工作；指导草原有害生物防治、检疫工作；承担草原应对气候变化的相关工作。③负责草原禁牧、草畜平衡和草原

---

[1] 参见《草原法》第 8 条。

生态修复治理工作，监督管理草原的开发利用。④拟订草原重大改革意见并监督实施，开展退耕（牧）还林还草。⑤监督管理草原生物种质资源，组织指导草原宣传教育、监测预警、督促检查等防火工作。⑥参与拟订草原经济调节政策，组织实施草原生态补偿工作。

国家林业和草原局下设草原管理司和生态保护修复司（全国绿化委员会办公室）负责草原保护和管理工作。其中，草原管理司指导草原保护工作，负责草原禁牧、草畜平衡和草原生态修复治理工作，组织实施草原重点生态保护修复工程，监督管理草原的开发利用。生态保护修复司承担草原资源动态监测与评价工作；起草国土绿化重大方针政策，综合管理重点生态保护修复工程，指导植树造林、封山育林和以植树种草等生物措施防治水土流失工作；指导草原有害生物防治、检疫和预测预报，并承担草原应对气候变化相关工作。[1]

地方人民政府、气象、民政、卫生、铁路、交通、航空、公安等部门依法承担草原资源保护和管理职责。县级以上人民政府有关部门应当按照草原火灾应急预案的分工，做好相应的草原火灾应急工作。气象主管机构应当做好气象监测和预报工作，及时向当地人民政府提供气象信息，并根据天气条件适时实施人工增雨。民政部门应当及时设置避难场所和救济物资供应点，开展受灾群众救助工作。卫生主管部门应当做好医疗救护、卫生防疫工作。铁路、交通、航空等部门应当优先运送救灾物资、设备、药物、食品。通信主管部门应当组织提供应急通信保障。公安部门应当及时查处草原火灾案件，做好社会治安维护工作。[2]

二、草原规划

国家对草原保护、建设、利用实行统一规划制度。国务院林业和草原主管部门会同国务院有关部门编制全国草原保护、建设、利用规划，报国务院批准后实施。县级以上地方人民政府林业和草原主管部门会同同级有关部门依据上一级草原保护、建设、利用规划编制本行政区域的草原保护、建设、利用规划，报本级人民政府批准后实施。经批准的草原保护、建设、利用规划确需调整或者修改时，须经原批准机关批准。[3]

编制草原保护、建设、利用规划，应当依据国民经济和社会发展规划并遵循下列原则：改善生态环境，维护生物多样性，促进草原的可持续利用；以现有草原为基础，因地制宜，统筹规划，分类指导；保护为主、加强建设、分批改良、合理利用；生态效益、经济效益、社会效益相结合。[4] 从内容上

---

〔1〕　参见《国家林业和草原局职能配置、内设机构和人员编制规定》第4条第1款第2项、第4项。

〔2〕　参见《草原防火条例》第30条。

〔3〕　参见《草原法》第17条。

〔4〕　参见《草原法》第18条。

看，草原保护、建设、利用规划应当包括：草原保护、建设、利用的目标和措施，草原功能分区和各项建设的总体部署，各项专业规划等。[1]

三、调查统计和监测

国家建立草原调查和统计制度和草原生产、生态监测预警系统，加强草原资源和生态信息的获取，为政策和法律制定提供基础。县级以上人民政府林业和草原主管部门会同同级有关部门定期进行草原调查；草原所有者或者使用者应当支持、配合调查，并提供有关资料。[2] 根据 2018 年《国务院机构改革方案》，原农业部的草原资源调查和确权登记管理职责由自然资源部行使。

县级以上人民政府林业和草原主管部门和同级统计部门共同制定草原统计调查办法，依法对草原的面积、等级、产草量、载畜量等进行统计，定期发布草原统计资料。草原统计资料是各级人民政府编制草原保护、建设、利用规划的依据。[3] 县级以上人民政府林业和草原主管部门对草原的面积、等级、植被构成、生产能力、自然灾害、生物灾害等草原基本状况实行动态监测，及时为本级政府和有关部门提供动态监测和预警信息服务。[4]

四、草原建设

草原建设的具体措施主要包括如下方面：

1. 草场建设。国家鼓励与支持人工草地建设、天然草原改良和饲草饲料基地建设，稳定和提高草原生产能力。[5]

2. 设施建设。县级以上人民政府应当支持、鼓励和引导农牧民开展草原围栏、饲草饲料储备、牲畜圈舍、牧民定居点等生产生活设施的建设。县级以上地方人民政府应当支持草原水利设施建设，发展草原节水灌溉，改善人畜饮水条件。[6]

3. 草种管理。县级以上人民政府应当按照草原保护、建设、利用规划加强草种基地建设，鼓励选育、引进、推广优良草品种。新草品种必须经全国草品种审定委员会审定，由国务院林业和草原主管部门公告后方可推广。从境外引进草种必须依法进行审批。县级以上人民政府林业和草原主管部门应当依法加强对草种生产、加工、检疫、检验的监督管理，保证草种质量。[7]

4. 水土流失治理。对退化、沙化、盐碱化、石漠化和水土流失的草原，

---

〔1〕 参见《草原法》第 19 条。
〔2〕 参见《草原法》第 22 条第 2 款。
〔3〕 参见《草原法》第 24 条第 2 款、第 3 款。
〔4〕 参见《草原法》第 25 条第 1 款。
〔5〕 参见《草原法》第 27 条。
〔6〕 参见《草原法》第 28 条。
〔7〕 参见《草原法》第 29 条。

地方各级人民政府应当按照草原保护、建设、利用规划，划定治理区，组织专项治理。大规模的草原综合治理，列入国家国土整治计划。[1]

五、草原保护

基本草原保护。国家将重要放牧场，割草地，用于畜牧业生产的人工草地、退耕还草地以及改良草地、草种基地，对调节气候、涵养水源、保持水土、防风固沙等具有特殊作用的草原，作为国家重点保护野生动植物生存环境的草原，草原科研、教学试验基地，以及国务院规定应当划为基本草原的其他草原等草原类型划定为基本草原，并实施严格管理。[2]

草原自然保护区。在具有代表性的草原类型、珍稀濒危野生动植物分布区、具有重要生态功能和经济科研价值的草原，国务院林业和草原主管部门或者省、自治区、直辖市人民政府可以按照自然保护区管理的有关规定，建立草原自然保护区。[3]

草畜平衡。县级以上地方人民政府林业和草原主管部门应当按照国务院林业和草原主管部门制定的草原载畜量标准，结合当地实际情况，定期核定草原载畜量。各级人民政府应当采取有效措施，防止超载过牧。[4] 草原承包经营者应当合理利用草原，不得超过林业和草原主管部门核定的载畜量；草原承包经营者应当采取种植和储备饲草饲料、增加饲草饲料供应量、调剂处理牲畜、优化畜群结构、提高出栏率等措施，保持草畜平衡。[5]

禁限措施。禁止开垦草原。对水土流失严重、有沙化趋势、需要改善生态环境的已垦草原，应当有计划、有步骤地退耕还草；已造成沙化、盐碱化、石漠化的，应当限期治理。[6] 对严重退化、沙化、盐碱化、石漠化的草原和生态脆弱区的草原，实行禁牧、休牧制度。[7] 禁止在荒漠、半荒漠和严重退化、沙化、盐碱化、石漠化、水土流失的草原以及生态脆弱区的草原上采挖植物和从事破坏草原植被的其他活动。[8] 在草原上从事采土、采砂、采石等作业活动，应当报县级人民政府林业和草原主管部门批准；开采矿产资源的，并应当依法办理有关手续。在开发过程中，应当在规定的时间、区域内，按照准许的采挖方式作业，采取保护草原植被的措施。[9] 在草原上种植牧草或者饲料作物，应当符合草原保护、建设、利用规划；县级以上地方人民政府

---

〔1〕　参见《草原法》第31条。
〔2〕　参见《草原法》第42条第1款。
〔3〕　参见《草原法》第43条。
〔4〕　参见《草原法》第45条。
〔5〕　参见《草原法》第33条第1款。
〔6〕　参见《草原法》第46条。
〔7〕　参见《草原法》第47条。
〔8〕　参见《草原法》第49条。
〔9〕　参见《草原法》第50条。

林业和草原主管部门应当加强监督管理，防止草原沙化和水土流失。[1] 除抢险救灾和牧民搬迁的机动车辆外，禁止机动车辆离开道路在草原上行驶，破坏草原植被；因从事地质勘探、科学考察等活动确需离开道路在草原上行驶的，应当事先向所在地县级人民政府林业和草原主管部门报告行驶区域和行驶路线，并按照报告的行驶区域和行驶路线在草原上行驶。[2]

生物灾害防治。县级以上地方人民政府应当做好草原鼠害、病虫害和毒害草防治的组织管理工作。县级以上地方人民政府林业和草原主管部门应当采取措施，加强草原鼠害、病虫害和毒害草监测预警、调查以及防治工作，组织研究和推广综合防治的办法。禁止在草原上使用剧毒、高残留以及可能导致二次中毒的农药。[3]

六、草原可持续利用

轮牧休牧。牧区的草原承包经营者应当实行划区轮牧，合理配置畜群，均衡利用草原。[4] 国家提倡在农区、半农半牧区和有条件的牧区实行牲畜圈养。草原承包经营者应当按照饲养牲畜的种类和数量，调剂、储备饲草饲料，采用青贮和饲草饲料加工等新技术，逐步改变依赖天然草地放牧的生产方式。在草原禁牧、休牧、轮牧区，国家对实行舍饲圈养的给予粮食和资金补助。[5]

轮割轮采。县级以上地方人民政府林业和草原主管部门对割草场和野生草种基地应当规定合理的割草期、采种期以及留茬高度和采割强度，实行轮割轮采。[6]

非牧业利用草原管理。进行矿藏开采和工程建设，应当不占或者少占草原；确需征收、征用或者使用草原的，必须经省级以上人民政府林业和草原主管部门审核同意后，依照有关土地管理的法律、行政法规办理建设用地审批手续。[7] 在草原上修建直接为草原保护和畜牧业生产服务的工程设施，需要使用草原的，由县级以上人民政府林业草原主管部门批准。修筑其他工程，需要将草原转为非畜牧业生产用地的，必须依法办理建设用地审批手续。[8]

---

〔1〕 参见《草原法》第51条。
〔2〕 参见《草原法》第55条。
〔3〕 参见《草原法》第54条。
〔4〕 参见《草原法》第34条。
〔5〕 参见《草原法》第35条。
〔6〕 参见《草原法》第36条。
〔7〕 参见《草原法》第38条。
〔8〕 参见《草原法》第41条第1款。

第十九章

湿地保护法

湿地是地球重要的生态系统，对人类的生存与发展具有不可替代的作用。我国专门制定《湿地保护法》，通过一系列的法律制度和措施，为湿地保护提供法律保障。

☞ 第一节　湿地及其保护概述

湿地，是指具有显著生态功能的自然或者人工的、常年或者季节性积水地带、水域，包括低潮时水深不超过六米的海域，但是水田以及用于养殖的人工的水域和滩涂除外。[1] 湿地与森林、海洋并称为全球三大生态系统，被誉为"地球之肾"，具有调蓄洪水、补充地下水、保护海岸、控制侵蚀、气候调节、水质净化、孕育生物多样性等方面的生态功能。[2]

目前，全球湿地状况不容乐观，环境污染、生态破坏、过度捕捞、围垦、外来物种入侵、基建占用等人类活动，成为湿地面临的主要威胁。联合国千年生态系统评估报告数据表明，湿地退化和丧失的速度已超过其他类型生态系统退化和丧失的速度。[3] 为保护全球湿地，来自 18 个国家的代表于 1971年在伊朗拉姆萨尔签署了《关于特别是作为水禽栖息地的国际重要湿地公约》（又称《拉姆萨尔公约》，以下简称《湿地公约》），在加强湿地保护国际合作方面发挥了重要的作用。我国于 1992 年加入《湿地公约》。

我国湿地面积位列亚洲第一、世界第四位。近年来，我国湿地保护工作卓有成效，但同时也面临湿地生态功能退化、湿地生物多样性减退、湿地不合理利用等问题。

☞ 第二节　湿地保护法律体系

我国湿地保护立法开始于 20 世纪 90 年代。国务院于 1994 年公布的《自

---

〔1〕　参见《湿地保护法》第 2 条第 2 款。

〔2〕　朱建国等编著：《中国湿地保护立法研究》，法律出版社 2004 年版，第 7 页。

〔3〕　参见《全国湿地保护"十三五"实施规划》。

然保护区条例》要求通过建立自然保护区的方式，保护具有特殊价值的湿地，[1] 这是我国关于湿地保护最早的法律规定。其后，原国家林业局于 2013 年公布了《湿地保护管理规定》，这也是我国第一部关于湿地保护的专门部门规章。2021 年，我国公布《湿地保护法》，成为我国湿地保护的专门法律。目前，我国已形成由湿地保护专门立法、与湿地保护有关的法律、法规和规章构成的湿地保护法律体系。

《湿地保护法》旨在加强湿地保护，维护湿地生态功能及生物多样性，保障生态安全，促进生态文明建设，实现人与自然和谐共生。[2] 该法就湿地保护的基本原则、湿地保护管理体制、湿地资源管理、湿地保护与利用、湿地修复、监督检查以及法律责任等内容作出了规定。同时，我国在相关领域也制定了与湿地保护有关的立法，主要包括《海洋环境保护法》《青藏高原生态保护法》《黄河保护法》《黑土地保护法》《长江保护法》《水污染防治法》《农业法》等。《环境保护法》等法律中也规定了与湿地保护有关的内容。这些法律从特殊国土空间和生态系统中的湿地保护、湿地水污染防治等方面，为湿地保护提供了法律依据。

我国涉及湿地保护的行政法规主要有《自然保护区条例》《南水北调工程供用水管理条例》《太湖流域管理条例》等。涉及湿地保护和管理的部门规章主要包括《湿地保护管理规定》《外来入侵物种管理办法》等。一些省市制定了本辖区内湿地保护和管理的地方性法规，例如，《天津市湿地保护条例》《海南省湿地保护条例》等。

👉 **第三节　湿地保护的主要措施**

一、管理体制

我国湿地保护实行分级管理和分部门管理相结合的管理体制。根据《湿地保护法》，国家林业和草原局与地方各级林业和草原部门是我国湿地保护的主管部门。国务院林业草原主管部门负责湿地资源的监督管理，负责湿地保护规划和相关国家标准拟定、湿地开发利用的监督管理、湿地生态保护修复工作。国务院自然资源、水行政、住房和城乡建设、生态环境、农业农村等其他有关部门，按照职责分工承担湿地保护、修复、管理有关工作。国务院林业草原主管部门会同国务院自然资源、水行政、住房和城乡建设、生态环境、农业农村等主管部门建立湿地保护协作和信息通报机制。[3] 县级以上地方人民政府应当加强湿地保护协调工作。县级以上地方人民政府有关部门按

---

〔1〕　参见 1994 年《自然保护区条例》第 10 条第 3 项。
〔2〕　参见《湿地保护法》第 1 条。
〔3〕　参见《湿地保护法》第 5 条。

照职责分工负责湿地保护、修复、管理有关工作。[1]

为加强湿地管理，国家林业和草原局下设湿地管理司（中华人民共和国国际湿地公约履约办公室）负责指导湿地保护工作，组织实施湿地生态修复、生态补偿工作，管理国家重要湿地，监督管理湿地的开发利用，并承担国际湿地公约履约工作。[2]

二、湿地资源管理

湿地资源调查评价。国务院自然资源主管部门应当会同国务院林业和草原等有关部门定期开展全国湿地资源调查评价工作，对湿地类型、分布、面积、生物多样性、保护与利用情况等进行调查，建立统一的信息发布和共享机制。[3]

湿地面积总量管控。国家实行湿地面积总量管控制度，将湿地面积总量管控目标纳入湿地保护目标责任制。国务院林业和草原、自然资源主管部门会同国务院有关部门根据全国湿地资源状况、自然变化情况和湿地面积总量管控要求，确定全国和各省、自治区、直辖市湿地面积总量管控目标，报国务院批准。地方各级人民政府应当采取有效措施，落实湿地面积总量管控目标的要求。[4]

湿地分类保护与名录。国家对湿地实行分级管理，按照生态区位、面积以及维护生态功能、生物多样性的重要程度，将湿地分为重要湿地和一般湿地。重要湿地包括国家重要湿地和省级重要湿地，重要湿地以外的湿地为一般湿地。重要湿地依法划入生态保护红线。国务院林业和草原主管部门会同国务院自然资源、水行政、住房和城乡建设、生态环境、农业农村等有关部门发布国家重要湿地名录及范围，并设立保护标志。国际重要湿地应当列入国家重要湿地名录。省、自治区、直辖市人民政府或者其授权的部门负责发布省级重要湿地名录及范围，并向国务院林业和草原主管部门备案。一般湿地的名录及范围由县级以上地方人民政府或者其授权的部门发布。[5]

湿地监测预警。国务院林业和草原主管部门应当按照监测技术规范开展国家重要湿地动态监测，及时掌握湿地分布、面积、水量、生物多样性、受威胁状况等变化信息。国务院林业和草原主管部门应当依据监测数据，对国家重要湿地生态状况进行评估，并按照规定发布预警信息。省、自治区、直辖市人民政府林业和草原主管部门应当按照监测技术规范开展省级重要湿地动态监测、评估和预警工作。县级以上地方人民政府林业和草原主管部门负责对一般湿地的动态监测。[6]

---

〔1〕 参见《湿地保护法》第6条。

〔2〕 参见《国家林业和草原局职能配置、内设机构和人员编制规定》第4条第1款第5项。

〔3〕 参见《湿地保护法》第12条第2款。

〔4〕 参见《湿地保护法》第13条。

〔5〕 参见《湿地保护法》第14条。

〔6〕 参见《湿地保护法》第22条。

三、湿地保护与利用

湿地保护规划。我国湿地保护规划主要包括全国湿地保护规划和地方行政区域的湿地保护规划。国务院林业和草原主管部门应当会同国务院有关部门，依据国民经济和社会发展规划、国土空间规划和生态环境保护规划编制全国湿地保护规划，报国务院或者其授权的部门批准后组织实施。县级以上地方人民政府林业和草原主管部门应当会同有关部门，依据本级国土空间规划和上一级湿地保护规划编制本行政区域内的湿地保护规划，报同级人民政府批准后组织实施。湿地保护规划应当明确湿地保护的目标任务、总体布局、保护修复重点和保障措施等内容。经批准的湿地保护规划需要调整的，按照原批准程序办理。编制湿地保护规划应当与流域综合规划、防洪规划等规划相衔接。[1] 目前，全国湿地保护规划主要包括《全国湿地保护工程实施规划（2011—2015 年）》《全国湿地保护"十三五"实施规划》《全国湿地保护规划（2022-2030 年）》等。地方行政区域内的湿地保护规划有《湖北省湿地保护规划（2023-2030 年）》《山东省湿地保护规划（2022-2030 年）》等。

将湿地纳入自然保护体系。省级以上人民政府及其有关部门根据湿地保护规划和湿地保护需要，依法将湿地纳入国家公园、自然保护区或者自然公园。[2] 在通过自然公园的形式保护湿地方面，国家级自然公园包括国家级风景名胜区、国家级森林公园、国家级湿地公园等七种类型，国家级湿地公园是国家级自然公园的重要组成部分。[3] 严格保护国家级自然公园内的森林、草原、湿地、荒漠、海洋、水域、生物等珍贵自然资源，以及自然遗迹、自然景观和文物古迹等人文景观。在国家级自然公园内开展相关活动和设施建设，不得擅自改变其自然状态和历史风貌。[4]

有害生物防治。县级以上人民政府有关部门应当按照职责分工，开展湿地有害生物监测工作，及时采取有效措施预防、控制、消除有害生物对湿地生态系统的危害。[5]

野生动植物保护。县级以上人民政府应当加强对国家重点保护野生动植物集中分布湿地的保护，任何单位和个人不得破坏鸟类和水生生物的生存环境。禁止在以水鸟为保护对象的自然保护地及其他重要栖息地从事捕鱼、挖捕底栖生物、捡拾鸟蛋、破坏鸟巢等危及水鸟生存、繁衍的活动，开展观鸟、科学研究以及科普活动等应当保持安全距离，避免影响鸟类正常觅食和繁殖。在重要水生生物产卵场、索饵场、越冬场和洄游通道等重要栖息地应当实施保护措施，经依法批准在洄游通道建闸、筑坝，可能对水生生物洄游产生影

---

〔1〕 参见《湿地保护法》第 15 条。
〔2〕 参见《湿地保护法》第 24 条。
〔3〕 参见《国家级自然公园管理办法（试行）》第 2 条第 2 款。
〔4〕 参见《国家级自然公园管理办法（试行）》第 18 条第 1 款。
〔5〕 参见《湿地保护法》第 29 条。

响的，建设单位应当建造过鱼设施或者采取其他补救措施。禁止向湿地引进和放生外来物种，确需引进的应当进行科学评估，并依法取得批准。[1]

四、湿地修复

政府职责。县级以上人民政府应当坚持自然恢复为主、自然恢复和人工修复相结合的原则，加强湿地修复工作，恢复湿地面积，提高湿地生态系统质量。县级以上人民政府对破碎化严重或者功能退化的自然湿地进行综合整治和修复，优先修复生态功能严重退化的重要湿地。[2]县级以上人民政府组织开展湿地保护与修复，应当充分考虑水资源禀赋条件和承载能力，合理配置水资源，保障湿地基本生态用水需求，维护湿地生态功能。[3]县级以上地方人民政府应当科学论证，对具备恢复条件的原有湿地、退化湿地、盐碱化湿地等，因地制宜采取措施，恢复湿地生态功能。县级以上地方人民政府应当按照湿地保护规划，因地制宜采取水体治理、土地整治、植被恢复、动物保护等措施，增强湿地生态功能和碳汇功能。[4]

特殊类型湿地修复。《湿地保护法》主要对红树林湿地和泥炭沼泽湿地规定了特别的修复措施。红树林湿地所在地县级以上地方人民政府应当对生态功能重要区域、海洋灾害风险等级较高地区、濒危物种保护区域或者造林条件较好地区的红树林湿地优先实施修复，对严重退化的红树林湿地进行抢救性修复，修复应当尽量采用本地树种。[5]泥炭沼泽湿地所在地县级以上地方人民政府应当因地制宜，组织对退化泥炭沼泽湿地进行修复，并根据泥炭沼泽湿地的类型、发育状况和退化程度等，采取相应的修复措施。[6]

湿地修复方案。修复重要湿地应当编制湿地修复方案。重要湿地的修复方案应当报省级以上人民政府林业和草原主管部门批准。林业和草原主管部门在批准修复方案前，应当征求同级人民政府自然资源、水行政、住房和城乡建设、生态环境、农业农村等有关部门的意见。[7]修复重要湿地应当按照经批准的湿地修复方案进行修复。重要湿地修复完成后，应当经省级以上人民政府林业和草原主管部门验收合格，依法公开修复情况。省级以上人民政府林业和草原主管部门应当加强修复湿地后期管理和动态监测，并根据需要开展修复效果后期评估。[8]

---

〔1〕 参见《湿地保护法》第 30 条。
〔2〕 参见《湿地保护法》第 37 条。
〔3〕 参见《湿地保护法》第 38 条。
〔4〕 参见《湿地保护法》第 39 条第 1 款、第 2 款。
〔5〕 参见《湿地保护法》第 40 条。
〔6〕 参见《湿地保护法》第 41 条。
〔7〕 参见《湿地保护法》第 42 条。
〔8〕 参见《湿地保护法》第 43 条。

第二十章

野生生物保护法

野生生物，是指自然生态系统中所有在非人为控制环境下生存的各种生物。在最广义的层面，野生生物包括兽类、鸟类、爬行类、各种高等和低等植物、鱼类、无脊椎类，甚至还包括各种原生生物、真菌、细菌等。[1] 其中，野生动物和野生植物是野生生物最重要的组成部分，对于维持生态系统稳定和维护生物多样性具有重要意义，同时也具有重要的经济价值和人文价值。我国多样复杂的自然条件孕育了丰富的野生动植物资源，通过立法保护珍稀的野生动物和野生植物、防范外来物种入侵，是保护野生生物的必然要求。

👉 第一节 野生动物保护

一、野生动物保护概述

野生动物，是指珍贵、濒危的陆生、水生野生动物和有重要生态、科学、社会价值的陆生野生动物。[2] 根据野生动物的生存空间不同，可将野生动物分为陆生野生动物和水生野生动物。根据野生动物的濒危程度，可将野生动物分为珍贵、濒危野生动物和其他野生动物。我国《野生动物保护法》规定，珍贵、濒危的水生野生动物以外的其他水生野生动物的保护，适用《渔业法》等有关法律的规定。

野生动物是生态系统的重要组成部分，对于保护生物多样性、维护生态平衡发挥着重要的作用。[3] 野生动物在生态系统中扮演着初级消费者和次级消费者的角色。其中，初级消费者以植物为食，使能量在生态系统中流动，为更高级的肉食动物提供养料；次级消费者以捕食植食性野生动物为生。不

---

〔1〕 周志华、蒋志刚：《野生生物、野生动植物和野生来源的定义及范畴》，载《生态学报》2004 年第 2 期。

〔2〕 参见《野生动物保护法》第 2 条第 2 款。

〔3〕 于文轩、Li Yan：《论野生动物保护的法制路径：一个超越功利主义的视角（英文）》，载《China Legal Science》2017 年第 1 期。

同物种通过食物链的变动，对整个生态系统产生影响。[1] 同时，野生动物也是生物遗传资源的重要载体，为遗传资源多样性提供物质基础。野生动物对科学研究也具有重要价值。[2]

我国是世界上野生动物物种最丰富的国家之一。同时，我国也有不少物种灭绝或处于濒危状态。生境破坏、野生动物资源的过度开发利用、环境污染、外来物种入侵是威胁我国野生动物生存的主要因素。

二、野生动物保护法律体系

《宪法》第9条第2款规定："国家保障自然资源的合理利用，保护珍贵的动物和植物。禁止任何组织或者个人用任何手段侵占或者破坏自然资源。"这一规定确立了国家保护野生动物的职责，是我国野生动物保护的宪法基础。

《野生动物保护法》是我国的野生动物保护专门立法。该法旨在保护野生动物，拯救珍贵、濒危野生动物，维护生物多样性和生态平衡，就野生动物及其栖息地保护、野生动物管理等方面作出了详细规定。同时，我国在相关领域也制定了与野生动物保护有关的立法，主要包括《进出境动植物检疫法》《渔业法》《动物防疫法》《畜牧法》《传染病防治法》《中医药法》《生物安全法》等。此外，《环境保护法》等法律中也规定了与野生动物保护有关的内容。

我国涉及野生动物保护的行政法规主要有《水生野生动物保护实施条例》《陆生野生动物保护实施条例》《实验动物管理条例》《重大动物疫情应急条例》《濒危野生动植物进出口管理条例》等。野生动物保护规章包括部门规章和地方政府规章主要包括《陆生野生动物资源保护管理费收费办法》《国家重点保护野生动物驯养繁殖许可证管理办法》《引进陆生野生动物外来物种种类及数量审批管理办法》《野生动物收容救护管理办法》《野生动物及其制品价值评估方法》《水生野生动物利用特许办法》《水生野生动物及其制品价值评估办法》等。一些省份还根据本地区野生动物保护的实际需要制定了相应的地方性法规，如《四川省〈中华人民共和国野生动物保护法〉实施办法》中规定了与大熊猫保护有关的制度。

三、野生动物保护的主要措施

（一）管理体制

我国野生动物保护实行分级管理和分部门管理相结合的监督管理体制。国务院林业和草原、渔业主管部门分别主管全国陆生、水生野生动物保护工作。县级以上地方人民政府林业和草原、渔业主管部门分别主管本行政区域内陆生、水生野生动物保护工作。

---

〔1〕 韩德培主编：《环境保护法教程》，法律出版社2018年版，第158页。
〔2〕 方淑荣主编：《环境科学概论》，清华大学出版社2011年版，第180页。

国家林业和草原局主要负责陆生野生动物的保护和管理。在野生动物保护领域，国家林业和草原局组织开展陆生野生动物资源动态监测与评价，组织开展陆生野生动物资源调查，拟订及调整国家重点保护的陆生野生动物名录，指导陆生野生动物的救护繁育、栖息地恢复发展、疫源疫病监测等，监督管理陆生野生植物猎捕或采集、驯养繁殖或培植、经营利用，并按分工监督管理陆生野生动物进出口。

国家林业和草原局下设野生动植物保护司（中华人民共和国濒危物种进出口管理办公室），负责珍贵、濒危野生动物的保护和管理工作，组织开展陆生野生动物资源调查和资源状况评估，监督管理全国陆生野生动物保护工作，研究提出国家重点保护的陆生野生动物名录调整意见，按分工监督管理野生动物进出口，并承担濒危野生动物国际贸易公约履约工作。[1]

农业农村部主要负责水生野生动物的保护和管理。在野生动物保护领域，农业农村部负责水生野生动物的保护，牵头管理外来物种；负责农业防灾减灾、农作物重大病虫害防治工作，指导动物防疫检疫体系建设，组织、监督国内动物防疫检疫工作，发布疫情并组织扑灭。农业农村部下设畜牧兽医局、渔业渔政管理局等机构负责野生动物的保护和管理。其中，畜牧兽医局负责组织实施国内动物防疫检疫，承担兽医国际事务、兽用生物制品安全管理和出入境动物检疫有关工作。渔业渔政管理局主要负责组织水生动物病害防控，组织渔业水域生态环境保护和水生动物保护。

此外，生态环境、海关等部门依法承担野生动物的保护和管理职责。其中，生态环境部负责监督野生动物保护，监督生物技术环境安全，牵头生物物种（含遗传资源）工作，组织协调生物多样性保护工作，参与生态保护补偿工作。[2] 海关总署负责出入境动物及其产品检验检疫，负责收集分析境外疫情，组织实施口岸处置措施，承担口岸突发公共卫生等应急事件的相关工作。

（二）重点保护野生动物名录

国家对珍贵、濒危的野生动物实行重点保护。《野生动物保护法》将野生动物分为国家重点保护的野生动物、地方国家重点保护的野生动物和有重要生态、科学、社会价值的陆生野生动物。

国家对野生动物实行分级保护。其中，《国家重点保护野生动物名录》由国务院野生动物保护主管部门组织科学评估后制定，每五年根据评估情况对名录进行调整，由国务院批准并公布。[3] 国家重点保护的野生动物分为一级保护野生动物和二级保护野生动物，我国于 1989 年公布了《国家重点保护野生动物名录》，并于 2003 年、2021 年对名录进行了调整。根据国家林业和草

---

〔1〕 参见《国家林业和草原局职能配置、内设机构和人员编制规定》第 4 条第 1 款第 7 项。
〔2〕 参见《生态环境部职能配置、内设机构和人员编制规定》第 3 条第 6 项。
〔3〕 参见《野生动物保护法》第 10 条。

原局、农业农村部 2021 年公布的《国家重点保护野生动物名录》，共列入野生动物 980 种和 8 类，其中国家一级保护野生动物 234 种和 1 类，国家二级保护野生动物 746 种和 7 类，其中 686 种为陆生野生动物，294 种和 8 类为水生野生动物。

地方重点保护野生动物，是指除国家重点保护野生动物以外，由省、自治区、直辖市重点保护的野生动物。地方重点保护野生动物名录，由省、自治区、直辖市人民政府组织科学评估后制定、调整并公布。我国很多省、自治区、直辖市都公布了本地区的地方重点保护野生动物名录，如湖南省于 2015 年公布了《湖南省重点保护野生动物名录》，浙江省于 2016 年公布了《浙江省重点保护陆生野生动物名录》等。有重要生态、科学、社会价值的陆生野生动物，也称"三有"陆生野生动物。

国家林业和草原局于 2023 年调整之后的《有重要生态、科学、社会价值的陆生野生动物名录》收录了 1924 种野生动物，包括 91 种兽类、1028 种鸟类、450 种爬行动物、253 种两栖动物、96 种昆虫类、2 种蛛形纲动物和 4 种寡毛纲动物。

（三）贸易经营管理

禁止出售、购买、利用国家重点保护野生动物及其制品。因科学研究、人工繁育、公众展示展演、文物保护或者其他特殊情况，需要出售、购买、利用国家重点保护野生动物及其制品的，应当经省、自治区、直辖市人民政府野生动物保护主管部门批准，并按照规定取得和使用专用标识，保证可追溯，但国务院对批准机关另有规定的除外。[1]

人工繁育野生动物实行分类分级管理，严格保护和科学利用野生动物资源。国家支持有关科学研究机构因物种保护目的人工繁育国家重点保护野生动物。人工繁育国家重点保护野生动物实行许可制度。人工繁育国家重点保护野生动物的，应当经省、自治区、直辖市人民政府野生动物保护主管部门批准，取得人工繁育许可证，但国务院对批准机关另有规定的除外。[2] 对人工繁育技术成熟稳定的国家重点保护野生动物或者有重要生态、科学、社会价值的陆生野生动物，经科学论证评估，纳入国务院野生动物保护主管部门制定的人工繁育国家重点保护野生动物名录或者有重要生态、科学、社会价值的陆生野生动物名录，并适时调整。对列入名录的野生动物及其制品，可以凭人工繁育许可证或者备案，按照省、自治区、直辖市人民政府野生动物保护主管部门或者其授权的部门核验的年度生产数量直接取得专用标识，凭专用标识出售和利用，保证可追溯。[3]

运输、携带、寄递国家重点保护野生动物及其制品，或者依法调出国家

---

〔1〕 参见《野生动物保护法》第 28 条第 1 款、第 2 款。
〔2〕 参见《野生动物保护法》第 25 条第 1 款、第 2 款
〔3〕 参见《野生动物保护法》第 29 条第 1 款。

重点保护野生动物名录的野生动物及其制品出县境的，应当持有或者附有相关许可证、批准文件的副本或者专用标识。[1] 进出口被列入国际公约禁止或限制的野生动物及其制品名录的货物，或者出口国家重点保护野生动物或者其制品的，应当经国务院野生动物保护主管部门或者国务院批准，并取得国家濒危物种进出口管理机构核发的允许进出口证明书。海关凭允许进出口证明书办理进出境检疫，并依法办理其他海关手续。[2]

（四）生境保护

国家对野生动物物种及其栖息地进行保护，建立了野生动物栖息地名录制度、野生动物救助制度、疫病监测制度、野生动物遗传资源保护制度等制度。国务院野生动物保护主管部门应当会同国务院有关部门，根据野生动物及其栖息地状况的调查、监测和评估结果，确定并发布野生动物重要栖息地名录。禁止或者限制在自然保护地内引入外来物种、营造单一纯林、过量施洒农药等人为干扰、威胁野生动物生息繁衍的行为。[3]

（五）生物遗传资源保护

国家加强对野生动物遗传资源的保护，对濒危野生动物实施抢救性保护。国务院野生动物保护主管部门应当会同国务院有关部门制定有关野生动物遗传资源保护和利用规划，建立国家野生动物遗传资源基因库，对原产我国的珍贵、濒危野生动物遗传资源实行重点保护。[4] 禁止向境外机构或者人员提供我国特有的野生动物遗传资源。[5]

（六）水生野生动物保护

国务院渔业主管部门主管全国水生野生动物保护工作，地方人民政府渔业主管部门主管本行政区域内的水生野生动物保护工作。国务院渔业主管部门和省、自治区、直辖市人民政府渔业行政主管部门，应当定期组织水生野生动物资源调查，建立资源档案，为制定水生野生动物资源保护发展规划、制定和调整国家和地方重点保护水生野生动物名录提供依据。[6] 国务院渔业主管部门和省、自治区、直辖市人民政府，应当在国家重点保护的和地方重点保护的水生野生动物的主要生息繁衍的地区和水域，划定水生野生动物自然保护区，加强对国家和地方重点保护水生野生动物及其生存环境的保护管理，具体办法由国务院另行规定。[7]

渔业主管部门应当组织社会各方面力量，采取有效措施，维护和改善水生野生动物的生存环境，保护和增殖水生野生动物资源。禁止任何单位和个

---

[1]　参见《野生动物保护法》第34条第1款。
[2]　参见《野生动物保护法》第37条第2款。
[3]　参见《野生动物保护法》第12条第1款、第3款。
[4]　参见《野生动物保护法》第17条。
[5]　参见《野生动物保护法》第38条。
[6]　参见《水生野生动物保护实施条例》第6条。
[7]　参见《水生野生动物保护实施条例》第11条。

人破坏国家重点保护的和地方重点保护的水生野生动物生息繁衍的水域、场所和生存条件。[1]

任何单位和个人发现受伤、搁浅和因误入港湾、河汊而被困的水生野生动物时，应当及时报告当地渔业主管部门或者其所属的渔政监督管理机构，由其采取紧急救护措施；也可以要求附近具备救护条件的单位采取紧急救护措施，并报告相关行政主管部门。捕捞作业时误捕水生野生动物的，应当立即无条件放生。[2]

（七）利用许可

利用野生动物，应依法申请相应许可证。禁止猎捕、杀害国家重点保护野生动物。因科学研究、种群调控、疫源疫病监测或者其他特殊情况，需要猎捕国家一级保护野生动物的，应当向国务院野生动物保护主管部门申请特许猎捕证；需要猎捕国家二级保护野生动物的，应当向省、自治区、直辖市人民政府野生动物保护主管部门申请特许猎捕证。[3] 猎捕有重要生态、科学、社会价值的陆生野生动物和地方重点保护野生动物的，应当依法取得县级以上地方人民政府野生动物保护主管部门核发的狩猎证，并服从猎捕量限额管理。[4]

猎捕者应当严格按照特许猎捕证、狩猎证规定的种类、数量或者限额、地点、工具、方法和期限进行猎捕。猎捕作业完成后，应当将猎捕情况向核发特许猎捕证、狩猎证的野生动物保护主管部门备案。具体办法由国务院野生动物保护主管部门制定。猎捕国家重点保护野生动物应当由专业机构和人员承担；猎捕有重要生态、科学、社会价值的陆生野生动物，有条件的地方可以由专业机构有组织开展。持枪猎捕的，应当依法取得公安机关核发的持枪证。[5] 禁止使用毒药、爆炸物、电击或者电子诱捕装置以及猎套、猎夹、捕鸟网、地枪、排铳等工具进行猎捕，禁止使用夜间照明行猎、歼灭性围猎、捣毁巢穴、火攻、烟熏、网捕等方法进行猎捕，但因物种保护、科学研究确需网捕、电子诱捕以及植保作业等除外。[6]

第二节　野生植物保护

一、野生植物保护概述

野生植物，是指原生地天然生长的珍贵植物和原生地天然生长并具有重

---

〔1〕　参见《水生野生动物保护实施条例》第7条。

〔2〕　参见《水生野生动物保护实施条例》第9条。

〔3〕　参见《野生动物保护法》第21条。

〔4〕　参见《野生动物保护法》第22条。

〔5〕　参见《野生动物保护法》第23条。

〔6〕　参见《野生动物保护法》第24条第1款。

要经济、科学研究、文化价值的濒危、稀有植物。[1] 野生植物的保护方法包括就地保护和移地保护。其中，就地保护是指保护生态系统和自然生境以及维持和恢复物种在其自然环境中有生存力的种群；移地保护是指将生物多样性组成部分移到它们的自然环境之外进行保护。[2] 野生植物是生态系统的重要组成部分，对于物种多样性、遗传资源多样性以及人类生存与发展均具有重要意义。

我国是世界上野生植物资源最多、生物多样性最丰富的国家之一。然而，目前我国野生植物保护状况依然严峻。不合理的开发利用行为造成野生植物的数量急剧下降，长期大面积掠夺式的开发经营，乱采滥挖，使野生植物种群的生存状况不容乐观；环境污染和生态破坏造成野生植物生长的环境恶化；物种入侵使野生植物的生存状况受到威胁。[3]

二、野生植物保护法律体系

《野生植物保护条例》旨在保护、发展和合理利用野生植物资源，保护生物多样性，从保护和管理两方面规定了我国野生植物保护的法律制度和措施。

同时，我国在相关领域也制定了与野生植物保护有关的立法，主要包括《长江保护法》《森林法》《海洋环境保护法》《中医药法》《种子法》《草原法》《农业法》《进出境动植物检疫法》等。此外，《环境保护法》等法律中也规定了与野生植物保护有关的内容。这些法律从野生植物检验检疫、野生植物遗传资源保护、野生植物生长环境保护、野生植物禁限规定等方面，为野生植物保护提供法律依据。

此外，我国还制定了相关法规、规章加强野生植物保护。涉及野生植物保护的行政法规主要有《濒危野生动植物进出口管理条例》《植物新品种保护条例》《野生药材资源保护管理条例》等。涉及野生植物保护的部门规章主要有原农业部制定的《农业野生植物保护办法》《草种管理办法》和原国家林业局制定的《野生动植物进出口证书管理办法》《林木种质资源管理办法》等。

我国一些省市还制定了本辖区内野生植物保护的地方性法规和地方政府规章，例如，《新疆维吾尔自治区野生植物保护条例》《浙江省野生植物保护办法》等，这些地方性法规和地方政府规章根据本地区野生植物保护现状，对野生植物保护的法律制度作出了细化规定。

---

〔1〕　参见《野生植物保护条例》第2条第2款。
〔2〕　参见《生物多样性公约》第2条第5款、第9款。
〔3〕　参见《2019中国生态环境状况公报》。

三、野生植物保护的主要措施

（一）管理体制

我国野生植物保护实行分部门的监督管理体制。国务院林业和草原主管部门主管全国林区内野生植物和林区外珍贵野生树木的监督管理工作。国务院农业农村主管部门主管全国其他野生植物的监督管理工作。国务院建设行政部门负责城市园林、风景名胜区内野生植物的监督管理工作。国务院生态环境保护部门负责对全国野生植物环境保护工作的协调和监督。国务院其他有关部门依照职责分工负责有关的野生植物保护工作。县级以上地方人民政府负责野生植物管理工作的部门及其职责，由省、自治区、直辖市人民政府根据当地具体情况规定。[1]

具体而言，国家林业和草原局主要负责陆生野生植物的保护和管理。国家林业和草原局负责陆生野生动植物资源监督管理和动态监测与评价，组织开展陆生野生动植物资源调查，拟订及调整国家重点保护的陆生野生动物、植物名录，指导陆生野生动植物的救护繁育、栖息地恢复发展、疫源疫病监测，监督管理陆生野生动植物猎捕或采集、驯养繁殖或培植、经营利用，按分工监督管理野生动植物进出口，承担濒危野生植物等国际公约履约工作。

农业农村部主要负责水生野生植物保护，指导全国植物防疫体系建设，组织、监督国内植物防疫检疫工作，发布疫情并组织扑灭。农业农村部下设渔业渔政管理局，组织水生植物病害防控，并组织渔业水域生态环境及水生野生植物保护。[2]

（二）重点保护野生植物名录

国家建立重点保护野生植物名录制度，对野生植物进行分类保护。野生植物分为国家重点保护野生植物和地方重点保护野生植物。国家重点保护野生植物分为国家一级保护野生植物和国家二级保护野生植物。国家重点保护野生植物名录，由国务院林业和草原主管部门、农业农村主管部门商国务院生态环境、住房和城乡建设等有关部门制定，报国务院批准公布。地方重点保护野生植物名录，由省、自治区、直辖市人民政府制定并公布，报国务院备案。[3] 以重点保护野生植物名录为基础，国家规定了监视监测、资源调查、植物采集等制度，规范野生植物的保护和利用行为。

我国目前实施的是 2021 年调整后的《国家重点保护野生植物名录》。除国家重点保护野生植物名录外，我国一些省级人民政府也公布了地方重点保护野生植物名录，例如，北京市于 2023 年发布的《北京市重点保护野生植物名录》、广东省于 2023 年发布的《广东省重点保护野生植物名录》，进一步完

---

〔1〕　参见《野生植物保护条例》第 8 条。
〔2〕　参见《农业部职能配置、内设机构和人员编制规定》。
〔3〕　参见《野生植物保护条例》第 10 条。

善了野生植物保护的制度体系。

（三）保护设施管理

在国家重点保护野生植物物种和地方重点保护野生植物物种的天然集中分布区域，应当依照有关法律、行政法规的规定，建立自然保护区；在其他区域，县级以上地方人民政府野生植物行政主管部门和其他有关部门可以根据实际情况建立国家重点保护野生植物和地方重点保护野生植物的保护点或者设立保护标志。禁止破坏国家重点保护野生植物和地方重点保护野生植物的保护点的保护设施和保护标志。[1]

（四）采集许可

国家规范野生植物的采集活动。禁止采集国家一级保护野生植物。因科学研究、人工培育、文化交流等特殊需要，采集国家一级保护野生植物的，应当按照管理权限向国务院林业和草原主管部门或者其授权的机构申请采集证；或者向采集地的省、自治区、直辖市人民政府农业农村主管部门或者其授权的机构申请采集证。采集国家二级保护野生植物的，必须经采集地的县级人民政府野生植物行政主管部门签署意见后，向省、自治区、直辖市人民政府野生植物行政主管部门或者其授权的机构申请采集证。采集城市园林或者风景名胜区内的国家一级或者二级保护野生植物的，须先征得城市园林或者风景名胜区管理机构同意，分别依照前两款的规定申请采集证。野生植物行政主管部门发放采集证后，应当抄送环境保护部门备案。[2]

（五）贸易经营管理

国家禁止或限制野生植物的经营贸易活动，加强对野生植物进出口活动的管理。禁止出售、收购国家一级保护野生植物。出售、收购国家二级保护野生植物的，必须经省、自治区、直辖市人民政府野生植物行政主管部门或者其授权的机构批准。[3] 野生植物行政主管部门应当对经营利用国家二级保护野生植物的活动进行监督检查。[4] 出口国家重点保护野生植物或者进出口中国参加的国际公约所限制进出口的野生植物的，应当按照管理权限经国务院林业和草原主管部门批准，或者经进出口者所在地的省、自治区、直辖市人民政府农业农村主管部门审核后报国务院农业农村主管部门批准，并取得国家濒危物种进出口管理机构核发的允许进出口证明书或者标签。海关凭允许进出口证明书或者标签查验放行。国务院野生植物行政主管部门应当将有关野生植物进出口的资料抄送国务院生态环境部门。禁止出口未定名的或者新发现并有重要价值的野生植物。[5]

---

〔1〕 参见《野生植物保护条例》第 11 条。

〔2〕 参见《野生植物保护条例》第 16 条第 1 款、第 2 款、第 3 款、第 5 款。

〔3〕 参见《野生植物保护条例》第 18 条。

〔4〕 参见《野生植物保护条例》第 19 条。

〔5〕 参见《野生植物保护条例》第 20 条。

（六）涉外利用管理

国家依法对外国人利用我国野生植物的活动进行管理。外国人不得在中国境内采集或者收购国家重点保护野生植物。外国人不得在中国境内采集或者收购国家重点保护野生植物。外国人在中国境内对农业农村主管部门管理的国家重点保护野生植物进行野外考察的，应当经农业农村主管部门管理的国家重点保护野生植物所在地的省、自治区、直辖市人民政府农业农村主管部门批准。[1]

第三节　外来物种入侵防治

一、生物入侵防治概述

外来物种，是指在我国境内无天然分布，经自然或人为途径传入的物种，包括该物种所有可能存活和繁殖的部分。外来入侵物种，是指传入定殖并对生态系统、生境、物种带来威胁或者危害，影响我国生态环境，损害农林牧渔业可持续发展和生物多样性的外来物种。[2]生物入侵的途径包括有意引种和无意引种两类。其中，有意引种是指人类通过有意实施的引种行为将某个物种转移到其自然分布范围及扩散潜力以外的行为；无意引种是指在人类未实施有意引种的情形下，某个物种以人类及其行为为媒介，扩散到其自然分布范围以外的地域。[3]生物入侵会影响农业生产安全，破坏生物多样性和生态平衡，加速物种灭绝，威胁人类健康，并可造成巨大的经济损失。我国是全球遭受生物入侵危害最为严重的国家之一。

我国重视生物入侵防治，加强相关生物入侵防治政策、规划的建设，不断推进生物入侵防治立法的研究制定工作。21世纪初以来，我国出台了一系列与外来物种入侵防治有关的政策文件，具体包括《国家环境保护总局关于加强外来入侵物种防治工作的通知》《进一步加强外来物种入侵防控工作方案》等。同时，我国在国民经济和社会发展规划以及生态环境保护规划中多次提及外来物种入侵防治的问题，并且呈现出越来越具体的趋势，涉及外来物种入侵的风险评估、普查制度、名录制度、宣传教育、国际合作等诸多领域。

二、生物入侵防治法律体系

目前，我国还没有颁布生物入侵防治的专门法律，农业农村部、自然资源部、生态环境部、海关总署于2022年发布《外来入侵物种管理办法》，旨

---

〔1〕　参见《野生植物保护条例》第21条。
〔2〕　参见《外来入侵物种管理办法》第2条。
〔3〕　于文轩：《生物多样性政策与立法研究》，知识产权出版社2012年版，第167页。

在防范和应对外来入侵物种危害，保障农林牧渔业可持续发展，保护生物多样性。[1] 与生物入侵防治有关的法律主要包括《青藏高原生态保护法》《野生动物保护法》《湿地保护法》《动物防疫法》《刑法》《生物安全法》《野生动物保护法》《海洋环境保护法》《种子法》《畜牧法》《环境保护法》《草原法》《渔业法》《农业法》《进出境动植物检疫法》等。这些法律从生物入侵的检验检疫、入侵物种名录、引种管理、释放管理等方面，为生物入侵防治提供了法律依据。

我国还制定了数量众多的与生物入侵相关的行政法规、部门规章和规范性文件。与生物入侵防治有关的行政法规主要包括《濒危野生动植物进出口管理条例》《野生植物保护条例》《植物检疫条例》《农业转基因生物安全管理条例》《陆生野生动物保护实施条例》《货物进出口管理条例》《进出境动植物检疫法实施条例》《森林病虫害防治条例》等。与生物入侵防治有关的部门规章主要包括原国家林业局发布的《湿地保护管理规定》《引进陆生野生动物外来物种种类及数量审批管理办法》，原农业部发布的《水产苗种管理办法》等。与生物入侵防治有关的规范性文件主要包括《进一步加强外来物种入侵防控工作方案》《重点流域水生生物多样性保护方案》《国务院办公厅关于加强长江水生生物保护工作的意见》《国家环境保护总局关于加强外来入侵物种防治工作的通知》等。这些行政法规、部门规章和规范性文件是生物入侵防治立法的重要组成部分。

此外，一些地方根据本地区生物入侵防治的实际需要制定了相应的地方性法规和政府规章，或者在地方生态环境保护的立法中加入了生物入侵防治的相关规定[2]，如《湖南省外来物种管理条例》《贵港市外来入侵物种管理办法》等，这些地方立法在完善生物入侵防治管理体制、具体法律制度和措施等方面作出了有益的探索。

三、生物入侵防治法的主要措施

(一) 管理体制

我国在外来入侵物种管理领域建立了防控协调机制与各级地方政府及其主管部门监管相结合的管理体制，并设立专家委员会为外来入侵物种管理提供技术支撑。

外来入侵物种防控协调机制。农业农村部会同国务院有关部门建立外来入侵物种防控部际协调机制，研究部署全国外来入侵物种防控工作，统筹协调解决重大问题。省级人民政府农业农村主管部门会同有关部门建立外来入侵物种防控协调机制，组织开展本行政区域外来入侵物种防控工作。海关完

---

〔1〕 参见《外来入侵物种管理办法》第 1 条。
〔2〕 例如，《杭州市钱塘江综合保护与发展条例》第 18 条第 2 款规定：“禁止在钱塘江及两岸区域内的开放水域养殖、投放外来物种或者其他非本地物种种质资源。”

善境外风险预警和应急处理机制，强化入境货物、运输工具、寄递物、旅客行李、跨境电商、边民互市等渠道外来入侵物种的口岸检疫监管。[1]

地方职责分工。县级以上地方人民政府依法对本行政区域外来入侵物种防控工作负责，组织、协调、督促有关部门依法履行外来入侵物种防控管理职责。县级以上地方人民政府农业农村主管部门负责农田生态系统、渔业水域等区域外来入侵物种的监督管理。县级以上地方人民政府林业和草原主管部门负责森林、草原、湿地生态系统和自然保护地等区域外来入侵物种的监督管理。沿海县级以上地方人民政府自然资源（海洋）主管部门负责近岸海域、海岛等区域外来入侵物种的监督管理。县级以上地方人民政府生态环境主管部门负责外来入侵物种对生物多样性影响的监督管理。高速公路沿线、城镇绿化带、花卉苗木交易市场等区域的外来入侵物种监督管理，由县级以上地方人民政府其他相关主管部门负责。[2]

外来入侵物种防控专家委员会。农业农村部会同有关部门成立外来入侵物种防控专家委员会，为外来入侵物种管理提供咨询、评估、论证等技术支撑。[3]

（二）外来入侵物种名录

农业农村部会同有关部门制定外来入侵物种名录，实行动态调整和分类管理，建立外来入侵物种数据库，制修订外来入侵物种风险评估、监测预警、防控治理等技术规范。[4]

我国多个部门均制定了外来入侵物种名录。其中，原环境保护部联合中国科学院先后于2003年、2010年、2014年和2016年发布了四批《中国外来入侵物种名单》。原农业部和国家林业局也发布过相关名录，原农业部于2013年发布了《国家重点管理外来入侵物种名录（第一批）》，农业农村部于2021年发布了《全国农业植物检疫性有害生物分布行政区名录》，原国家林业局于2013年发布了《全国林业检疫性有害生物名单》和《全国林业危险性有害生物名单》。农业农村部、自然资源部、生态环境部等六部门于2022年发布了《重点管理外来入侵物种名录》，将重点管理的外来入侵物种分为植物、昆虫、植物病原微生物、植物病原线虫、软体动物、鱼类、两栖动物、爬行动物八个类群，进一步规范外来入侵物种的管理活动。此外，云南省于2019年制定了《云南省外来入侵物种名录（2019）版》，这是我国首个省级外来入侵物种名录。

（三）引种管理

我国对外来物种实行引种管理。引进单位应当采取安全可靠的防范措施，

---

〔1〕　参见《外来入侵物种管理办法》第4条。
〔2〕　参见《外来入侵物种管理办法》第5条。
〔3〕　参见《外来入侵物种管理办法》第7条。
〔4〕　参见《外来入侵物种管理办法》第6条。

加强引进物种研究、保存、种植、繁殖、运输、销毁等环节管理，防止其逃逸、扩散至野外环境。对于发生逃逸、扩散的，引进单位应当及时采取清除、捕回或其他补救措施，并及时向审批部门及所在地县级人民政府农业农村或林业和草原主管部门报告。[1]

海关应当加强外来入侵物种口岸防控，对非法引进、携带、寄递、走私外来物种等违法行为进行打击。对发现的外来入侵物种以及经评估具有入侵风险的外来物种，依法进行处置。[2] 输入植物、植物产品和其他检疫物，经检疫发现有植物危险性病、虫、杂草的，由口岸动植物检疫机关签发《检疫处理通知单》，通知货主或者其代理人作除害、退回或者销毁处理。经除害处理合格的，准予进境。[3]

（四）监测预警

我国对生物入侵实施监测预警制度，具体包括外来入侵物种普查、监测及信息上报、监测信息共享和预警预报等。农业农村部会同有关部门建立外来入侵物种普查制度，每10年组织开展一次全国普查，掌握我国外来入侵物种的种类数量、分布范围、危害程度等情况，并将普查成果纳入国土空间基础信息平台和自然资源"一张图"。农业农村部会同有关部门建立外来入侵物种监测制度，构建全国外来入侵物种监测网络，按照职责分工布设监测站点，组织开展常态化监测。县级以上地方人民政府农业农村主管部门会同有关部门按照职责分工开展本行政区域外来入侵物种监测工作。县级以上地方人民政府农业农村、自然资源（海洋）、生态环境、林业和草原等主管部门和海关应当按照职责分工及时收集汇总外来入侵物种监测信息，并报告上级主管部门。任何单位和个人不得瞒报、谎报监测信息，不得擅自发布监测信息。省级以上人民政府农业农村、自然资源（海洋）、生态环境、林业和草原等主管部门和海关应当加强外来入侵物种监测信息共享，分析研判外来入侵物种发生、扩散趋势，评估危害风险，及时发布预警预报，提出应对措施，指导开展防控。[4]

（五）检验检疫

我国通过检验检疫制度对生物入侵进行监管。因品种培育等特殊需要从境外引进农作物和林草种子苗木、水产苗种等外来物种的，应当依据审批权限向省级以上人民政府农业农村、林业和草原主管部门和海关办理进口审批与检疫审批。属于首次引进的，引进单位应当就引进物种对生态环境的潜在影响进行风险分析，并向审批部门提交风险评估报告。审批部门应当及时组织开展审查评估。经评估有入侵风险的，不予许可入境。[5]

---

〔1〕 参见《外来入侵物种管理办法》第11条。

〔2〕 《外来入侵物种管理办法》第12条。

〔3〕 参见《进出境动植物检疫法》第17条。

〔4〕 参见《外来入侵物种管理办法》第15—18条。

〔5〕 参见《外来入侵物种管理办法》第10条。

输入动物、动物产品、植物种子、种苗及其他繁殖材料的，必须事先提出申请，办理检疫审批手续。[1] 货主或者其代理人应当在动植物、动植物产品和其他检疫物进境前或者进境时持输出国家或者地区的检疫证书、贸易合同等单证，向进境口岸动植物检疫机关报检。[2] 装载动物的运输工具抵达口岸时，口岸动植物检疫机关应当采取现场预防措施，对上下运输工具或者接近动物的人员、装载动物的运输工具和被污染的场地作防疫消毒处理。[3] 输入动植物、动植物产品和其他检疫物，应当在进境口岸实施检疫。未经口岸动植物检疫机关同意，不得卸离运输工具。输入动植物，需隔离检疫的，在口岸动植物检疫机关指定的隔离场所检疫。[4]

（六）治理与修复

我国生物入侵防治的治理修复，以外来入侵物种防控治理方案为基础，对外来入侵植物、病虫害、水生动物采取不同的治理措施，并对受损的生态系统因地制宜地采取恢复措施。农业农村部、自然资源部、生态环境部、国家林业和草原局按照职责分工，研究制定本领域外来入侵物种防控策略措施，指导地方开展防控。县级以上地方人民政府农业农村、自然资源（海洋）、林业和草原等主管部门应当按照职责分工，在综合考虑外来入侵物种种类、危害对象、危害程度、扩散趋势等因素的基础上，制订本行政区域外来入侵物种防控治理方案，并组织实施，及时控制或消除危害。外来入侵植物的治理，可根据实际情况在其苗期、开花期或结实期等生长关键时期，采取人工拔除、机械铲除、喷施绿色药剂、释放生物天敌等措施。外来入侵病虫害的治理，应当采取选用抗病虫品种、种苗预处理、物理清除、化学灭除、生物防治等措施，有效阻止病虫害扩散蔓延。外来入侵水生动物的治理，应当采取针对性捕捞等措施，防止其进一步扩散危害。外来入侵物种发生区域的生态系统恢复，应当因地制宜采取种植乡土植物、放流本地种等措施。[5]

（七）释放管理

我国加强外来物种管控，严格禁止或限制向自然生态环境中释放外来物种。任何单位和个人未经批准，不得擅自引进、释放或者丢弃外来物种。[6]《长江保护法》《野生动物保护法》对在特定区域养殖、投放、引入外来物种的行为作出了禁限规定。禁止在长江流域开放水域养殖、投放外来物种或者其他非本地物种种质资源。[7] 禁止或者限制在自然保护地内引入外来物种、

〔1〕　参见《进出境动植物检疫法》第10条。

〔2〕　参见《进出境动植物检疫法》第12条。

〔3〕　参见《进出境动植物检疫法》第13条。

〔4〕　参见《进出境动植物检疫法》第14条第1款、第2款。

〔5〕　参见《外来入侵物种管理办法》第20–24条。

〔6〕　参见《生物安全法》第60条第3款。

〔7〕　参见《长江保护法》第42条第3款。

营造单一纯林、过量施洒农药等人为干扰、威胁野生动物生息繁衍的行为。[1] 因科学研究、生物防治、野生动物种群结构调节等特殊情况，需要放生陆生野生动物外来物种的，应当按照《陆生野生动物保护实施条例》相关规定执行。[2]《刑法修正案（十一）》新增了"非法引进、释放、丢弃外来入侵物种罪"：违反国家规定，非法引进、释放或者丢弃外来入侵物种，情节严重的，处三年以下有期徒刑或者拘役，并处或者单处罚金。[3]

---

〔1〕 参见《野生动物保护法》第 12 条第 3 款。

〔2〕 参见《引进陆生野生动物外来物种种类及数量审批管理办法》第 11 条第 2 款。

〔3〕 参见《刑法》第 344 条之一。

第二十一章

自然保护地法

自然保护地，是指对重要的自然生态系统、自然遗迹、自然景观及其所承载的自然资源、生态功能和文化价值实施长期保护的陆域或海域。[1] 自然保护地是生态建设的核心载体、中华民族的宝贵财富、美丽中国的重要象征，在维护国家生态安全中居于首要地位。[2] 党的十八大以来，我国自然保护地建设取得了巨大进展。[3]

👉 第一节　国家公园

一、国家公园概述

国家公园，是指由国家批准设立并主导管理，以保护具有国家代表性的自然生态系统为主要目的，实现自然资源科学保护和合理利用的特定陆域或者海域。[4] 国家公园具有重要的生态价值、景观价值、人文价值。是我国自然生态系统中最重要、自然景观最独特、自然遗产最精华、生物多样性最富集的部分，保护范围大，生态过程完整，具有全球价值、国家象征，国民认同度高。[5]

2021年10月，我国正式设立第一批国家公园。第一批正式设立的三江源、大熊猫、东北虎豹、海南热带雨林、武夷山等五个国家公园，保护面积达23万平方公里，涵盖了我国陆域近30%的国家重点保护野生动植物种类。[6] 2022年，我国遴选出49个国家公园候选区（含前述正式设立的5个国家公园），其中陆域44个、陆海统筹2个、海域3个，总面积约110万平方公里。全部建成后，我国国家公园保护面积的总规模将位居世界前列。国家

---

[1]　方淑荣主编：《环境科学概论》，清华大学出版社2011年版，第186页。
[2]　参见《关于建立以国家公园为主体的自然保护地体系的指导意见》。
[3]　参见《2021中国生态环境状况公报》。
[4]　参见《国家公园管理暂行办法》第3条。
[5]　参见《关于建立以国家公园为主体的自然保护地体系的指导意见》。
[6]　温雅莉：《国家公园，人与自然和谐共生的中国画卷》，载《中国绿色时报》2022年10月12日，第1版。

公园作为我国自然保护地体系中的主体类型，将对推进我国自然生态保护发挥更重要的作用。

二、国家公园管理法律体系

我国国家公园立法兴起于地方探索。2016 年，云南省发布了《云南省国家公园管理条例》，该条例也是我国首部关于国家公园管理的地方性法规。[1]其后，青海省、福建省、湖北省等相继制定了本行政区域内国家公园管理的地方性法规。2022 年 6 月，国家林业和草原局公布了《国家公园管理暂行办法》，旨在加强国家公园建设管理，保持重要自然生态系统的原真性和完整性，维护生物多样性和生态安全，促进人与自然和谐共生，实现全民共享、世代传承。[2]该办法就国家公园建设管理的基本原则、国家公园的监管体制、规划建设、保护管理、公共服务、监督执法等内容作出了规定。

我国在相关领域也制定了与国家公园建设和管理有关的立法，主要包括《海洋环境保护法》《青藏高原生态保护法》《野生动物保护法》《黄河保护法》《湿地保护法》《长江保护法》《森林法》《土壤污染防治法》等。此外在其他相关法律中也规定了与国家公园建设和管理有关的内容。

我国涉及国家公园管理和建设的部门规章主要有《国家级文化生态保护区管理办法》。同时，我国一些省市还制定了本辖区内国家公园管理和建设的地方性法规，例如《四川省大熊猫国家公园管理条例》《海南热带雨林国家公园条例（试行）》《三江源国家公园条例（试行）》《神农架国家公园保护条例》等。

三、国家公园管理的主要措施

（一）管理体制

国家林业和草原局和各国家公园管理机构是国家公园管理的主要部门。国家林业和草原局（国家公园管理局）负责全国国家公园的监督管理工作。各国家公园管理机构负责国家公园自然资源资产管理、生态保护修复、社会参与管理、科普宣教等工作。[3]

我国还建立了中央和地方层面的协调机制以及专家咨询机制，完善国家公园的协同管理体制。国家林业和草原局（国家公园管理局）会同国家公园所在地省级人民政府建立局省联席会议机制，统筹协调国家公园保护管理工作。省级林业和草原主管部门和国家公园管理机构可以协调国家公园所在地市、县级人民政府，建立国家公园日常工作协作机制。国家林业和草原局

---

〔1〕 王丹、胡晓蓉：《国家公园：保护与发展协同推进》，载《云南日报》2021 年 10 月 13 日，第 8 版。

〔2〕 参见《国家公园管理暂行办法》第 1 条。

〔3〕 参见《国家公园管理暂行办法》第 5 条。

（国家公园管理局）和各国家公园管理机构可以建立咨询机制，广泛听取专家学者、企事业单位、社会组织、社会公众等的意见。[1]

（二）规划

国家林业和草原局（国家公园管理局）依据国土空间规划和国家公园设立标准，编制国家公园空间布局方案，按程序报批。国家林业和草原局（国家公园管理局）根据经批准的国家公园空间布局方案，组织开展国家公园设立前期工作，编制设立方案，按程序报国务院审批。[2] 国家公园总体规划应当自批准设立之日起一年内编制完成。国家公园管理机构可以根据国家公园总体规划，编制生态保护修复、生态旅游、自然教育等专项规划或实施方案，并按程序报批后组织实施。国家林业和草原局（国家公园管理局）定期组织对国家公园总体规划和专项规划的实施情况开展评估。确需调整总体规划和专项规划的，报原审批机关批准。[3] 国家公园管理机构应按照国家公园总体规划组织实施相关建设活动，摸清保护、宣教及民生基础设施等本底情况，充分利用原有设施，建设和完善必要的保护、管理、服务和应急等设施。[4]

（三）分区管控

国家公园应当根据功能定位进行合理分区，划为核心保护区和一般控制区，实行分区管控。国家公园范围内自然生态系统保存完整、代表性强，核心资源集中分布，或者生态脆弱需要休养生息的区域应当划为核心保护区。国家公园核心保护区以外的区域划为一般控制区。[5]

国家公园核心保护区原则上禁止人为活动，国家公园管理机构在确保主要保护对象和生态环境不受损害的情况下，可以按照有关法律法规政策，开展或者允许开展以下活动：①管护巡护、调查监测、防灾减灾、应急救援等活动及必要的设施修筑，以及因有害生物防治、外来物种入侵等开展的生态修复、病虫害动植物清理等活动；②暂时不能搬迁的原住居民，可以在不扩大现有规模的前提下，开展生活必要的种植、放牧、采集、捕捞、养殖等生产活动，修缮生产生活设施；③国家特殊战略、国防和军队建设、军事行动等需要修筑设施、开展调查和勘查等相关活动；④国务院批准的其他活动。[6]

国家公园一般控制区禁止开发性、生产性建设活动，国家公园管理机构在确保生态功能不被破坏的情况下，可以按照相关法律法规政策，开展或者允许开展以下有限人为活动：①核心保护区允许开展的活动；②因国家重大能源资源安全需要开展的战略性能源资源勘查，公益性自然资源调查和地质

---

〔1〕　参见《国家公园管理暂行办法》第6条。
〔2〕　参见《国家公园管理暂行办法》第8条。
〔3〕　参见《国家公园管理暂行办法》第11条。
〔4〕　参见《国家公园管理暂行办法》第12条。
〔5〕　参见《国家公园管理暂行办法》第16条。
〔6〕　参见《国家公园管理暂行办法》第17条。

勘查；③自然资源、生态环境监测和执法，包括水文水资源监测及涉水违法事件的查处等，灾害防治和应急抢险活动；④经依法批准进行的非破坏性科学研究观测、标本采集；⑤经依法批准的考古调查发掘和文物保护活动；⑥不破坏生态功能的生态旅游和相关的必要公共设施建设；⑦必须且无法避让、符合县级以上国土空间规划的线性基础设施建设、防洪和供水设施建设与运行维护；⑧重要生态修复工程，在严格落实草畜平衡制度要求的前提下开展适度放牧，以及在集体和个人所有的人工商品林内开展必要的经营；⑨法律、行政法规规定的其他活动。[1]

（四）调查监测

国家公园管理机构应当组织对国家公园内自然资源、人文资源和经济社会状况等开展调查监测和统计分析，形成本底资源数据库。[2] 国家林业和草原局（国家公园管理局）会同国务院有关部门建立自然资源统一调查监测评价体系，掌握国家公园内自然资源、生态状况、人类活动等现状及动态变化情况，定期将变化点位推送国家公园管理机构进行核实。[3]

（五）公共服务

国家公园管理机构根据国家公园总体规划和专项规划，立足全民公益性的国家公园理念，为全社会提供优质生态产品，以及科研、教育、文化、生态旅游等公众服务。[4] 国家公园管理机构应当引导和规范原住居民从事环境友好型经营活动，践行公民生态环境行为规范，支持和传承传统文化及人地和谐的生态产业模式。完善生态管护岗位选聘机制，优先安排国家公园内及其周边社区原住居民参与生态管护、生态监测等工作。国家公园周边社区建设应当与国家公园保护目标相协调。国家公园毗邻地区县级以上地方人民政府可以与国家公园管理机构签订合作协议，合理规划建设入口社区。[5]

（六）突发事件应急

国家公园管理机构应当依法履行森林草原防火、防灾减灾、安全生产责任，建立防灾减灾和应急保障机制，组建专业队伍，制定突发事件应急预案，预防和应对各类自然灾害。[6]

---

〔1〕　参见《国家公园管理暂行办法》第18条。
〔2〕　参见《国家公园管理暂行办法》第20条。
〔3〕　参见《国家公园管理暂行办法》第21条。
〔4〕　参见《国家公园管理暂行办法》第28条。
〔5〕　参见《国家公园管理暂行办法》第34条。
〔6〕　参见《国家公园管理暂行办法》第26条。

👉 第二节 自然保护区

一、自然保护区概述

自然保护区，是指对有代表性的自然生态系统、珍稀濒危野生动植物物种的天然集中分布区、有特殊意义的自然遗迹等保护对象所在的陆地、陆地水体或者海域，依法划出一定面积予以特殊保护和管理的区域。[1] 自然保护区保存着完整的自然生态系统和丰富的生物多样性，对于保持水土、涵养水源、保护和改善生态环境，维护地区生态平衡，具有重要意义。[2]

我国的自然保护区立法始于 20 世纪 50 年代。经过数十年的发展，我国自然保护区建设取得了显著成果，并为全球生态环境保护作出了重要贡献。

二、自然保护区法律体系

我国目前尚未制定综合性的自然保护区法律。自然保护区法规体系以《自然保护区条例》为核心，以自然保护区专门行政法规、规章，地方自然保护区法规、规章以及相关法律中关于自然保护区的规定为补充。

我国于 1994 年制定《自然保护区条例》，明确了自然保护区的法律地位，规范了自然保护区的设立、建设和管理，将自然保护区发展规划纳入国民经济和社会发展规划，建立了综合管理与分工负责的管理体制，规范了自然保护区的管理程序，规定了自然保护区分功能区管理以及法律责任等。2017 年修订的《自然保护区条例》调整了关于自然保护区核心区、实验区的管理规定，加强了对外国人进入自然保护区活动的限制，增加了由自然保护区管理机构及直接责任人员承担法律责任的类型。

涉及自然保护区管理的部门规章主要包括《自然保护区土地管理办法》《在国家级自然保护区修筑设施审批管理暂行办法》（部分失效）、《国家级自然保护区监督检查办法》等。

此外，不少地方也制定了自然保护区地方性法规或规章，如《四川省自然保护区管理条例》《新疆维吾尔自治区自然保护区管理条例》《云南省西双版纳傣族自治州自然保护区管理条例》《吉林长白山国家级自然保护区条例》《昆明市轿子山国家级自然保护区条例》《福建武夷山国家级自然保护区管理办法》等。

我国在《森林法》《海洋环境保护法》等法律中也规定了与自然保护区有关的内容。《森林法》第 48 条第 2 款第 4 项规定："下列区域的林地和林地上的森林，应当划定为公益林：……（四）森林和陆生野生动物类型的自然

---

〔1〕 参见《自然保护区条例》第 2 条。
〔2〕 周珂主编：《环境与资源保护法》，中国人民大学出版社 2015 年版，第 290 页。

保护区；"第 55 条第 1 款第 3 项规定："采伐森林、林木应当遵守下列规定：……（三）自然保护区的林木，禁止采伐。但是，因防治林业有害生物、森林防火、维护主要保护对象生存环境、遭受自然灾害等特殊情况必须采伐的和实验区的竹林除外。"《海洋环境保护法》规定了海洋自然保护区的建立条件、批准部门以及环境保护措施。[1]

三、自然保护区管理的主要措施

（一）管理体制

国务院生态环境主管部门负责全国自然保护区的综合管理。国务院林业和草原、农业农村、自然资源、水行政、海洋等有关主管部门在各自的职责范围内，主管有关的自然保护区。县级以上地方人民政府负责自然保护区管理的部门的设置和职责，由省、自治区、直辖市人民政府根据当地具体情况确定。[2]

国家林业和草原局与地方各级林业和草原部门是我国自然保护区的主管部门。国家林业和草原局负责管理包括自然保护区在内的各类自然保护地，拟订各类自然保护地规划和相关国家标准；负责中央政府直接行使所有权的国家公园等自然保护地的自然资源资产管理和国土空间用途管制，提出新建、调整各类国家级自然保护地的审核建议并按程序报批。为加强自然保护区管理，国家林业和草原局下设自然保护地管理司，负责监督管理国家公园等各类自然保护地，提出新建、调整各类国家级自然保护地的审核建议，组织实施各类自然保护地生态修复工作。[3]

（二）设立条件

凡具有下列条件之一的，应当建立自然保护区：①典型的自然地理区域、有代表性的自然生态系统区域以及已经遭受破坏但经保护能够恢复的同类自然生态系统区域；②珍稀、濒危野生动植物物种的天然集中分布区域；③具有特殊保护价值的海域、海岸、岛屿、湿地、内陆水域、森林、草原和荒漠；④具有重大科学文化价值的地质构造、著名溶洞、化石分布区、冰川、火山、温泉等自然遗迹；⑤经国务院或者省、自治区、直辖市人民政府批准，需要予以特殊保护的其他自然区域。[4]

（三）分类与分级

我国对自然保护区实施分级分类管理。根据自然保护区的主要保护对象，我国将自然保护区分为三类，即自然生态系统类、野生生物类和自然遗迹类。其中，自然生态系统类自然保护区是指以具有一定代表性、典型性和完整性

---

〔1〕 《海洋环境保护法》第 34 条、第 47 条、第 61 条。

〔2〕 《自然保护区条例》第 8 条第 2 款、第 3 款、第 4 款。

〔3〕 参见《国家林业和草原局职能配置、内设机构和人员编制规定》第 3 条第 1 项、第 6 项，第 4 条第 1 款第 8 项。

〔4〕 参见《自然保护区条例》第 10 条。

的生物群落和非生物环境共同组成的生态系统作为主要保护对象的自然保护区，包括森林生态系统类型、草原与草甸生态系统类型、荒漠生态系统类型、内陆湿地和水域生态系统类型、海洋和海岸生态系统类型。野生生物类自然保护区，是指以野生生物物种，尤其是珍稀濒危物种种群及其自然生境为主要保护对象的自然保护区，包括野生动物类型和野生植物类型。自然遗迹类自然保护区是指以特殊意义的地质遗迹和古生物遗迹等作为主要保护对象的自然保护区，包括地质遗迹类型和古生物遗迹类型。[1]

按照管理级别，自然保护区可分为国家级、省（自治区、直辖市）级、市（自治州）级和县（自治县、旗、县级市）级四级。其中，国家级自然保护区，是指在全国具有极高的科学、文化和经济价值，并经国务院批准建立的自然保护区。

国家级自然生态系统类自然保护区必须满足以下条件：生态系统在全球或国内所属生物气候带中具有高度的代表性和典型性；生态系统中具有在全球稀有、在国内仅有的生物群落或生境类型；生态系统被认为在国内所属生物气候带中具有高度丰富的生物多样性；生态系统尚未遭到人为破坏或破坏很轻，保持着良好的自然性；生态系统完整或基本完整，保护区拥有足以维持这种完整性所需的面积，包括具备 1000 公顷以上面积的核心区和相应面积的缓冲区。

国家级野生生物类自然保护区必须具备下列条件：国家重点保护野生动、植物的集中分布区、主要栖息地和繁殖地，或国内或所属生物地理界中著名的野生生物物种多样性的集中分布区，或国家特别重要的野生经济动、植物的主要产地，或国家特别重要的驯化栽培物种及其野生亲缘种的主要产地；生境维持在良好的自然状态，几乎未受到人为破坏；保护区面积要求足以维持其保护物种种群的生存和正常繁衍，并要求具备相应面积的缓冲区。

国家级自然遗迹类自然保护区须具备下列条件：遗迹在国内外同类自然遗迹中具有典型性和代表性；遗迹在国际上稀有，在国内仅有；遗迹保持良好的自然性，受人为影响很小；遗迹保存完整，遗迹周围具有相当面积的缓冲区。

省（自治区、直辖市）级自然保护区，是指在本辖区或所属生物地理区内具有较高的科学、文化和经济价值以及休息、娱乐、观赏等价值，并经省级人民政府批准建立的自然保护区。市（自治州）级和县（自治县、旗、县级市）级自然保护区，是指在本辖区或本地区内具有较为重要的科学、文化、经济价值以及娱乐、休息、观赏的价值，并经同级人民政府批准建立的自然保护区。[2]

---

〔1〕　参见《自然保护区类型与级别划分原则》第 3 部分。
〔2〕　参见《自然保护区类型与级别划分原则》第 4 部分。

（四）分区管理

自然保护区可以分为核心区、缓冲区和实验区。[1] 但根据 2019 年中共中央办公厅、国务院办公厅印发的《关于建立以国家公园为主体的自然保护地体系的指导意见》，自然保护区内划分为核心保护区和一般控制区。其中，核心保护区内原则上禁止人为活动，一般控制区内限制人为活动。

在自然保护区内的单位、居民和经批准进入自然保护区的人员，必须遵守自然保护区的各项管理制度，接受自然保护区管理机构的管理。[2] 禁止在自然保护区内进行砍伐、放牧、狩猎、捕捞、采药、开垦、烧荒、开矿、采石、挖沙等活动；但是，法律、行政法规另有规定的除外。[3]

外国人进入自然保护区，应当事先向自然保护区管理机构提交活动计划，并经自然保护区管理机构批准；其中，进入国家级自然保护区的，应当经省、自治区、直辖市环境保护、海洋、渔业等有关自然保护区行政主管部门按照各自职责批准。进入自然保护区的外国人，应当遵守有关自然保护区的法律、法规和规定，未经批准，不得在自然保护区内从事采集标本等活动。[4]

（五）监督检查

定期评估。国务院生态环境主管部门负责组织对国家级自然保护区的建设和管理状况进行定期评估。国务院生态环境主管部门组织成立国家级自然保护区评估委员会，对国家级自然保护区的建设和管理状况进行定期评估，并根据评估结果提出整改建议。对每个国家级自然保护区的建设和管理状况的定期评估，每五年不少于一次。[5] 国家级自然保护区评估结果分为优、良、中和差四个等级，评估结果由国务院生态环境主管部门统一发布。

执法检查。国务院生态环境主管部门对国家级自然保护区进行执法检查。执法检查分为定期检查、专项检查、抽查和专案调查等。[6] 对在定期评估或者执法检查中发现的违反国家级自然保护区建设和管理规定的国家级自然保护区管理机构，除责令限期改正和提出行政处分建议外，国务院生态环境主管部门应当责令其限期整改，并可酌情予以通报。对于整改不合格且保护对象受到严重破坏，不再符合国家级自然保护区条件的国家级自然保护区，国务院生态环境主管部门应当向国家级自然保护区评审委员会提出对该国家级自然保护区予以降级的建议，经评审通过并报国务院批准后，给予降级处理。[7]

---

〔1〕　参见《自然保护区条例》第18条第1款。
〔2〕　参见《自然保护区条例》第25条。
〔3〕　参见《自然保护区条例》第26条。
〔4〕　参见《自然保护区条例》第31条。
〔5〕　参见《国家级自然保护区监督检查办法》第7条。
〔6〕　参见《国家级自然保护区监督检查办法》第12条。
〔7〕　参见《国家级自然保护区监督检查办法》第14条。

第三节　自然公园

一、自然公园概述

自然公园，是指保护重要的自然生态系统、自然遗迹和自然景观，具有生态、观赏、文化和科学价值，可持续利用的区域。确保森林、海洋、湿地、水域、冰川、草原、生物等珍贵自然资源，以及所承载的景观、地质地貌和文化多样性得到有效保护。

根据所保护的生态系统类型，自然公园主要包括森林公园、地质公园、海洋公园、湿地公园等。[1]

二、自然公园管理法律体系

国家林业和草原局于 2023 年公布《国家级自然公园管理办法（试行）》，其中主要规定了国家级自然公园审批制度、专家评审和咨询制度、功能分区制度、开发活动管控制度、活动和设施建设征求意见制度、退出制度和监督检查制度等，是规范我国国家级自然公园管理的专门性规定。

我国省级自然公园管理立法主要有《黑龙江省省级湿地自然公园暂行管理办法》《安徽省级湿地自然公园管理办法》等。同时，我国《长江保护法》《湿地保护法》《黄河保护法》《青藏高原生态保护法》《海洋环境保护法》对通过设立自然公园的方式保护特定区域、流域和生态系统作出了规定。

三、国家级自然公园管理的主要措施

（一）管理体制

我国国家级自然公园管理采取"中央统管—地方分管—管理单位负责"的管理体制。

国家林业和草原局主管全国国家级自然公园工作。县级以上地方人民政府林业和草原主管部门负责监督管理本行政区域内的国家级自然公园。国家级自然公园管理单位负责本自然公园日常管理工作。[2]

在国家公园的设立、调整和撤销方面，国家林业和草原局设立专门机构和专家库，承担评审和技术支持工作。国家林业和草原局设立国家级自然公园评审委员会，承担国家级自然公园的设立、范围调整或者撤销的评审工作，提出评审意见。国家林业和草原局按照自然公园的不同类别，建立相应领域的国家级自然公园专家库，为国家级自然公园实地考察、规划评审等工作提

〔1〕　参见《关于建立以国家公园为主体的自然保护地体系的指导意见》。
〔2〕　参见《国家级自然公园管理办法（试行）》第 4 条。

供技术支持。[1] 国家级自然公园的设立、范围调整或者撤销，由省级林业和草原主管部门报经省级人民政府同意后，向国家林业和草原局提出书面申请，国家林业和草原局组织国家级自然公园评审委员会评审后作出批复，并抄送有关省级人民政府。根据需要，国家林业和草原局组织专家实地考察或者征求有关中央和国家机关意见。[2]

（二）设立条件

设立国家级自然公园应当具备下列条件：①自然生态系统、自然遗迹或者自然景观在全国或者区域范围内具有典型性，或者具有特殊的生态、观赏、文化和科学价值。②地方级自然公园设立两年以上，规划实施情况良好。③具有一定的规模和面积且资源分布相对集中，与其他自然保护地不存在交叉重叠。④范围边界清晰，土地及海域、海岛权属无争议，相关权利人无异议。⑤有明确的管理单位。[3]

（三）规划制度

国家级自然公园规划是国家级自然公园保护、管理、利用和监督的基本依据。国家级自然公园管理单位应当自批准设立或者范围调整之日起一年内，组织编制或修编完成国家级自然公园规划。国家级自然公园规划应当体现山水林田湖草沙一体化保护和系统治理、人与自然和谐共生的要求，坚持保护优先、开发建设服从保护的原则，突出自然特征和文化内涵。编制国家级自然公园规划，应当按照批复文件明确的面积、范围边界和要求，符合相关技术标准或者规范，依据所在地国土空间总体规划，并与相应国土空间详细规划相衔接。编制规划应当充分征求相关权利人、相关部门和专家的意见。[4]

（四）功能分区

国家级自然公园按照一般控制区管理，可结合自然公园规划编制，分区细化差别化的管理要求。国家级自然公园根据资源禀赋、功能定位和利用强度，可以规划生态保育区和合理利用区，统筹生态保护修复、旅游活动和资源利用，合理布局相关基础设施、服务设施及配套设施建设，加强精细化管理，实现生态保护、绿色发展、民生改善相统一。规划的活动和设施应当符合自然公园对自然生态保护的管控要求。生态保育区以承担生态系统保护和修复为主要功能，可以规划保护、培育、修复、管理活动和相关的必要设施建设，以及适度的观光游览活动。根据保护管理需要，可以在生态保育区内划定不对公众开放或者季节性开放区域。合理利用区以开展自然体验、科普教育、观光游览、休闲健身等旅游活动为主要功能，兼顾自然公园内居民和其他合法权益主体的正常生产生活和资源利用。不得规划房地产、高尔夫球

---

[1]　参见《国家级自然公园管理办法（试行）》第6条。
[2]　参见《国家级自然公园管理办法（试行）》第7条。
[3]　参见《国家级自然公园管理办法（试行）》第8条第1款。
[4]　参见《国家级自然公园管理办法（试行）》第12条。

场、开发区等开发项目以及与保护管理目标不一致的旅游项目。严格控制索道、滑雪场、游乐场以及人造景观等对生态和景观影响较大的建设项目，确需规划的，应当附专题论证报告。[1]

（五）活动管控

国家禁止在国家级自然公园中从事造成环境污染和破坏自然生态的违法活动。严格保护国家级自然公园内的森林、草原、湿地、荒漠、海洋、水域、生物等珍贵自然资源，以及自然遗迹、自然景观和文物古迹等人文景观。在国家级自然公园内开展相关活动和设施建设，不得擅自改变其自然状态和历史风貌。禁止擅自在国家级自然公园内从事采矿、房地产、开发区、高尔夫球场、风力光伏电场等不符合管控要求的开发活动。禁止违规侵占国家级自然公园，排放不符合水污染物排放标准的工业废水、生活污水及其他的废水、污水，倾倒、堆放、丢弃、遗撒固体废物等污染生态环境的行为。[2]

国家级自然公园范围内除国家重大项目外，仅允许对生态功能不造成破坏的有限人为活动：①自然公园内居民和其他合法权益主体依法依规开展的生产生活及设施建设。②符合自然公园保护管理要求的文化、体育活动和必要的配套设施建设。③符合生态保护红线管控要求的其他活动和设施建设。④法律法规和国家政策允许在自然公园内开展的其他活动。[3]

（六）生态修复

国家级自然公园管理单位应当配合县级以上人民政府及其有关部门开展国家级自然公园内受损、退化自然生态系统和野生生物生境以及废弃地等的一体化保护与修复，提升生态系统稳定性、持续性和多样性。生态修复应当采取自然恢复为主，自然恢复和人工修复相结合的措施，最大限度地保持自然景观和天然植被的原真性，严格防范外来入侵物种。[4]

---

〔1〕　参见《国家级自然公园管理办法（试行）》第14条。
〔2〕　参见《国家级自然公园管理办法（试行）》第18条。
〔3〕　参见《国家级自然公园管理办法（试行）》第19条。
〔4〕　参见《国家级自然公园管理办法（试行）》第24条。

第二十二章

流域和区域保护法

党的二十大报告提出："增强立法系统性、整体性、协同性、时效性。"政府不断加大对特定国土空间的保护力度，创新特定流域、区域生态环境立法，为这些流域和区域的生态环境保护与高质量发展提供了法律依据。

第一节 长江流域保护

长江是世界第三大河、我国第一大河，赋存着丰富的自然资源和生物多样性，具有重要的生态价值、资源价值和战略价值，同时也面临严重的水土流失、洪涝灾害、湖泊富营养化与土壤盐渍化、生物多样性流失等问题。国家高度重视长江流域保护，以"共抓大保护，不搞大开发"为理念指引，制定了《长江保护法》，为长江流域保护提供法律依据。

一、长江流域及其保护概述

长江发源于青藏高原的唐古拉山主峰各拉丹冬雪山西南侧，干流全长6300 余公里，自西而东流经青海、四川、西藏、云南、重庆、湖北、湖南、江西、安徽、江苏、上海等 11 个省（自治区、直辖市）注入东海。支流展延至贵州、甘肃、陕西、河南、浙江、广西、广东、福建等 8 个省（自治区）。流域面积约 180 万平方公里，约占我国国土面积的 18.8%。

长江是中华民族发展的重要支撑。长江以其庞大的河湖水系，独特完整的自然生态系统，强大的涵养水源、繁育生物、释氧固碳、净化环境功能，维护了我国重要的生物基因宝库和生态安全；以其丰富的水土、森林、矿产、水能和航运资源，保障了国家的供水安全、粮食安全和能源安全；通过流域的治理与开发，养育了 4.59 亿人口，孕育了灿烂的长江文明，在经济社会发展中发挥了重要作用。[1]

---

〔1〕 水利部长江水利委员会：《长江流域》，载 http：//www.cjw.gov.cn/zjzx/lypgk/zjly/，最后访问日期：2024 年 12 月 2 日。

二、长江流域保护法律体系

《长江保护法》是我国长江流域保护与发展的专门立法，旨在加强长江流域生态环境保护和修复，促进资源合理高效利用，保障生态安全，实现人与自然和谐共生、中华民族永续发展。[1] 该法主要就长江流域保护的原则、规划与管控、资源保护、水污染防治、生态环境修复、绿色发展、保障与监督以及相关法律责任等内容作出了详细规定。

我国在相关领域也制定了与长江流域保护有关的立法，主要包括《青藏高原生态保护法》《湿地保护法》《防洪法》《水污染防治法》《水法》等。此外，《环境保护法》等法律中也规定了与长江流域保护有关的内容。这些法律从长江流域的特定区域与生态系统保护、洪涝灾害防治、污染防治、水资源保护等方面，为长江流域的保护与发展活动提供了法律依据。

我国还制定了相关法规和规章加强长江流域保护。涉及长江流域保护的行政法规主要有《长江河道采砂管理条例》《地下水管理条例》《中华人民共和国河道管理条例》《中华人民共和国水文条例》《农田水利条例》《长江三峡水利枢纽安全保卫条例》《城镇排水与污水处理条例》《长江三峡工程建设移民条例》《太湖流域管理条例》等。一些省市制定了本辖区内推进长江流域保护的地方性法规，例如，《江苏省长江水污染防治条例》《四川省长江水源涵养保护条例》等。涉及长江流域保护的部门规章主要有《长江水生生物保护管理规定》《长江河道采砂管理条例实施办法》《防治船舶污染内河水域环境管理规定》等。

三、长江流域保护的主要措施

（一）管理体制

我国在长江流域保护的管理体制方面建立了"重大事项国家统筹+重点事项主管部门统管+具体事项地方政府负责落实"的流域治理管理新机制。

长江流域统筹协调机制和省级协调机制。国家建立长江流域协调机制，统一指导、统筹协调长江保护工作，审议长江保护重大政策、重大规划，协调跨地区跨部门重大事项，督促检查长江保护重要工作的落实情况。[2] 长江流域相关地方根据需要在地方性法规和政府规章制定、规划编制、监督执法等方面建立协作机制，协同推进长江流域生态环境保护和修复。[3]

国务院各部门按监管职责分工。国务院自然资源主管部门会同国务院有关部门定期组织长江流域土地、矿产、水流、森林、草原、湿地等自然资源状况调查，建立资源基础数据库，开展资源环境承载能力评价，并向社会公

---

〔1〕　参见《长江保护法》第1条。
〔2〕　参见《长江保护法》第4条。
〔3〕　参见《长江保护法》第6条。

布长江流域自然资源状况。国务院野生动物保护主管部门应当每十年组织一次野生动物及其栖息地状况普查，或者根据需要组织开展专项调查，建立野生动物资源档案，并向社会公布长江流域野生动物资源状况。长江流域县级以上地方人民政府农业农村主管部门会同本级人民政府有关部门对水生生物产卵场、索饵场、越冬场和洄游通道等重要栖息地开展生物多样性调查。[1]

地方职责分工。国务院有关部门和长江流域省级人民政府负责落实国家长江流域协调机制的决策，按照职责分工负责长江保护相关工作。长江流域地方各级人民政府应当落实本行政区域的生态环境保护和修复、促进资源合理高效利用、优化产业结构和布局、维护长江流域生态安全的责任。长江流域各级河湖长负责长江保护相关工作。[2]

（二）规划制度

国家建立以国家发展规划为统领，以空间规划为基础，以专项规划、区域规划为支撑的长江流域规划体系，充分发挥规划对推进长江流域生态环境保护和绿色发展的引领、指导和约束作用。[3] 长江流域规划体系主要由以下重要规划组成：

国家发展规划。国家发展规划是国家有关部门制定的长江流域生态保护和高质量发展相关规划，包括国民经济和社会发展规划中与长江流域生态保护和高质量发展有关的内容，以及长江流域生态保护和高质量发展规划。国务院和长江流域县级以上地方人民政府应当将长江保护工作纳入国民经济和社会发展规划。[4]

空间规划。空间规划主要包括长江流域国土空间规划和地方行政区域的国土空间规划。国务院自然资源主管部门会同国务院有关部门组织编制长江流域国土空间规划，科学有序统筹安排长江流域生态、农业、城镇等功能空间，划定生态保护红线、永久基本农田、城镇开发边界，优化国土空间结构和布局，统领长江流域国土空间利用任务，报国务院批准后实施。涉及长江流域国土空间利用的专项规划应当与长江流域国土空间规划相衔接。长江流域县级以上地方人民政府组织编制本行政区域的国土空间规划，按照规定的程序报经批准后实施。[5]

专项规划、区域规划。长江流域水资源规划、生态环境保护规划等依照有关法律、行政法规的规定编制。[6] 国家对长江流域河湖岸线实施特殊管制。国家长江流域协调机制统筹协调国务院自然资源、水行政、生态环境、住房和城乡建设、农业农村、交通运输、林业和草原等部门和长江流域省级

---

〔1〕 参见《长江保护法》第8条。
〔2〕 参见《长江保护法》第5条。
〔3〕 参见《长江保护法》第17条。
〔4〕 参见《长江保护法》第18条第1款。
〔5〕 参见《长江保护法》第19条。
〔6〕 参见《长江保护法》第18条第3款。

人民政府划定河湖岸线保护范围，制定河湖岸线保护规划，严格控制岸线开发建设，促进岸线合理高效利用。[1]

其他重要规划，主要包括长江流域河道采砂规划、长江流域生态环境修复规划、养殖水域滩涂规划等。国家建立长江流域河道采砂规划和许可制度，长江流域河道采砂应当依法取得国务院水行政主管部门有关流域管理机构或者县级以上地方人民政府水行政主管部门的许可。[2] 国家对长江流域生态系统实行自然恢复为主、自然恢复与人工修复相结合的系统治理。国务院自然资源主管部门会同国务院有关部门编制长江流域生态环境修复规划，组织实施重大生态环境修复工程，统筹推进长江流域各项生态环境修复工作。[3] 长江流域县级以上地方人民政府应当编制并组织实施养殖水域滩涂规划，合理划定禁养区、限养区、养殖区，科学确定养殖规模和养殖密度；强化水产养殖投入品管理，指导和规范水产养殖、增殖活动。[4]

（三）空间管控

国家对长江流域国土空间实施用途管制。长江流域县级以上地方人民政府自然资源主管部门依照国土空间规划，对所辖长江流域国土空间实施分区、分类用途管制。长江流域国土空间开发利用活动应当符合国土空间用途管制要求，并依法取得规划许可。对不符合国土空间用途管制要求的，县级以上人民政府自然资源主管部门不得办理规划许可。[5]

长江流域省级人民政府根据本行政区域的生态环境和资源利用状况，制定生态环境分区管控方案和生态环境准入清单，报国务院生态环境主管部门备案后实施。生态环境分区管控方案和生态环境准入清单应当与国土空间规划相衔接。长江流域产业结构和布局应当与长江流域生态系统和资源环境承载能力相适应。禁止在长江流域重点生态功能区布局对生态系统有严重影响的产业。禁止重污染企业和项目向长江中上游转移。[6]

（四）资源和生态保护

国家加强长江流域生态用水保障。国务院水行政主管部门会同国务院有关部门提出长江干流、重要支流和重要湖泊控制断面的生态流量管控指标。其他河湖生态流量管控指标由长江流域县级以上地方人民政府水行政主管部门会同本级人民政府有关部门确定。[7]

水源地保护。国家加强长江流域饮用水水源地保护。国务院水行政主管部门会同国务院有关部门制定长江流域饮用水水源地名录。长江流域省级人

---

〔1〕 参见《长江保护法》第 26 条第 1 款。

〔2〕 参见《长江保护法》第 28 条第 1 款。

〔3〕 参见《长江保护法》第 52 条。

〔4〕 参见《长江保护法》第 70 条。

〔5〕 参见《长江保护法》第 20 条。

〔6〕 参见《长江保护法》第 22 条。

〔7〕 参见《长江保护法》第 31 条第 1 款。

民政府水行政主管部门会同本级人民政府有关部门制定本行政区域的其他饮用水水源地名录。[1]

地下水资源保护。国家加强长江流域地下水资源保护。长江流域县级以上地方人民政府及其有关部门应当定期调查评估地下水资源状况，监测地下水水量、水位、水环境质量，并采取相应风险防范措施，保障地下水资源安全。[2]

自然保护地体系建设。国家统筹长江流域自然保护地体系建设。国务院和长江流域省级人民政府在长江流域重要典型生态系统的完整分布区、生态环境敏感区以及珍贵野生动植物天然集中分布区和重要栖息地、重要自然遗迹分布区等区域，依法设立国家公园、自然保护区、自然公园等自然保护地。[3]

生态保护。国务院和长江流域省级人民政府应当依法在长江流域重要生态区、生态状况脆弱区划定公益林，实施严格管理。国家对长江流域天然林实施严格保护，科学划定天然林保护重点区域。长江流域县级以上地方人民政府应当加强对长江流域草原资源的保护，对具有调节气候、涵养水源、保持水土、防风固沙等特殊作用的基本草原实施严格管理。国务院林业和草原主管部门和长江流域省级人民政府林业和草原主管部门会同本级人民政府有关部门，根据不同生态区位、生态系统功能和生物多样性保护的需要，发布长江流域国家重要湿地、地方重要湿地名录及保护范围，加强对长江流域湿地的保护和管理，维护湿地生态功能和生物多样性。[4]

（五）生态环境修复

国家对长江流域生态系统实行自然恢复为主、自然恢复与人工修复相结合的系统治理。[5] 在生态环境保护方面，长江流域的主要生态修复措施包括如下方面：

河湖水系连通修复。国务院水行政主管部门会同国务院有关部门制定并组织实施长江干流和重要支流的河湖水系连通修复方案，长江流域省级人民政府制定并组织实施本行政区域的长江流域河湖水系连通修复方案，逐步改善长江流域河湖连通状况，恢复河湖生态流量，维护河湖水系生态功能。

河湖岸线修复。国家长江流域协调机制统筹协调国务院自然资源、水行政、生态环境、住房和城乡建设、农业农村、交通运输、林业和草原等部门和长江流域省级人民政府制定长江流域河湖岸线修复规范，确定岸线修复指标。长江流域县级以上地方人民政府按照长江流域河湖岸线保护规划、修复规范和指标要求，制定并组织实施河湖岸线修复计划，保障自然岸线比例，

---

[1] 参见《长江保护法》第 34 条第 1 款。
[2] 参见《长江保护法》第 37 条。
[3] 参见《长江保护法》第 39 条。
[4] 参见《长江保护法》第 40 条。
[5] 参见《长江保护法》第 52 条。

恢复河湖岸线生态功能。

重要生态系统修复。长江流域县级以上地方人民政府林业和草原主管部门负责组织实施长江流域森林、草原、湿地修复计划,科学推进森林、草原、湿地修复工作,加大退化天然林、草原和受损湿地修复力度。

重点湖泊生态环境修复。国家加大对太湖、鄱阳湖、洞庭湖、巢湖、滇池等重点湖泊实施生态环境修复的支持力度;长江流域县级以上地方人民政府应当组织开展富营养化湖泊的生态环境修复,采取调整产业布局规模、实施控制性水工程统一调度、生态补水、河湖连通等综合措施,改善和恢复湖泊生态系统的质量和功能。

野生动植物及其栖息地修复。国务院林业和草原、农业农村主管部门应当对长江流域数量急剧下降或者极度濒危的野生动植物和受到严重破坏的栖息地、天然集中分布区、破碎化的典型生态系统制定修复方案和行动计划,修建迁地保护设施,建立野生动植物遗传资源基因库,进行抢救性修复。在长江流域水生生物产卵场、索饵场、越冬场和洄游通道等重要栖息地应当实施生态环境修复和其他保护措施。对鱼类等水生生物洄游产生阻隔的涉水工程应当结合实际采取建设过鱼设施、河湖连通、生态调度、灌江纳苗、基因保存、增殖放流、人工繁育等多种措施,充分满足水生生物的生态需求。

长江河口生态环境修复。国务院水行政主管部门会同国务院有关部门和长江河口所在地人民政府按照陆海统筹、河海联动的要求,制定实施长江河口生态环境修复和其他保护措施方案,加强对水、沙、盐、潮滩、生物种群的综合监测,采取有效措施防止海水入侵和倒灌,维护长江河口良好生态功能。[1]

（六）应急处理

国务院生态环境主管部门会同国务院有关部门和长江流域省级人民政府建立健全长江流域突发生态环境事件应急联动工作机制,与国家突发事件应急体系相衔接,加强对长江流域船舶、港口、矿山、化工厂、尾矿库等发生的突发生态环境事件的应急管理。[2] 国家加强长江流域洪涝干旱、森林草原火灾、地质灾害、地震等灾害的监测预报预警、防御、应急处置与恢复重建体系建设,提高防灾、减灾、抗灾、救灾能力。[3] 长江流域县级以上地方人民政府及其有关部门应当合理布局饮用水水源取水口,制定饮用水安全突发事件应急预案,加强饮用水备用应急水源建设,对饮用水水源的水环境质量进行实时监测。[4]

---

〔1〕　参见《长江保护法》第 60 条。
〔2〕　参见《长江保护法》第 10 条。
〔3〕　参见《长江保护法》第 11 条。
〔4〕　参见《长江保护法》第 35 条。

第二节 黄河流域保护

黄河是我国第二大河、世界第五大河，具有重要的生态价值、人文价值、资源价值和经济价值，同时也存在自然灾害频发、生态环境脆弱、水资源短缺和发展不平衡不充分等突出问题。国家重视黄河流域生态环境保护，制定了《黄河保护法》，为黄河流域的保护和管理活动提供法律遵循。

一、黄河流域及其保护概述

黄河发源于青海高原巴颜喀拉山北麓约古宗列盆地，蜿蜒东流，穿越黄土高原及黄淮海大平原，注入渤海，横跨青藏高原、内蒙古高原、黄土高原和华北平原四个地貌单元、三级地形阶梯，流经青海、四川、甘肃、宁夏、内蒙古、山西、陕西、河南、山东九个省（自治区）。

黄河流域对我国生态环境保护和社会经济发展具有重要的价值，主要包括生态价值、人文价值、资源价值和经济价值四个方面。同时，黄河流域也存在水资源总量较低、时空分配不均衡、水少沙多、水土流失、洪水灾害频仍等问题。

二、黄河流域保护法律体系

黄河流域立法最早可以追溯到 20 世纪 40 年代。1946 年，中国共产党成立了冀鲁豫解放区黄河水利委员会，并于 1949 年正式成立了黄河水利委员会，由此开启了黄河治理工作的探索。[1] 20 世纪 80 年代以来，我国制定的《水污染防治法》《水法》《水土保持法》等法律分别就黄河流域保护的某些具体方面作出了规定。2022 年，我国颁布了《黄河保护法》。以该法为基础，目前我国已形成由黄河流域保护专门立法、与黄河流域保护有关的法律、法规和规章构成的黄河流域保护法律体系。

《黄河保护法》旨在加强黄河流域生态环境保护，保障黄河安澜，推进水资源节约集约利用，推动高质量发展，保护传承弘扬黄河文化，实现人与自然和谐共生、中华民族永续发展。[2] 该法主要就黄河流域保护的原则、规划与管控、生态保护与修复、水资源节约集约利用、水沙调控与防洪安全、污染防治、促进高质量发展、黄河文化保护传承弘扬、保障与监督等内容作出了详细规定。

我国在相关领域也制定了与黄河流域保护有关的立法，主要包括《青藏高原生态保护法》《湿地保护法》《防洪法》《水污染防治法》《水法》等。

---

〔1〕《关于根治黄河水害和开发黄河水利的综合规划的报告——在一九五五年七月十八日的第一届全国人民代表大会第二次会议上》，载《人民日报》1955 年 7 月 20 日，第 2 版。

〔2〕 参见《黄河保护法》第 1 条。

此外，《环境保护法》等法律中也规定了与黄河流域保护有关的内容。这些法律从黄河流域的特定区域与生态系统保护、洪涝灾害防治、污染防治、水资源保护等方面，为黄河流域的保护与发展活动提供了法律依据。

我国涉及黄河流域保护的行政法规主要有《中华人民共和国水下文物保护管理条例》《地下水管理条例》《中华人民共和国河道管理条例》《中华人民共和国水文条例》《农田水利条例》《城镇排水与污水处理条例》《黄河水量调度条例》等。一些省市制定了本辖区内推进黄河流域保护的地方性法规，例如，《河南省黄河河道管理条例》《河南省黄河防汛条例》《青海省湟水流域水污染防治条例》《陕西省渭河保护条例》等。涉及黄河流域保护的部门规章主要有《内河海事行政处罚规定》《防治船舶污染内河水域环境管理规定》《河道管理范围内建设项目管理的有关规定》《入河排污口监督管理办法》《黑河干流水量调度管理办法》《黄河河口管理办法》等。

三、黄河流域保护的主要措施

（一）管理体制

我国在黄河流域保护的管理体制方面建立了"重大事项国家统筹＋重点事项流域机构统管＋具体事项地方政府负责落实＋相关事项省际协调合作"的流域治理管理新机制。

黄河流域统筹协调机制和省级协调机制。国家建立黄河流域生态保护和高质量发展统筹协调机制，全面指导、统筹协调黄河流域生态保护和高质量发展工作，审议黄河流域重大政策、重大规划、重大项目等，协调跨地区跨部门重大事项，督促检查相关重要工作的落实情况。黄河流域省、自治区可以根据需要，建立省级协调机制，组织、协调推进本行政区域黄河流域生态保护和高质量发展工作。[1]

国务院各部门按照监管职责分工。国务院有关部门按照职责分工，负责黄河流域生态保护和高质量发展相关工作。国务院水行政主管部门黄河水利委员会及其所属管理机构，依法行使黄河流域水行政监督管理职责，为黄河流域统筹协调机制相关工作提供支撑保障。国务院生态环境主管部门黄河流域生态环境监督管理机构依法开展流域生态环境监督管理相关工作。[2]

地方职责分工。黄河流域县级以上地方人民政府负责本行政区域内黄河流域生态保护和高质量发展工作。黄河流域县级以上地方人民政府有关部门按照职责分工，负责本行政区域黄河流域生态保护和高质量发展相关工作。[3]

省际河湖长联席会议制度。黄河流域建立省际河湖长联席会议制度。各

---

〔1〕　参见《黄河保护法》第4条。
〔2〕　参见《黄河保护法》第5条。
〔3〕　参见《黄河保护法》第6条第1款、第2款。

级河湖长负责河道、湖泊管理和保护相关工作。[1]

（二）规划制度

国家建立以国家发展规划为统领，以空间规划为基础，以专项规划、区域规划为支撑的黄河流域规划体系，发挥规划对推进黄河流域生态保护和高质量发展的引领、指导和约束作用。[2] 黄河流域规划体系主要由以下几种类别的规划组成：

国家发展规划。国家发展规划是国家有关部门制定的黄河流域生态保护和高质量发展相关规划，包括国民经济和社会发展规划中与黄河流域生态保护和高质量发展有关的内容，以及黄河流域生态保护和高质量发展规划。[3]

空间规划。空间规划主要包括黄河流域国土空间规划和地方行政区域的国土空间规划。国务院自然资源主管部门应当会同国务院有关部门组织编制黄河流域国土空间规划，科学有序统筹安排黄河流域农业、生态、城镇等功能空间，划定永久基本农田、生态保护红线、城镇开发边界，优化国土空间结构和布局，统领黄河流域国土空间利用任务，报国务院批准后实施。涉及黄河流域国土空间利用的专项规划应当与黄河流域国土空间规划相衔接。黄河流域县级以上地方人民政府组织编制本行政区域的国土空间规划，按照规定的程序报经批准后实施。[4]

专项规划和区域规划。国务院水行政主管部门应当会同国务院有关部门和黄河流域省级人民政府，按照统一规划、统一管理、统一调度的原则，依法编制黄河流域综合规划、水资源规划、防洪规划等，对节约、保护、开发、利用水资源和防治水害作出部署。黄河流域生态环境保护等规划依照有关法律、行政法规的规定编制。[5]

其他重要规划。国务院自然资源主管部门应当会同国务院有关部门编制黄河流域国土空间生态修复规划，组织实施重大生态修复工程，统筹推进黄河流域生态保护与修复工作。[6] 国务院水行政主管部门应当会同国务院有关部门和山东省人民政府，编制并实施黄河入海河口整治规划。[7] 国家实行黄河流域河道采砂规划和许可制度。[8] 国务院文化和旅游主管部门应当会同国务院有关部门编制并实施黄河文化保护传承弘扬规划，加强统筹协调，推动黄河文化体系建设。[9]

---

〔1〕 参见《黄河保护法》第6条第4款。
〔2〕 参见《黄河保护法》第20条。
〔3〕 参见《黄河保护法》第21条。
〔4〕 参见《黄河保护法》第22条。
〔5〕 参见《黄河保护法》第23条。
〔6〕 参见《黄河保护法》第29条第2款。
〔7〕 参见《黄河保护法》第36条第1款。
〔8〕 参见《黄河保护法》第69条第1款。
〔9〕 参见《黄河保护法》第91条第1款。

（三）空间管控

国家对黄河流域国土空间严格实行用途管制。黄河流域县级以上地方人民政府自然资源主管部门依据国土空间规划，对本行政区域内黄河流域国土空间实行分区、分类用途管制。黄河流域省级人民政府根据本行政区域的生态环境和资源利用状况，按照生态保护红线、环境质量底线、资源利用上线的要求，制定生态环境分区管控方案和生态环境准入清单，报国务院生态环境主管部门备案后实施。生态环境分区管控方案和生态环境准入清单应当与国土空间规划相衔接。[1]

（四）生态保护修复

国家加强黄河流域生态保护与修复，坚持山水林田湖草沙一体化保护与修复，实行自然恢复为主、自然恢复与人工修复相结合的系统治理。[2]

水源涵养。国家加强对黄河水源涵养区的保护，加大对黄河干流和支流源头、水源涵养区的雪山冰川、高原冻土、高寒草甸、草原、湿地、荒漠、泉域等的保护力度。国务院和黄河流域省级人民政府应当依法在重要生态功能区域、生态脆弱区域划定公益林，实施严格管护；需要补充灌溉的，在水资源承载能力范围内合理安排灌溉用水。[3]

水土流失防治。国务院水行政主管部门应当会同国务院有关部门加强黄河流域砒砂岩区、多沙粗沙区、水蚀风蚀交错区和沙漠入河区等生态脆弱区域保护和治理，开展土壤侵蚀和水土流失状况评估，实施重点防治工程。禁止在黄河流域水土流失严重、生态脆弱区域开展可能造成水土流失的生产建设活动。确因国家发展战略和国计民生需要建设的，应当进行科学论证，并依法办理审批手续。[4]

地下水资源管理。国务院水行政主管部门应当会同国务院自然资源主管部门组织划定并公布黄河流域地下水超采区。黄河流域省级人民政府水行政主管部门应当会同本级人民政府有关部门编制本行政区域地下水超采综合治理方案，经省级人民政府批准后，报国务院水行政主管部门备案。[5]

自然保护地体系建设。国家统筹黄河流域自然保护地体系建设。国务院和黄河流域省级人民政府在黄河流域重要典型生态系统的完整分布区、生态环境敏感区以及珍贵濒危野生动植物天然集中分布区和重要栖息地、重要自然遗迹分布区等区域，依法设立国家公园、自然保护区、自然公园等自然保护地。[6]

生物多样性保护。国务院林业和草原、农业农村主管部门应当会同国务

---

〔1〕 参见《黄河保护法》第25条第1款、第26条第1款。
〔2〕 参见《黄河保护法》第29条第1款。
〔3〕 参见《黄河保护法》第30条第1款、第31条第1款。
〔4〕 参见《黄河保护法》第33条第1款、第35条第1款。
〔5〕 参见《黄河保护法》第43条。
〔6〕 参见《黄河保护法》第38条第1款。

院有关部门和黄河流域省级人民政府按照职责分工，对黄河流域数量急剧下降或者极度濒危的野生动植物和受到严重破坏的栖息地、天然集中分布区、破碎化的典型生态系统开展保护与修复，修建迁地保护设施，建立野生动植物遗传资源基因库，进行抢救性修复。国务院生态环境主管部门和黄河流域县级以上地方人民政府组织开展黄河流域生物多样性保护管理，定期评估生物受威胁状况以及生物多样性恢复成效。国家保护黄河流域水产种质资源和珍贵濒危物种，支持开展水产种质资源保护区、国家重点保护野生动物人工繁育基地建设。[1]

第三节　青藏高原生态保护

青藏高原被誉为"世界屋脊"，因其独特的地理位置和地势结构，形成了独特的自然环境和壮丽的自然景观，具有重要的生态价值、资源价值和战略价值。我国重视青藏高原的生态环境保护，制定了《青藏高原生态保护法》，为青藏高原地区的保护和管理活动提供了法律基础。

一、青藏高原及其保护概述

青藏高原范围包括西藏和青海两省（自治区）全部，以及四川、云南、甘肃和新疆等四省（自治区）部分地区，是长江、黄河、澜沧江、怒江及雅鲁藏布江的发源地。同时，青藏高原也是珍稀野生动物的天然栖息地和高原物种基因库，是我国乃至亚洲重要的生态安全屏障，是我国生态文明建设的重点地区之一。[2] 青藏高原地区因其独特的自然条件具有重要的生态价值，主要包括调节气候、保障生态安全，保障水资源安全和维护生物多样性等方面。

二、青藏高原生态保护法律体系

2023 年，我国公布了《青藏高原生态保护法》。以此为基础，目前我国已形成由青藏高原生态保护专门立法、与青藏高原生态保护有关的法律、法规和规章构成的青藏高原生态保护法律体系。

《青藏高原生态保护法》旨在加强青藏高原生态保护，防控生态风险，保障生态安全，建设国家生态文明高地，促进经济社会可持续发展，实现人与自然和谐共生。[3] 该法主要就青藏高原生态保护的原则、生态安全布局、生态保护修复、生态风险防控、保障与监督以及相关法律责任等内容作出了详细规定。

---

〔1〕　参见《黄河保护法》第 39 条、第 41 条第 1 款。
〔2〕　参见《〈青藏高原生态文明建设状况〉白皮书》。
〔3〕　参见《青藏高原生态保护法》第 1 条。

我国在相关领域也制定了与青藏高原生态保护有关的立法，主要包括《黄河保护法》《水土保持法》等。此外，《环境保护法》等法律中也规定了与青藏高原生态保护有关的内容。这些法律从青藏高原水源涵养区保护、江河源头区水土流失防治等方面，为青藏高原生态保护相关活动提供了法律依据。

一些省市已经制定了本辖区内推进青藏高原生态保护的地方性法规，例如《西藏自治区人民代表大会常务委员会关于全面贯彻实施青藏高原生态保护法的决定》《西藏自治区环境保护条例》《青海省生态环境保护条例》《西藏自治区国家生态文明高地建设条例》《青海省高原美丽城镇建设促进条例》等。涉及长江流域保护的部门规章主要有《长江水生生物保护管理规定》《黑河干流水量调度管理办法》等。

三、青藏高原生态保护的主要措施

（一）管理体制

我国在青藏高原生态保护的管理体制方面建立了"重大事项国家统筹+重点事项主管部门统管+具体事项地方政府负责落实+相关事项省际协调合作"的青藏高原生态保护管理新机制。

生态保护协调机制。国家建立青藏高原生态保护协调机制，统筹指导、综合协调青藏高原生态保护工作，审议青藏高原生态保护重大政策、重大规划、重大项目，协调跨地区跨部门重大问题，督促检查相关重要工作的落实情况。[1]

国务院各部门按照监管职责分工。国务院有关部门按照职责分工，负责青藏高原生态保护相关工作。[2] 国务院林业和草原、农业农村主管部门会同国务院有关部门和青藏高原省级人民政府按照职责分工，开展野生动植物物种调查，根据调查情况提出实施保护措施的意见，完善相关名录制度，加强野生动物重要栖息地、迁徙洄游通道和野生植物原生境保护。[3] 自然资源、生态环境主管部门按照职责分工，对在长江、黄河、澜沧江、雅鲁藏布江、怒江等江河源头自然保护地内从事不符合生态保护管控要求的采矿活动实施监管。[4]

地方职责分工。青藏高原地方各级人民政府应当落实本行政区域的生态保护修复、生态风险防控、优化产业结构和布局、维护青藏高原生态安全等责任。青藏高原相关地方根据需要在地方性法规和地方政府规章制定、规划编制、监督执法等方面加强协作，协同推进青藏高原生态保护。[5]

---

〔1〕 参见《青藏高原生态保护法》第4条第1款。
〔2〕 参见《青藏高原生态保护法》第4条第2款。
〔3〕 参见《青藏高原生态保护法》第28条第1款。
〔4〕 参见《青藏高原生态保护法》第56条。
〔5〕 参见《青藏高原生态保护法》第5条。

（二）规划和管控

青藏高原县级以上地方人民政府组织编制本行政区域的国土空间规划，应当落实国家对青藏高原国土空间开发保护的有关要求，细化安排农业、生态、城镇等功能空间，统筹划定耕地和永久基本农田、生态保护红线、城镇开发边界。涉及青藏高原国土空间利用的专项规划应当与国土空间规划相衔接。[1] 青藏高原国土空间开发利用活动应当符合国土空间用途管制要求。青藏高原生态空间内的用途转换，应当有利于增强森林、草原、河流、湖泊、湿地、冰川、荒漠等生态系统的生态功能。[2] 青藏高原省级人民政府根据本行政区域的生态环境和资源利用状况，按照生态保护红线、环境质量底线、资源利用上线的要求，从严制定生态环境分区管控方案和生态环境准入清单，报国务院生态环境主管部门备案后实施。生态环境分区管控方案和生态环境准入清单应当与国土空间规划相衔接。[3]

（三）自然保护地体系建设

国家支持青藏高原自然保护地体系建设。国务院和青藏高原省级人民政府在青藏高原重要典型生态系统的完整分布区、生态环境敏感区以及珍贵濒危或者特有野生动植物天然集中分布区和重要栖息地、重要自然遗迹、重要自然景观分布区等区域，依法设立国家公园、自然保护区、自然公园等自然保护地，推进三江源、祁连山、羌塘、珠穆朗玛峰、高黎贡山、贡嘎山等自然保护地建设，保持重要自然生态系统原真性和完整性。[4]

（四）雪山冰川冻土保护

国务院有关部门和青藏高原县级以上地方人民政府应当建立健全青藏高原雪山冰川冻土保护制度，加强对雪山冰川冻土的监测预警和系统保护。青藏高原省级人民政府应当将大型冰帽冰川、小规模冰川群等划入生态保护红线，对重要雪山冰川实施封禁保护，采取有效措施，严格控制人为扰动。青藏高原省级人民政府应当划定冻土区保护范围，加强对多年冻土区和中深季节冻土区的保护，严格控制多年冻土区资源开发，严格审批多年冻土区城镇规划和交通、管线、输变电等重大工程项目。青藏高原省级人民政府应当开展雪山冰川冻土与周边生态系统的协同保护，维持有利于雪山冰川冻土保护的自然生态环境。[5]

（五）物种保护

国务院林业和草原、农业农村主管部门会同国务院有关部门和青藏高原省级人民政府按照职责分工，开展野生动植物物种调查，根据调查情况提出实施保护措施的意见，完善相关名录制度，加强野生动物重要栖息地、迁徙

---

〔1〕 参见《青藏高原生态保护法》第12条。
〔2〕 参见《青藏高原生态保护法》第13条第1款。
〔3〕 参见《青藏高原生态保护法》第14条。
〔4〕 参见《青藏高原生态保护法》第16条。
〔5〕 参见《青藏高原生态保护法》第20条。

洄游通道和野生植物原生境保护，对青藏高原珍贵濒危或者特有野生动植物物种实行重点保护。国家支持开展野生动物救护繁育野化基地以及植物园、高原生物种质资源库建设，加强对青藏高原珍贵濒危或者特有野生动植物物种的救护和迁地保护。青藏高原县级以上地方人民政府应当组织有关单位和个人积极开展野生动物致害综合防控，对野生动物造成人员伤亡，牲畜、农作物或者其他财产损失的，依法给予补偿。[1] 国务院有关部门和青藏高原地方各级人民政府应当采取有效措施，建立完善生态廊道，提升生态系统完整性和连通性。[2]

（六）水土流失防治

青藏高原省级人民政府应当采取封禁抚育、轮封轮牧、移民搬迁等措施，实施高原山地以及农田风沙地带、河岸地带、生态防护带等重点治理工程，提升水土保持功能。[3] 国务院水行政主管部门和青藏高原省级人民政府应当采取有效措施，加强对三江源、祁连山黑河流域、金沙江和岷江上游、雅鲁藏布江以及金沙江、澜沧江、怒江三江并流地区等重要江河源头区和水土流失重点预防区、治理区，人口相对密集高原河谷区的水土流失防治。禁止在青藏高原水土流失严重、生态脆弱的区域开展可能造成水土流失的生产建设活动。确因国家发展战略和国计民生需要建设的，应当经科学论证，并依法办理审批手续，严格控制扰动范围。[4]

（七）生态风险防控

气候变化监测预警和评估。国家加强对气候变化及其综合影响的监测，建立气候变化对青藏高原生态系统、气候系统、水资源、珍贵濒危或者特有野生动植物、雪山冰川冻土和自然灾害影响的预测体系，完善生态风险报告和预警机制，强化气候变化对青藏高原影响和高原生态系统演变的评估。青藏高原省级人民政府应当开展雪山冰川冻土消融退化对区域生态系统影响的监测与风险评估。[5]

自然灾害调查评价和监测预警。国家加强青藏高原自然灾害调查评价和监测预警。国务院有关部门和青藏高原县级以上地方人民政府及其有关部门加强对地震、雪崩、冰崩、山洪、山体崩塌、滑坡、泥石流、冰湖溃决、冻土消融、森林草原火灾、暴雨（雪）、干旱等自然灾害的调查评价和监测预警。在地质灾害易发区进行工程建设时，应当按照有关规定进行地质灾害危险性评估，及时采取工程治理或者搬迁避让等措施。[6]

重大工程生态影响监测。重大工程建设可能造成生态和地质环境影响的，

---

〔1〕 参见《青藏高原生态保护法》第28条。
〔2〕 参见《青藏高原生态保护法》第29条第2款。
〔3〕 参见《青藏高原生态保护法》第31条。
〔4〕 参见《青藏高原生态保护法》第32条。
〔5〕 参见《青藏高原生态保护法》第41条。
〔6〕 参见《青藏高原生态保护法》第36条。

建设单位应当根据工程沿线生态和地质环境敏感脆弱区域状况，制定沿线生态和地质环境监测方案，开展生态和地质环境影响的全生命周期监测，包括工程开工前的本底监测、工程建设中的生态和地质环境影响监测、工程运营期的生态和地质环境变化与保护修复跟踪监测。重大工程建设应当避让野生动物重要栖息地、迁徙洄游通道和国家重点保护野生植物的天然集中分布区；无法避让的，应当采取修建野生动物通道、迁地保护等措施，避免或者减少对自然生态系统与野生动植物的影响。[1]

外来入侵物种防控。国务院有关部门和青藏高原省级人民政府按照职责分工，统筹推进区域外来入侵物种防控，实行外来物种引入审批管理，强化外来入侵物种口岸防控，加强外来入侵物种调查、监测、预警、控制、评估、清除、生态修复等工作。任何单位和个人未经批准，不得擅自引进、释放或者丢弃外来物种。[2]

👉 第四节　海岛保护

我国是海洋大国，海岛数量众多。海岛对生态环境、物种保护、资源开采、能源开发、旅游观光、国防建设等方面具有重要价值。我国重视海岛保护，形成了旨在保护海岛及其周边海域生态系统的制度和措施，为海岛保护提供了法律依据。

一、海岛及其保护概述

海岛，是指四面环海水并在高潮时高于水面的自然形成的陆地区域，包括有居民海岛和无居民海岛。其中，无居民海岛，是指不属于居民户籍管理的住址登记地的海岛。[3] 反之，则为有居民海岛。[4] 海岛保护，是指海岛及其周边海域生态系统保护，无居民海岛自然资源保护和特殊用途海岛保护。[5] 海岛具有重要的生态价值，对改善生态环境、保护生物多样性具有重要意义。

海岛的生态环境具有独特性和脆弱性。一方面，由于海岛四周被海水包围，地域结构较为简单，物种来源受限，从而形成了相对封闭和独特的生态

---

〔1〕　参见《青藏高原生态保护法》第 38 条。

〔2〕　参见《青藏高原生态保护法》第 40 条。

〔3〕　参见《海岛保护法》第 57 条第 2 项。

〔4〕　关于无居民海岛与有居民海岛的定义标准可以分为两类。一类是形式要件标准，即以户籍住址为标准，例如，根据我国《海岛保护法》第 57 条第 2 项下出的定义，"无居民海岛"不等于"无人海岛"，只是该海岛不属于居民户籍管理的住址登记地。另一类是实质要件标准，即不仅要求该海岛是公民户籍管理的住址登记地，还要求该海岛是一个人在一段时间内生活的重心和居住的处所。例如，根据苏格兰《岛屿法案》的规定，"有居民海岛"指惯常居住不少于 1 人的海岛。参见马金星：《海岛利用及保护管理法律问题研究》，中国社会科学出版社 2019 年版，第 40 页。

〔5〕　参见《海岛保护法》第 2 条第 3 款。

系统，甚至位于相邻海岛的动物和植物之间也存在差异。另一方面，虽然海岛与周围的海域形成了完整的生态系统，但由于海岛陆域面积相对较小，生境条件严酷，植被种类贫乏且较为单一，容易遭受破坏，且受到损害后极难恢复。[1] 物种的单一性、资源的贫乏性、生境的恶劣性，加之气候变化威胁，使海岛的生态环境十分脆弱，一旦遭受破坏则难以恢复。

我国是海洋大国，海岛众多。根据自然资源部统计，我国共有海岛11000多个，海岛总面积约占我国陆地面积的0.8%,[2] 形成了各具特色的海岛生态系统。目前，我国在海岛保护方面主要面临环境污染、生态破坏、开发秩序混乱等问题，亟待解决。

二、海岛保护法律体系

我国于2009年公布了《海岛保护法》，该法是我国海岛保护的专门立法。我国目前已形成了由海岛保护专门立法、与海岛保护有关的法律、法规和规章构成的海岛保护法律体系。

《海岛保护法》旨在保护海岛及其周边海域生态系统、合理开发利用海岛自然资源、维护国家海洋权益、促进经济社会可持续发展。该法就海岛保护的原则、海岛保护规划、海岛的保护以及法律责任等方面作出了详细规定。

我国在相关领域也制定了与海岛保护有关的立法，规范海岛的保护和利用行为，主要包括《海洋环境保护法》《气象法》《渔业法》《治安管理处罚法》《海域使用管理法》《专属经济区和大陆架法》《领海及毗连区法》等。此外，《环境保护法》等法律中也规定了与海岛保护有关的内容。这些法律从海岛规划、设施建设、生态保护、污染防治等方面，为海岛保护和管理提供了法律依据。

我国涉及海岛保护的行政法规主要有《中华人民共和国渔业法实施细则》《船舶和海上设施检验条例》《渔港水域交通安全管理条例》《中华人民共和国防治海洋工程建设项目污染损害海洋环境管理条例》《中华人民共和国防治海岸工程建设项目污染损害海洋环境管理条例》《自然保护区条例》《中华人民共和国海洋倾废管理条例》《防止拆船污染环境管理条例》《中华人民共和国对外合作开采海洋石油资源条例》《海洋观测预报管理条例》《中华人民共和国水下文物保护管理条例》《中华人民共和国航标条例》《基础测绘条例》《中华人民共和国防治陆源污染物污染损害海洋环境管理条例》《海上交通事故调查处理条例》《中华人民共和国海洋石油勘探开发环境保护管理条例》等。

一些沿海省市制定了本辖区内海岛保护的地方性法规，例如，《连云港市

---

〔1〕 郭院、华敬炘、吴莉婧编著：《海岛法律制度比较研究》，中国海洋大学出版社2006年版，第2页。

〔2〕 自然资源部：《2017年海岛统计调查公报》。

海岛保护条例》《厦门市无居民海岛保护与利用管理办法》《广西壮族自治区无居民海岛保护条例》等，这些地方性法规根据本地区海岛保护状况和海洋生态环境特点，对海岛保护的法律制度作出了细化规定。涉及海岛保护的部门规章主要有《中华人民共和国海洋倾废管理条例实施办法》《中华人民共和国海洋石油勘探开发环境保护管理条例实施办法》《海洋行政处罚实施办法》《铺设海底电缆管道管理规定实施办法》等。

三、海岛保护的主要措施

（一）管理体制

国务院海洋主管部门和地方各级人民政府海洋主管部门是我国海岛保护的主要管理部门。国务院海洋主管部门和国务院其他有关部门依照法律和国务院规定的职责分工，负责全国有居民海岛及其周边海域生态保护工作。沿海县级以上地方人民政府海洋主管部门和其他有关部门按照各自的职责，负责本行政区域内有居民海岛及其周边海域生态保护工作。国务院海洋主管部门负责全国无居民海岛保护和开发利用的管理工作。沿海县级以上地方人民政府海洋主管部门负责本行政区域内无居民海岛保护和开发利用管理的有关工作。[1]

我国目前的海洋主管部门主要指自然资源部。在海岛保护方面，自然资源部主要负责建立空间规划体系并监督实施、统筹国土空间生态修复、以及海洋开发利用和保护的监督管理工作。具体而言，自然资源部组织拟订并实施海洋等自然资源年度利用计划，负责海域、海岛等国土空间用途转用工作；负责海洋生态、海域海岸线和海岛修复等工作；负责海域使用和海岛保护利用管理，制定海域海岛保护利用规划并监督实施，负责无居民海岛、海域、海底地形地名管理工作，制定领海基点等特殊用途海岛保护管理办法并监督实施，负责海洋观测预报、预警监测和减灾工作，参与重大海洋灾害应急处置。为细化海岛保护立法实施，自然资源部下设海域海岛管理司承担海岛保护和管理工作。[2]

（二）海岛保护规划

国家实行海岛保护规划制度。海岛保护规划是从事海岛保护、利用活动的依据。制定海岛保护规划应当遵循有利于保护和改善海岛及其周边海域生态系统，促进海岛经济社会可持续发展的原则。海岛保护规划报送审批前，应当征求有关专家和公众的意见，经批准后应当及时向社会公布。但是，涉及国家秘密的除外。[3] 根据制定主体不同，海岛保护规划主要分为全国海岛

---

〔1〕 参见《海岛保护法》第5条。
〔2〕 参见《自然资源部职能配置、内设机构和人员编制规定》第3条第6项、第7项、第13项。
〔3〕 参见《海岛保护法》第8条。

保护规划、省域海岛保护规划和县域海岛保护规划。

国务院海洋主管部门会同本级人民政府有关部门、军事机关，依据国民经济和社会发展规划、全国海洋功能区划，组织编制全国海岛保护规划，报国务院审批。全国海岛保护规划应当按照海岛的区位、自然资源、环境等自然属性及保护、利用状况，确定海岛分类保护的原则和可利用的无居民海岛，以及需要重点修复的海岛等。全国海岛保护规划应当与全国城镇体系规划和全国土地利用总体规划相衔接。[1]

沿海省、自治区人民政府海洋主管部门会同本级人民政府有关部门、军事机关，依据全国海岛保护规划、省域城镇体系规划和省、自治区土地利用总体规划，组织编制省域海岛保护规划，报省、自治区人民政府审批，并报国务院备案。[2] 省、自治区人民政府根据实际情况，可以要求本行政区域内的沿海城市、县、镇人民政府组织编制海岛保护专项规划，并纳入城市总体规划、镇总体规划；可以要求沿海县人民政府组织编制县域海岛保护规划。[3]

（三）有居民海岛保护

国家依法保护有居民海岛的生态系统。有居民海岛的开发、建设应当遵守有关城乡规划、环境保护、土地管理、海域使用管理、水资源和森林保护等法律、法规的规定，保护海岛及其周边海域生态系统。[4] 有居民海岛的开发、建设应当对海岛土地资源、水资源及能源状况进行调查评估，依法进行环境影响评价。海岛的开发、建设不得超出海岛的环境容量。新建、改建、扩建建设项目，必须符合海岛主要污染物排放、建设用地和用水总量控制指标的要求。有居民海岛的开发、建设应当优先采用风能、海洋能、太阳能等可再生能源和雨水集蓄、海水淡化、污水再生利用等技术。有居民海岛及其周边海域应当划定禁止开发、限制开发区域，并采取措施保护海岛生物栖息地，防止海岛植被退化和生物多样性降低。[5]

在有居民海岛进行工程建设，应当遵循先规划后建设、生态保护设施优先建设或者与工程项目同步建设的原则。进行工程建设造成生态破坏的，应当负责修复；无力修复的，由县级以上人民政府责令停止建设，并可以指定有关部门组织修复，修复费用由造成生态破坏的单位、个人承担。[6] 严格限制在有居民海岛沙滩建造建筑物或者设施；确需建造的，应当依照有关城乡规划、土地管理、环境保护等法律、法规的规定执行。未经依法批准在有居民海岛沙滩建造的建筑物或者设施，对海岛及其周边海域生态系统造成严重

---

〔1〕　参见《海岛保护法》第9条。
〔2〕　参见《海岛保护法》第10条。
〔3〕　参见《海岛保护法》第11条。
〔4〕　参见《海岛保护法》第23条。
〔5〕　参见《海岛保护法》第24条。
〔6〕　参见《海岛保护法》第25条。

破坏的，应当依法拆除。[1] 此外，《海岛保护法》还对在有居民海岛沙滩采挖海砂、填海、围海、填海连岛等活动进行严格限制。[2]

（四）无居民海岛保护

国家依法保护无居民海岛的生态环境，限制和规范开发利用行为。未经批准利用的无居民海岛，应当维持现状；禁止采石、挖海砂、采伐林木以及进行生产、建设、旅游等活动。[3] 严格限制在无居民海岛采集生物和非生物样本；因教学、科学研究确需采集的，应当报经海岛所在县级以上地方人民政府海洋主管部门批准。[4]

国家限制和规范在无居民海岛的开发利用行为。从事全国海岛保护规划确定的可利用无居民海岛的开发利用活动，应当遵守可利用无居民海岛保护和利用规划，采取严格的生态保护措施，避免造成海岛及其周边海域生态系统破坏。[5] 经批准在可利用无居民海岛建造建筑物或者设施，应当按照可利用无居民海岛保护和利用规划限制建筑物、设施的建设总量、高度以及与海岸线的距离，使其与周围植被和景观相协调。[6] 在依法确定为开展旅游活动的可利用无居民海岛及其周边海域，不得建造居民定居场所，不得从事生产性养殖活动；已经存在生产性养殖活动的，应当在编制可利用无居民海岛保护和利用规划中确定相应的污染防治措施。[7] 临时性利用无居民海岛的，不得在所利用的海岛建造永久性建筑物或者设施。[8]

（五）特殊用途海岛保护

国家对领海基点所在海岛、国防用途海岛、海洋自然保护区内的海岛等具有特殊用途或者特殊保护价值的海岛，实行特别保护。领海基点所在的海岛，应当由海岛所在省、自治区、直辖市人民政府划定保护范围，报国务院海洋主管部门备案。领海基点及其保护范围周边应当设置明显标志。禁止在领海基点保护范围内进行工程建设以及其他可能改变该区域地形、地貌的活动。确需进行以保护领海基点为目的的工程建设的，应当经过科学论证，报国务院海洋主管部门同意后依法办理审批手续。禁止损毁或者擅自移动领海基点标志。任何单位和个人都有保护海岛领海基点的义务。发现领海基点以及领海基点保护范围内的地形、地貌受到破坏的，应当及时向当地人民政府或者海洋主管部门报告。[9]

禁止破坏国防用途无居民海岛的自然地形、地貌和有居民海岛国防用途

---

〔1〕 参见《海岛保护法》第 26 条第 1 款。
〔2〕 参见《海岛保护法》第 26 条第 2 款、第 27 条。
〔3〕 参见《海岛保护法》第 28 条。
〔4〕 参见《海岛保护法》第 29 条。
〔5〕 参见《海岛保护法》第 30 条第 1 款。
〔6〕 参见《海岛保护法》第 32 条。
〔7〕 参见《海岛保护法》第 35 条。
〔8〕 参见《海岛保护法》第 34 条。
〔9〕 参见《海岛保护法》第 37 条第 1 款、第 2 款、第 3 款、第 5 款。

区域及其周边的地形、地貌。禁止将国防用途无居民海岛用于与国防无关的目的。国防用途终止时，经军事机关批准后，应当将海岛及其有关生态保护的资料等一并移交该海岛所在省、自治区、直辖市人民政府。[1]

国务院、国务院有关部门和沿海省、自治区、直辖市人民政府，根据海岛自然资源、自然景观以及历史、人文遗迹保护的需要，对具有特殊保护价值的海岛及其周边海域，依法批准设立海洋自然保护区或者海洋特别保护区。[2]

---

[1]　参见《海岛保护法》第 38 条。
[2]　参见《海岛保护法》第 39 条。

第二十三章

生态退化防治法

生态退化防治是生态保护的重要内容。在我国生态环境法律体系中，生态退化防治主要包括水土保持和沙漠化防治两个方面。为此，我国专门制定了《水土保持法》和《防沙治沙法》，这也成为防治生态退化的主要法律依据。

第一节　水土保持

水土保持是生态文明建设的重要组成部分，是江河治理的根本，事关国家生态安全、防洪安全、饮水安全和粮食安全。[1] 我国重视水土保持工作，不断健全相关法律制度和措施，为水土流失治理提供了重要的法律依据。

一、水土流失与水土保持概述

水土流失，是指在自然条件和人类活动的作用下，水力、风力、重力等营力导致的水土资源和土地生产力的破坏和损失。[2] 水土流失是生态退化的集中体现。根据引起水土流失的外力作用的不同，水土流失主要可分为水蚀、风蚀和冻融侵蚀等类型，其中水蚀是我国分布最广、危害最严重的水土流失类型。[3] 水土流失通常发生在山区、丘陵区，由于这些地区的降水不能就地消纳，在沿沟坡向下流冲刷的过程中，容易造成水分和土壤同时流失。

自然因素和人为因素是造成水土流失的两大主要原因。其中，自然因素主要包括地面坡度陡峭、土体的性质松软易蚀、高强度暴雨、地面缺乏植被覆盖等，起伏不平的地貌和陡坡加剧了水力侵蚀的程度，而土壤的风化壳在缺乏植被保护的情况下极易发生侵蚀。人为因素主要包括毁林毁草、陡坡开荒、过度放牧、开矿、修路等生产建设破坏地表植被后不及时恢复，随意倾倒废土弃石等。[4] 我国是多山国家，同时也是世界上黄土分布最广的国家，

---

〔1〕　参见《全国水土保持规划（2015-2030）年》。
〔2〕　杨海龙、齐实主编：《水土保持执法与监督》，中国林业出版社2017年版，第1页。
〔3〕　李智广等：《中国水土流失现状与动态变化》，载《中国水土保持》2008年第12期。
〔4〕　田卫堂等：《我国水土流失现状和防治对策分析》，载《水土保持研究》2008年第4期。

特殊的自然条件与不合理的经济活动的综合作用,使我国成为了世界上水土流失最严重的国家之一。

水土流失对生态环境和社会发展具有严重的危害。水土流失对生态环境的危害主要包括降低土壤肥力、造成土地退化,土壤干层、不利于植物生长,泥沙淤积、加剧洪涝灾害,水资源流失、加剧干旱程度。水土流失对社会发展的危害主要是加剧贫困程度,[1] 由水土流失引发的山地灾害威胁着人民的生产生活安全。因此,防治水土流失、做好水土保持工作,不仅是改善地区生态环境的需要,也是消除贫困、促进经济发展和社会稳定的重要条件。

水土保持,是指对自然因素和人为活动造成水土流失所采取的预防和治理措施,其目的在于预防和治理水土流失,保护和合理利用水土资源,减轻水、旱、风沙灾害,改善生态环境,保障经济社会可持续发展。[2] 我国作为农业大国,十分重视水土保持工作。早在先秦时期,就有"土反其宅,水归其壑"的记载。[3] 中华人民共和国成立后,国务院于1957年成立了水土保持委员会,统筹全国水土流失治理工作。19世纪80年代以来,我国正式推广和发展以小流域为单元的全面规划和综合治理,实行了城市水土保持试点工程、大江河水土保持重点治理工程、全国八大片治理工程、长江中上游水土保持重点防治工程、"三北"防护林带防风治沙工程等水土保持工程[4],全面推进水土流失治理工作。经过数十年的水土流失治理,我国水土流失状况正持续好转,促进了农业生产稳定和绿色发展,为保护生物多样性提供了有利条件,减少了自然灾害的发生频率,为改善我国生态环境状况、促进经济社会可持续发展提供了有力保障。

二、水土保持法律体系

《水土保持法》是我国水土保持方面的专门立法。我国目前已形成了由水土保持专门立法、与水土保持有关的法律、法规和规章构成的水土保持法律体系。

2010年修订的《水土保持法》明确了"预防和治理水土流失,保护和合理利用水土资源,减轻水、旱、风沙灾害,改善生态环境,保障经济社会可持续发展"的立法目的[5],建立了"预防为主、保护优先、全面规划、综合治理、因地制宜、突出重点、科学管理、注重效益"的方针[6],规定了水土

---

〔1〕 据统计,我国90%以上的贫困人口生活在水土流失严重地区。参见刘震:《中国的水土保持现状及今后发展方向》,载《水土保持科技情报》2004年第1期。

〔2〕 参见《水土保持法》第1条、第2条。

〔3〕 《礼记·郊特牲》。

〔4〕 参见杨光、丁国栋、屈志强:《中国水土保持发展综述》,载《北京林业大学学报(社会科学版)》2006年第S1期。

〔5〕 参见《水土保持法》第1条。

〔6〕 参见《水土保持法》第3条。

保持管理体制，从规划、预防、治理、监测和监督等方面规定了我国水土保持的法律制度和措施。同时，我国在相关领域也制定了与水土保持有关的立法，加强对水土流失的治理，主要包括《长江保护法》《土地管理法》《防沙治沙法》《公路法》《水法》《防洪法》《铁路法》《草原法》《农业技术推广法》《森林法》等。此外，《环境保护法》等法律中也规定了与水土保持有关的内容。这些法律从水土保持规划、不同类型区域水土保持管理、生态保护、污染防治等方面，为水土保持提供了法律依据。

我国还制定了相关法规、规章加强水土保持管理。涉及水土保持的行政法规主要有《中华人民共和国河道管理条例》、《中华人民共和国森林法实施条例》、《大中型水利水电工程建设征地补偿和移民安置条例》、《风景名胜区条例》、《退耕还林条例》、《基本农田保护条例》等。涉及水土保持的部门规章主要有水利部制定的《开发建设项目水土保持方案编报审批管理规定》《水土保持生态环境监测网络管理办法》和原铁道部制定的《铁路建设项目水土保持工作规定》等。

一些省市制定了本辖区内水土保持的地方性法规和地方政府规章，例如，《北京市水土保持条例》《西安市实施〈中华人民共和国水土保持法〉办法》等，这些地方性法规和地方政府规章根据本地区水土流失特点与水土保持工作实际，对水土保持的法律制度作出了细化规定。例如，以水力侵蚀为主的西北黄土高原、长江经济带、京津冀地区、东北黑土区、西南石漠化地区的水土保持立法重视通过植树种草、固坡护岸、退耕还林、灾害治理等措施，防治水力侵蚀造成的水土流失[1]；以风力侵蚀为主的青藏高原地区的水土保持立法则重视通过轮封轮牧、植树种草、设置人工沙障和网格林带等措施防风固沙，防治风力侵蚀造成的水土流失。[2]

三、水土保持的主要措施

（一）管理体制

国务院水行政主管部门主管全国的水土保持工作。国务院水行政主管部门在国家确定的重要江河、湖泊设立的流域管理机构（以下简称流域管理机构），在所管辖范围内依法承担水土保持监督管理职责。县级以上地方人民政府水行政主管部门主管本行政区域的水土保持工作。县级以上人民政府林业、农业、国土资源等有关部门按照各自职责，做好有关的水土流失预防和治理工作。[3] 在机构设置方面，水利部下设水土保持司，负责承办全国水土保持工作，协调水土流失综合治理；拟定水土保持工程措施规划并组织实施；组织全国水土保持重点治理区的工作；组织水土流失的监测；并对有关法律、

---

[1] 参见《浙江省水土保持条例》《黑龙江省水土保持条例》。
[2] 参见《西藏自治区实施〈中华人民共和国水土保持法〉办法》。
[3] 参见《水土保持法》第5条。

法规的执行情况实施监督。[1]

此外，国家林业和草原局也承担水土保持管理的部分职责。国家林业和草原局下设生态保护修复司（全国绿化委员会办公室），指导植树造林、封山育林和以植树种草等生物措施防治水土流失工作。[2]

（二）水土保持规划

水土保持规划是人民政府对一定时期水土保持的目标、任务和措施等作出的整体安排。水土保持规划应当在水土流失调查结果及水土流失重点预防区和重点治理区划定的基础上，遵循统筹协调、分类指导的原则编制。[3] 对水土流失潜在危险较大的区域，应当划定为水土流失重点预防区；对水土流失严重的区域，应当划定为水土流失重点治理区。[4] 县级以上人民政府水行政主管部门会同同级人民政府有关部门编制水土保持规划，报本级人民政府或者其授权的部门批准后，由水行政主管部门组织实施。水土保持规划一经批准，应当严格执行；经批准的规划根据实际情况需要修改的，应当按照规划编制程序报原批准机关批准。[5] 水土保持规划的内容应当包括水土流失状况、水土流失类型区划分、水土流失防治目标、任务和措施等。水土保持规划包括对流域或者区域预防和治理水土流失、保护和合理利用水土资源作出的整体部署，以及根据整体部署对水土保持专项工作或者特定区域预防和治理水土流失作出的专项部署。水土保持规划应当与土地利用总体规划、水资源规划、城乡规划和环境保护规划等相协调。[6]

我国于2015年发布了《全国水土保持规划（2015-2030年）》，明确了今后一个时期水土保持的指导思想和基本原则，建立了近期水土保持目标任务（2020年）和远期水土保持目标任务（2030年），确立了预防、治理、监管相结合的水土保持总体方略，并以此为依据综合协调各类水土保持措施，构建了以东北黑土区、北方风沙区、西北黄土高原区等八个基本区域为构成的水土保持区域布局。此外，我国一些省级和市级人民政府制定了本行政区的水土保持规划，对辖区内水土保持的工作目标和具体措施作出了规定，例如，吉林省人民政府于2017年公布的《吉林省水土保持规划（2016-2030年）》、大连市水务局于2018年公布的《大连市水土保持规划（2016-2030年）》等。

（三）水土流失预防

地方各级人民政府应当按照水土保持规划，采取封育保护、自然修复等措施，组织单位和个人植树种草，扩大林草覆盖面积，涵养水源，预防和减

---

〔1〕 参见《水利部职能配置、内设机构和人员编制规定》第4条第1款第11项。

〔2〕 参见《国家林业和草原局职能配置、内设机构和人员编制规定》第4条第1款第2项。

〔3〕 参见《水土保持法》第10条。

〔4〕 参见《水土保持法》第12条第2款。

〔5〕 参见《水土保持法》第14条。

〔6〕 参见《水土保持法》第13条第1款、第2款、第3款。

轻水土流失。[1] 水土保持预防的制度和措施主要包括禁限行为管理、水土保持措施和水土保持方案。

禁限行为管理。国家禁止和限制有可能造成水土流失的生产建设和开发利用活动。地方各级人民政府应当加强对取土、挖砂、采石等活动的管理，预防和减轻水土流失。禁止在崩塌、滑坡危险区和泥石流易发区从事取土、挖砂、采石等可能造成水土流失的活动。崩塌、滑坡危险区和泥石流易发区的范围，由县级以上地方人民政府划定并公告。崩塌、滑坡危险区和泥石流易发区的划定，应当与地质灾害防治规划确定的地质灾害易发区、重点防治区相衔接。[2] 水土流失严重、生态脆弱的地区，应当限制或者禁止可能造成水土流失的生产建设活动，严格保护植物、沙壳、结皮、地衣等。在侵蚀沟的沟坡和沟岸、河流的两岸以及湖泊和水库的周边，土地所有权人、使用权人或者有关管理单位应当营造植物保护带。禁止开垦、开发植物保护带。[3] 禁止在 25 度以上陡坡地开垦种植农作物。在 25 度以上陡坡地种植经济林的，应当科学选择树种，合理确定规模，采取水土保持措施，防止造成水土流失。[4] 禁止毁林、毁草开垦和采集发菜。禁止在水土流失重点预防区和重点治理区铲草皮、挖树兜或者滥挖虫草、甘草、麻黄等。[5]

水土保持措施。相关主体在生态环境开发利用过程中应当采取水土保持措施，防止水土流失。在侵蚀沟的沟坡和沟岸、河流的两岸以及湖泊和水库的周边，土地所有权人、使用权人或者有关管理单位应当营造植物保护带。禁止开垦、开发植物保护带。[6] 水土保持设施的所有权人或者使用权人应当加强对水土保持设施的管理与维护，落实管护责任，保障其功能正常发挥。[7] 林木采伐应当采用合理方式，严格控制皆伐；对水源涵养林、水土保持林、防风固沙林等防护林只能进行抚育和更新性质的采伐；对采伐区和集材道应当采取防治水土流失的措施，并在采伐后及时更新造林。[8] 在 5 度以上坡地植树造林、抚育幼林、种植中药材等，应当采取水土保持措施。在禁止开垦坡度以下、5 度以上的荒坡地开垦种植农作物，应当采取水土保持措施。具体办法由省、自治区、直辖市根据本行政区域的实际情况规定。[9]

水土保持方案。在山区、丘陵区、风沙区及水土保持规划确定的容易发生水土流失的其他区域开办可能造成水土流失的生产建设项目，生产建设单位应当编制水土保持方案，报县级以上人民政府水行政主管部门审批，并按

---

〔1〕 参见《水土保持法》第 16 条。
〔2〕 参见《水土保持法》第 17 条。
〔3〕 参见《水土保持法》第 18 条。
〔4〕 参见《水土保持法》第 20 条第 1 款。
〔5〕 参见《水土保持法》第 21 条。
〔6〕 参见《水土保持法》第 18 条第 2 款。
〔7〕 参见《水土保持法》第 19 条。
〔8〕 参见《水土保持法》第 22 条第 1 款。
〔9〕 参见《水土保持法》第 23 条。

照经批准的水土保持方案，采取水土流失预防和治理措施。没有能力编制水土保持方案的，应当委托具备相应技术条件的机构编制。水土保持方案应当包括水土流失预防和治理的范围、目标、措施和投资等内容。水土保持方案经批准后，生产建设项目的地点、规模发生重大变化的，应当补充或者修改水土保持方案并报原审批机关批准。水土保持方案实施过程中，水土保持措施需要作出重大变更的，应当经原审批机关批准。[1] 依法应当编制水土保持方案的生产建设项目，生产建设单位未编制水土保持方案或者水土保持方案未经水行政主管部门批准的，生产建设项目不得开工建设。[2] 依法应当编制水土保持方案的生产建设项目中的水土保持设施，应当与主体工程同时设计、同时施工、同时投产使用；生产建设项目竣工验收，应当验收水土保持设施；水土保持设施未经验收或者验收不合格的，生产建设项目不得投产使用。[3] 依法应当编制水土保持方案的生产建设项目，其生产建设活动中排弃的砂、石、土、矸石、尾矿、废渣等应当综合利用；不能综合利用，确需废弃的，应当堆放在水土保持方案确定的专门存放地，并采取措施保证不产生新的危害。[4] 县级以上人民政府水行政主管部门、流域管理机构，应当对生产建设项目水土保持方案的实施情况进行跟踪检查，发现问题及时处理。[5]

（四）水土流失治理

水土流失治理的制度和措施主要包括生态效益补偿、激励指导、分类治理、农耕建设活动管理等。

生态效益补偿。国家加强江河源头区、饮用水水源保护区和水源涵养区水土流失的预防和治理工作，多渠道筹集资金，将水土保持生态效益补偿纳入国家建立的生态效益补偿制度。开办生产建设项目或者从事其他生产建设活动造成水土流失的，应当进行治理。在山区、丘陵区、风沙区以及水土保持规划确定的容易发生水土流失的其他区域开办生产建设项目或者从事其他生产建设活动，损坏水土保持设施、地貌植被，不能恢复原有水土保持功能的，应当缴纳水土保持补偿费，专项用于水土流失预防和治理。专项水土流失预防和治理由水行政主管部门负责组织实施。水土保持补偿费的收取使用管理办法由国务院财政部门、国务院价格主管部门会同国务院水行政主管部门制定。[6]

激励指导。国家鼓励单位和个人按照水土保持规划参与水土流失治理，并在资金、技术、税收等方面予以扶持。[7] 国家鼓励和支持承包治理荒山、

---

〔1〕 参见《水土保持法》第25条第1款、第2款、第3款。

〔2〕 参见《水土保持法》第26条。

〔3〕 参见《水土保持法》第27条。

〔4〕 参见《水土保持法》第28条。

〔5〕 参见《水土保持法》第29条。

〔6〕 参见《水土保持法》第31条、第32条第1款、第2款。

〔7〕 参见《水土保持法》第33条。

荒沟、荒丘、荒滩，防治水土流失，保护和改善生态环境，促进土地资源的合理开发和可持续利用，并依法保护土地承包合同当事人的合法权益。[1] 国家鼓励和支持在山区、丘陵区、风沙区以及容易发生水土流失的其他区域，采取下列有利于水土保持的措施：免耕、等高耕作、轮耕轮作、草田轮作、间作套种等；封禁抚育、轮封轮牧、舍饲圈养；发展沼气、节柴灶，利用太阳能、风能和水能，以煤、电、气代替薪柴等；从生态脆弱地区向外移民；其他有利于水土保持的措施。[2]

分类治理。在水力侵蚀地区，地方各级人民政府及其有关部门应当组织单位和个人，以天然沟壑及其两侧山坡地形成的小流域为单元，因地制宜地采取工程措施、植物措施和保护性耕作等措施，进行坡耕地和沟道水土流失综合治理。在风力侵蚀地区，地方各级人民政府及其有关部门应当组织单位和个人，因地制宜地采取轮封轮牧、植树种草、设置人工沙障和网格林带等措施，建立防风固沙防护体系。在重力侵蚀地区，地方各级人民政府及其有关部门应当组织单位和个人，采取监测、径流排导、削坡减载、支挡固坡、修建拦挡工程等措施，建立监测、预报、预警体系。[3] 在饮用水水源保护区，地方各级人民政府及其有关部门应当组织单位和个人，采取预防保护、自然修复和综合治理措施，配套建设植物过滤带，积极推广沼气，开展清洁小流域建设，严格控制化肥和农药的使用，减少水土流失引起的面源污染，保护饮用水水源。[4]

农耕建设活动管理。已在禁止开垦的陡坡地上开垦种植农作物的，应当按照国家有关规定退耕，植树种草；耕地短缺、退耕确有困难的，应当修建梯田或者采取其他水土保持措施。在禁止开垦坡度以下的坡耕地上开垦种植农作物的，应当根据不同情况，采取修建梯田、坡面水系整治、蓄水保土耕作或者退耕等措施。[5] 在生产建设领域，对生产建设活动所占用土地的地表土应当进行分层剥离、保存和利用，做到土石方挖填平衡，减少地表扰动范围；对废弃的砂、石、土、矸石、尾矿、废渣等存放地，应当采取拦挡、坡面防护、防洪排导等措施。生产建设活动结束后，应当及时在取土场、开挖面和存放地的裸露土地上植树种草、恢复植被，对闭库的尾矿库进行复垦。在干旱缺水地区从事生产建设活动，应当采取防止风力侵蚀措施，设置降水蓄渗设施，充分利用降水资源。[6]

（五）监测与监督

政府监测和公告。县级以上人民政府水行政主管部门应当加强水土保持

---

〔1〕　参见《水土保持法》第34条第1款。
〔2〕　参见《水土保持法》第39条。
〔3〕　参见《水土保持法》第35条。
〔4〕　参见《水土保持法》第36条。
〔5〕　参见《水土保持法》第37条。
〔6〕　参见《水土保持法》第38条。

监测工作，发挥水土保持监测工作在政府决策、经济社会发展和社会公众服务中的作用。县级以上人民政府应当保障水土保持监测工作经费。国务院水行政主管部门应当完善全国水土保持监测网络，对全国水土流失进行动态监测。[1] 国务院水行政主管部门和省、自治区、直辖市人民政府水行政主管部门应当根据水土保持监测情况，定期对下列事项进行公告：水土流失类型、面积、强度、分布状况和变化趋势；水土流失造成的危害；水土流失预防和治理情况。[2]

生产建设单位监测。对可能造成严重水土流失的大中型生产建设项目，生产建设单位应当自行或者委托具备水土保持监测资质的机构，对生产建设活动造成的水土流失进行监测，并将监测情况定期上报当地水行政主管部门。[3]

监督检查。县级以上人民政府水行政主管部门负责对水土保持情况进行监督检查。流域管理机构在其管辖范围内可以行使国务院水行政主管部门的监督检查职权。[4] 水政监督检查人员依法履行监督检查职责时，有权采取下列措施：要求被检查单位或者个人提供有关文件、证照、资料；要求被检查单位或者个人就预防和治理水土流失的有关情况作出说明；进入现场进行调查、取证。被检查单位或者个人拒不停止违法行为，造成严重水土流失的，报经水行政主管部门批准，可以查封、扣押实施违法行为的工具及施工机械、设备等。[5] 水政监督检查人员依法履行监督检查职责时，应当出示执法证件。被检查单位或者个人对水土保持监督检查工作应当给予配合，如实报告情况，提供有关文件、证照、资料；不得拒绝或者阻碍水政监督检查人员依法执行公务。[6]

👉 第二节 荒漠化防治

我国土地荒漠化问题较为严重，导致生态系统退化，沙尘、干旱等灾害事件频发，威胁着人们的日常生活和国家生态安全。为此，我国不断加强荒漠化防治法治建设，这为荒漠化防治提供了重要的法律依据。

一、荒漠化防治概述

荒漠化，是指包括气候变异和人类活动在内的种种因素造成的干旱、半

---

〔1〕 参见《水土保持法》第 40 条。
〔2〕 参见《水土保持法》第 42 条。
〔3〕 参见《水土保持法》第 41 条第 1 款。
〔4〕 参见《水土保持法》第 43 条。
〔5〕 参见《水土保持法》第 44 条。
〔6〕 参见《水土保持法》第 45 条。

干旱和亚湿润干旱地区的土地退化，[1] 包括土地沙化、水土流失、植被退化等多种形式的土地退化。荒漠化是土地退化中最严重的一种状态。荒漠化的原因包括自然和人为两类因素。但就荒漠化的形成而言，虽然气候变化、自然灾害等自然因素为其提供了物质基础，但盲目开垦、过度放牧、滥采滥伐、滥挖野生中药材等沙生植物等不合理的人为活动在实质上起到了不容忽视的推动和加速作用。

为解决荒漠化问题，国际社会于1994年通过了《联合国防治荒漠化公约》，1996年《联合国防治荒漠化公约》正式生效。1994年，我国签署了《联合国防治荒漠化公约》，1996年经全国人大常委会批准加入该公约。

联合国粮农组织（FAO）通过的《世界土壤宪章》指出：地球上至少有1/4的生物多样性蕴藏于土壤中。由于滥樵、滥伐、滥垦等不合理的人类活动以及由此造成的土地荒漠化，将直接导致自然生态系统退化及生物群落结构、生态结构的相应改变，进而对物种多样性产生重大影响，并进一步促使该地区生物多样性的减少。[2]

二、荒漠化防治法律体系

我国初步形成了以《防沙治沙法》和相关法律为主体，以相关的下位阶立法为补充的荒漠化防治法规体系。

目前涉及荒漠化防治的法律主要包括：《环境保护法》《防沙治沙法》《森林法》《土地管理法》《草原法》《水土保持法》等。其中，《环境保护法》要求各级人民政府采取措施，防治土壤污染和土地沙化、盐渍化、贫瘠化、石漠化等。《防沙治沙法》就防沙治沙规划、土地沙化的预防与治理、保障措施等方面做出了规定，确立了防沙治沙的基本原则和基本制度，明确了治沙主体的责任。《森林法》要求各级人民政府应当对严重石漠化耕地有计划地组织实施退耕还林还草，将荒漠化和水土流失严重地区的防风固沙林基干林带划定为公益林。《草原法》就防沙治沙规划、沙化草原的综合治理、基本草原纳入防风固沙考量、沙化草原的禁牧和休牧制度等作出了规定。《水土保持法》则要求对采伐区和集材道采取防治水土流失措施。

目前涉及荒漠化防治的行政法规、部门规章和规范性文件主要包括《生态文明体制改革总体方案》《全国防沙治沙规划（2005-2010年）》《国务院关于进一步加强防沙治沙工作的决定》《全国防沙治沙规划（2011-2020年）》《国家沙漠公园管理办法》等。此外，荒漠化防治的相关内容也体现在地方性法规、地方政府规章和地方规范性文件中。

---

[1] 参见《联合国防治荒漠化公约》第1条。
[2] 高国雄、吴卿、杨春霞编著：《荒漠化防治原理与技术》，黄河水利出版社2010年版，第14页。

三、荒漠化防治的主要措施

（一）管理体制

在国务院领导下，国务院林业和草原主管部门负责组织、协调、指导全国防沙治沙工作。国务院林业和草原、农业、水利、土地、生态环境等行政主管部门和气象主管机构，按照有关法律规定的职责和国务院确定的职责分工，各负其责，密切配合，共同做好防沙治沙工作。县级以上地方人民政府组织、领导所属有关部门，按照职责分工，各负其责，密切配合，共同做好本行政区域的防沙治沙工作。[1]

（二）荒漠化防治规划

防沙治沙实行统一规划。从事防沙治沙活动，以及在沙化土地范围内从事开发利用活动，必须遵循防沙治沙规划。防沙治沙规划应当对遏制土地沙化扩展趋势，逐步减少沙化土地的时限、步骤、措施等作出明确规定，并将具体实施方案纳入国民经济和社会发展五年计划和年度计划。[2] 编制防沙治沙规划，应当根据沙化土地所处的地理位置、土地类型、植被状况、气候和水资源状况、土地沙化程度等自然条件及其所发挥的生态、经济功能，对沙化土地实行分类保护、综合治理和合理利用。[3]

（三）沙化土地封禁保护区

沙化土地封禁保护区，是指在荒漠化防治规划期内不具备治理条件，或具备治理条件而与自然地理环境整体规律不相适应时，应采取封禁措施的连片沙化土地。在规划区内不具备治理条件的以及因保护生态的需要不宜开发利用的连片沙化土地，应当规划为沙化土地封禁保护区，实行封禁保护。沙化土地封禁保护区的范围，由全国防沙治沙规划以及省、自治区、直辖市防沙治沙规划确定。[4] 在沙化土地封禁保护区范围内，禁止一切破坏植被的活动。禁止在沙化土地封禁保护区范围内安置移民。对沙化土地封禁保护区范围内的农牧民，县级以上地方人民政府应当有计划地组织迁出，并妥善安置。沙化土地封禁保护区范围内尚未迁出的农牧民的生产生活，由沙化土地封禁保护区主管部门妥善安排。未经国务院或者国务院指定的部门同意，不得在沙化土地封禁保护区范围内进行修建铁路、公路等建设活动。[5]

（四）土地沙化监测

国务院林业和草原主管部门组织其他有关行政主管部门对全国土地沙化情况进行监测、统计和分析，并定期公布监测结果。县级以上地方人民政府林业和草原或者其他有关行政主管部门，在土地沙化监测过程中，发现土地

---

〔1〕　参见《防沙治沙法》第5条。
〔2〕　参见《防沙治沙法》第10条。
〔3〕　参见《防沙治沙法》第12条第1款。
〔4〕　参见《防沙治沙法》第12条第2款。
〔5〕　参见《防沙治沙法》第22条。

发生沙化或者沙化程度加重的，应当及时报告本级人民政府。收到报告的人民政府应当责成有关行政主管部门制止导致土地沙化的行为，并采取有效措施进行治理。[1]

各级气象主管机构应当组织对气象干旱和沙尘暴天气进行监测、预报，发现气象干旱或者沙尘暴天气征兆时，应当及时报告当地人民政府。收到报告的人民政府应当采取预防措施，必要时公布灾情预报，并组织林业和草原、农（牧）业等有关部门采取应急措施，避免或者减轻风沙危害。[2]

---

〔1〕 参见《防沙治沙法》第14条第1款、第15条第1款。
〔2〕 参见《防沙治沙法》第15条第2款。

后 记

　　编写教材是一件极具使命感的工作。在我看来，只有对一个学科、一个领域的基础知识、基本理论和基本方法有了足够的积淀，同时能够很好地提炼理论和实践领域共识并以足够精确和精练的文字呈现时，才可以着手这一工作。正是出于这些考虑，本书从构思到出版经历了二十多年的时间。

　　我要感谢对本书编写给予各方面支持和帮助的人士。感谢全国人大常委会法工委生态环境法典编纂工作专班的同事们给予的诸多启发，这使本书的相关阐释更加符合立法原意。感谢本书引用的参考文献的作者，这些文献为我编写本书提供了丰富的营养。感谢我指导的学生们在资料收集整理过程中给予的帮助。

　　特别感谢中国政法大学教务处和中国政法大学出版社的各位同事在本书编写过程中的辛苦付出。

于文轩

2025 年 6 月 6 日

于中国政法大学海淀校区